至简中国史

A brief history of China

王培霖 著

中国出版集团 东方出版中心

水面下的冰山，水面上的历史

自　序

从开辟榛莽到乘坐缆车

今天，如何理解中国历史、如何理解中国？

需要一条靠谱的路径。

这条路径并非触手可及，而是掩在莽莽群山葱茏草木之中。

理解中国历史的路径由书籍筑成。那么，是哪些书，构成了从入门到殿堂的阶梯呢？

首先，《史记》之类的经典名著对现在大多数人来说，读起来可能比较吃力。

两千多年来，从先秦到清朝末年的传统史学，积累成一个巨大的历史原料库。但这个原料库犹如莽莽原始丛林，瘴气丛生，普通人如果贸然进入，则容易迷失。

传统史书的原始丛林枝叶繁密，幽暗处瘴气氤氲。

好在，经过史学前辈们开辟榛莽，现在穿越中国历史的丛林，已经有了几条路径。

自清朝末年起，新史学观念逐渐树立的100多年来，学者们一头扎到史学原料库里辛勤耕耘。他们像野外求生专家一样攀登高峰，穿越莽莽苍苍的史料丛林，开辟出幽微的小路。一代代后来者沿路前行，进一步开凿岩壁，形成台阶，再后来者继续前行加筑栏杆，通向山顶的路逐渐宽阔平整。

近代以来，总共出版了100多种不同版本的中国通史（其中多数是大学历史教科书）。后学只要沿着此路攀登，即便不能登顶，也总能步步抬升，看到更壮阔的历史风云。

当然，要走通这条路，也得是半专业人士，因为这条路上有不少困难，是普通读者难以克服的。

一是内容过于庞大。中国文明史至少有5000年之久，对文明自身是优势，但对学习者来说却成了负担。早在南宋时，文天祥就曾感慨"一部十七史从何说起"，南宋至今，千年又过，那时的"十七史"成了如今的"二十五史"，从何说起、如何通读，难上加难。各种史著虽然注重剪裁，但仍不免陷入史料的汪洋，成为超级大部头。

二是学术的高墙不易跨越。摆在书架上的历史类著作，总体来看专业著作多、通俗作品少。然而不管是古代的《二十二史札记》（赵翼）、《靖康稗史笺证》（确庵），还是现代的《殷墟卜辞综述》（陈梦家）、《先秦诸子系年》（钱穆），抑或是海外的《中国：传统与变迁》（费正清）、《中华帝国对外关系史》（马士），如要把这类学术性或半学术性著作摆到普通读者面前，势必因内容晦涩而难以消化——好像庄子笔下那只海鸥，飘飘然落在国都郊外，鲁侯向它献上酒肉之宴，它却难以下咽。

一条靠谱的石阶山路已不易得，但我却有更高的期许。对21世纪的读者来说，现在应该修建一条高速观光缆车道。

本书并非要同历史学家们的专著相媲美，而是想为读者提供一个理解中国的平易入门。我想要依托前人凿出的石路、引入现代社会科学的设计、借助互联网的力量，来搭建一条历史观光缆车。乘着缆车从谷底到山顶飞流直上，千山万壑尽收眼底，千年的历史画卷，就像山河一样在你面前展开。

中国历史如万古江河，《至简中国史》则是一本导游手册。它旨在勾勒出长河奔流的主干，查看中华民族这一族群命运兴衰的关键点，并阐释江流如何塑造了当今入海口的风貌。

《至简中国史》第一版在2016年出版后，取得了很好的销量和反响，并在海外出版发行。但我对第一版的质量尚不满意，于是着手修改。几年来，踏遍了万里山河，亲历着时代变迁，每独行于史料丛林，结合时代潮起潮落而体悟，陆续修改原书稿，替换了约40%的内容，遂成现在的第二版。

100年前，通读中国历史的机会只属于少数专业人士，因为蜀道难，难于上青天；如今，半专业人士也能通行，因为道路的开辟，可以"相携步步上峻嶒"；此后，中国历史的万里山河，将向所有普通游客开放，可以借助观光缆车，天堑通途，云中飞渡。

看见不一样的历史图景

在千岩万壑之中搭建一条观光缆车，可以有很多种设计方案。在规划本书的设计草图时，作者有几个小小的野心。

一是要为读者提供一个望远镜，展现更广阔的画面。

今天中国认知世界、认知自己的过往，需要用全球多个文明体的兴衰来参照，至少，古代可以比照希腊、罗马、波斯，近代可以比照英、美、法、德、俄、日、奥斯曼以及拉美诸国，只看中国历史本身，则难免自说自话。

以更广阔的视野观照中国历史，视野变化，则原来晦暗模糊的脉络却呈现出重要性，例如，唐朝出现了与伊斯兰文明的初次碰撞，明朝中期东西方历史开始大分流，1840年以后国际体系的演变塑造了近代中国的国运……这些都是以往的史书不太强调，而今天的读者却最应当知道的。

二是要为读者提供一个手电筒，照亮历史主要因果脉络。

书名中"至简"，是要讲述中国历史的主要脉络，聚焦最关键的时代和内容。现代中国怎样演化而来，有五个主要的历史因素，分别是10000年前的农业技术、5000年前的早期国家组织、3000年前的封建社会、2000年前的制度转型、近代的西方文明的影响。这个进程中贯穿了两次制度大转型，而我们目前仍在第二个转型期的隧道中搏击前行。

真正驱动历史前行的底层力量，在这个脉络中自然浮现：农业和定居生活决定了基本的生存状态和文明发展方向；在封建社会的结尾处，由商鞅开启、由汉武帝完成的帝国——中央集权制度锁定了后世的历史路径；欧洲把古老的中国卷入了现代世界体系，日本、苏联的博弈影响了20世纪中国的国家方向；等等。从这个角度说，本书这个至简的脉络，同时也是一个至为宏观、至为重要的框架，它区分出主次轻重，对历史的主驱动力文心雕龙，对随风落九天的花絮则一笔带过。

跟主框架无关的历史细节，也就不再展开或者全部忽略了。中国历史的细节知识无远弗届，身处信息爆炸时代的现代人，不能也不必去一一穷究。试想，故宫里几千麻袋清朝档案，一辈子岂能翻阅得完？至于在唐代丝绸之路上租借骆驼可能遇到的纠纷，元朝的科举制度兴废几何，晚清时期开平矿务局与英国人的纠纷始末，诸如此类的细节都可以作为专门课题进行阅读研究，但本书都一概从略了。

三是要为读者提供一面镜子，反映历史兴衰得失。

每个时代都面临着生存挑战，人类文明史就是对各种解决方案进行试错的过程。错误的方案，后人称为"历史的教训"；成功的方案，后人称为"历史的智慧"。历史叙述就是对试错过程的复盘，因此读史的目的不在于知道"某年某月发生过某事"，而在于从复盘中汲取智慧。

例如，上古时最大的挑战是饥饿，无数人经过千年的接力，发明了"农业"解决方案，没有给出解决方案的族群，已被生存竞争淘汰；东周时代面临的主要挑战是"王纲解纽"，即周天子权力衰弱之后，秩序崩坏、诸侯混战，从"霸政"到小国寡民几十种解决方案在相互竞争，最终法家提出的帝制方案胜出，这个方案的长期效果，今天需要重新评估；清朝中后期，非西方国家面临的共同挑战是西方列强的压力，日本的方案是"脱亚入欧"，大清的方案是"中体西用""以夷制夷"……复盘这些历史，都有益于提升今天的认知。

因此，理解了历史，更能理解时代，理解时代的问题、危险、挑战和机会。正如温斯顿·丘吉尔曾告诉一名美国学生（后来成了总统发言稿撰写人）的："去研究历史！历史！历史！在历史中，藏着治国的全部秘密。"

站在时代肩膀上书写

架设观光缆车也许是一个过大的目标，靠什么去支撑如此宏大的计划呢？

虽然个人在前台劳动，但其实主要靠的是时代之赐。

百年来，随着考古工作的展开，有很多新的文献材料出土。

过去的几十年，各学科与历史研究交相辉映，分子人类学、量化历史研究等新兴学科出现，西方学术成果大量引入，社会学、政治学、经济学、法学等社会科学研究日益深化，这些思想工具如同火把照亮了历史的夜空，使我们回望中国历史时有了新的发现、新的洞见。

尤其幸运的是近些年互联网工具大量涌现。过去十几年，陈志武等学者建立起了"量化历史数据库"，其他还有"中国历代人物传记资料库"（CBDB，由哈佛大学、台湾"中央研究院"、北京大学合作建设）、"中国地方历史文献数据库"（由上海交通大学建设）、"清代灾荒纪年暨信息集成数据库建设"（由中国人民大学夏明方主持）等等。大量的数据库以及互联网搜索引擎等工具，为写作带来了巨大的便利，查阅、搜集、整理一个专题，过去可能需要5天（以平均每天10小时计），今天只需要2小时，相当于效率提升25倍。假设一本书有500个知识点，互联网可以为作者节约2500个工作日，差不多8年时间！

历史书的基本要素是陈述真实准确的史实，学科研究的进展、互联网和大数据工具的涌现，无疑都有助于本书尽量还原历史。

此外，史书是作者跟历史的对话，历史叙述重点何在，与本书的主题密切相关，同时，作者本人的阅历和认知无疑决定了书本的视角和深度。这种判断力，古人称之为"史识"。

这个时代为我提供了史识，也提供了写作的支持。

我的家族百年来的沉浮，与近代史有许多同频共振。我由此获得了一种体验，即宏观历史与微观个人命运的关联。因此在写作时，我把握着一个恰当的灰度或火候，不在纯知识、纯学理领域着墨过多，而注重宏观历史与微观命运的关联性。

我曾经是一名财经记者，因工作之便，走遍了全国各地，以及欧洲发达国家、热带贫穷之邦；我与之深入交流的人群，下至屠宰厂工人、传销组织成员，上至商界领袖、国家总理。读万卷书，行万里路，我逐渐发现社会发展有一个冰山结构：经济是表层，深层是制度－宪制，比制度－宪制更深层的，则是历史传统。它们一层层向上塑造，就像海底的冰山塑造着水面以上部分的面貌。如果要深刻理解这个国家，眼光就应该投向水面下，投向隐在深处的冰山。

近几年，我又有一个特殊的机缘，应七年学院创始人周俊（Mike）之邀，我每年以《华夏壮游》课程导师的身份，带领一些青少年游学，实地勘察了汉武帝封禅过的泰山、战国七雄陈兵的关隘、霍去病行军的河西、盛唐万国云集的都邑，用脚步感受了无名祖先耕耘过的中原土地、无名英雄守卫过的残破长城。在泰山之巅的万丈霞光中、九嵕山下的莽莽飞雪里、敦煌沙漠的满天星斗下、嘉峪关前的风云奔涌时，感受文明奔腾，体验万古河山。所思所感，汇诸笔端，几年过去了，书稿也终于改定。

当然，鹪鹩巢于深林，不过一枝；偃鼠饮河，不过满腹。洞察数千年历史浩浩荡荡，个人力量可能永远不能穷极。

前辈学者早有感触。张荫麟说："写中国通史永远是一种冒险。"顾颉刚说："以一个人的力量来写通史，是最困难的事业。"连陈寅恪、章太炎、梁启超等史学泰斗，都曾想著述中国通史而不成。本书作者只能在学力所及的范围内，做一些探索。因此也期待读者对内容，尤其是错误疏漏之处提出宝贵意见，以便在再版修订时补正。

共看明月应垂泪：中国历史再认识

在物种竞争的洪流中，人类通过上百万年的努力，从食物链的中低端攀爬到最顶端；在人类社会内部，生存竞争促使族群分化、淘汰。人类历史上的几万个民族、数千个文明，大部分已经被生存竞争的巨浪淘尽。至今犹存的十万人口以上的民族，全世界只有300多个，而其中具有文明原创力的，又是寥寥少数。数千个小型文明体，或者消灭，或者融入更大、更复杂的文明体之中。中华民族和中华文明，是这一历史进程中特殊的一个。

我们的先民，是从黄河边的一个小族群不断壮大扩展成为东亚大陆的主人，这是一个在生存竞争中胜出的历程，也是一个不断创造文明的历程。时代的挑战永不停息，历史东流去、浩浩阴阳移，而今，这一文明、这一族群的命运，又走到了关键的时期。

事实上自清以来，人类所有文明体都得面对现代化大转型的考验，日本、土耳其、伊朗（波斯）、印加这些古代文明在走向现代的黎明时分、在历史路径幽暗未明的时刻，都曾经反思自身的历史并做出过抉择。一个民族对历史的理解力决定其行动选择，行动选择决定其命运。今天他们的处境，正是200年前、100年前、50年前抉择的结果。对中国人而言，这样的历史进程正在进行中。

"共看明月应垂泪，一夜乡心五处同。"中国历史如同一轮明月，需要人们泪眼之后的再认识、新思考。再认识指的是重建对中华文明的认同，新思考是从历史中提炼出来的关于时代问题的解决方案。这两者都需要以历史为主要载体。

中国人对自身历史的认同感，像百衲衣一样光怪陆离：光谱的这一端有许多死忠粉，以清朝末年的徐桐为代表人物，他逢洋必反、"恶西学如仇"，觉得历史传统无比完美；另一端则是传统文化的反对者，以鲁迅、柏杨为代表人物，为了消除社会大量底层文盲和迅速开启民智，当年鲁迅先生带着不无偏激的口吻，声称"汉字不灭、中国必亡"[1]（随后全国范围内的汉语拉丁化、拼音化方案如昙花一现，很快凋落）；柏杨称历史传统是个大染缸，并列出中国人的种种"丑陋"现象；等等。这些既是时代的文化风气使然，也与个人对中华文明发展的认知局限有关。

中国正处于历史大转型进程中，社会大转型必经的历程，是普遍知识和价值观的震荡重组，相当于全社会每个大脑都在重装操作系统。而历史认知是大脑操作系统的基础部分。历史认知稳定之日，也就是转型完成之时。

在中国历史大转型的洪流之中，我们脚踩着激流中的石头，已经可以隐

---

[1] 鲁迅：《病中答救亡情报访员》，1936年。

约眺望到彼岸。但是到达彼岸不会那么顺利，激流之中暗礁四伏。历史为我们塑造的路径依赖难以轻易飞跃。

大约在2009年夏天，与朱季海先生（1916—2011，国学大师，章太炎关门弟子）在苏州采芝斋喝茶，这位90多岁的老人忽然抬头对我说："中华民族已经没有魂了，你们，要为中华民族造魂。"那时我才二十来岁。转眼这么多年过去了，写作本书时，我有时回想起这句话，还能记起他的声音。联想到王船山的一句诗："六经责我开生面。"所谓"责"我，是一种时代的压力和期许。

倚仗万年、放眼千年、寄望百年、磨剑十年，遂成此书，赋诗一首为序：

长河飞渡竞洪流，掩卷如听万马啾。
满目胡尘谁著史，独添爝火照神州。

作者
2024年1月

目 录

第四卷　历史转型

第一卷

鸿蒙时代

HONG
MENG

第一章

1万年前的超级远征

人类告别猿猴进化成人，已有数百万年之久，而有文字记录者不过几千年。

在上百万年的时间里，没有文字记录的历史被称为史前文明史；文字出现以后的历史，被称为人类文明史。

人类社会的发展是一个加速的过程。西方学者按照人类所使用的工具不同，将人类早期的历史划分为石器时代、铜器时代、铁器时代。其中，石器时代长达百万年，占据了人类现有历史中的绝大部分，而经过漫长的旧石器时代后，最后的那点尾巴被称为"新石器时代"，因为所造的石头工具比以前更加精致了。新石器时代距今大约只有1万年。

中华文明的萌芽期，大致相当于传说中的三皇五帝时代。三皇时期，只是中国口头流传的时代，时间跨度没有确切的文字记载，从技术的进程来看，大约相当于中石器时代晚期和新石器时代早期，彼时人们开始会人工取火，建房，用网捕鱼，驯化动物，培育可做粮食的庄稼，发现草药，酿酒，甚至还能制作一些具有艺术性的生活用品，如裴李岗文化和仰韶文化中的彩色陶器等。

这个华夏民族[1]的初始阶段，包括接下来的五帝时代，是一个混沌初开、文明曙光乍现的时代，故名曰"鸿蒙时代"。

人类学的新发现

现代中国人从哪里来？

历史教科书开篇就说，几十万年前在中国这片土地上生活着山顶洞人、元谋人等远古人类，他们追逐野兽、制造石器、住在山洞中，并且能够用火。

那么，我们是由北京猿人、元谋人这些古人类进化而来的吗？可能并不是。我们是多民族融合而成的吗？可能也不是。

我们是谁，我们从何而来？

新近的研究给出了跟传统史书不同的答案[2]。

人类作为一个物种，已经有几百万年的历史，百万年来星星点点散布在地球各处。距今约20万年前，现代人的直系祖先在非洲地域演化出来了，今天的研究者称之为"智人"。智人会奔跑，会说话，会用火，会制作并改进各种工具。他们大脑发达，相互协作猎杀其他动物，所以很快繁衍壮大起来，在食物链上不断爬升。

---

[1]　本文中所出现的夏族、华夏族、华夏民族，并无本质和具体区别，只是行文中不同地方的称呼而已。中华民族是近代才出现的概念，1902年由梁启超正式提出了"中华民族"一词，其外延比华夏民族更为广泛。因此这个词在涉及近代事件中才会出现。

[2]　以下叙述主要根据分子人类学这一学科的研究成果，其中东南亚及中国部分依据复旦大学金力、李辉等人的研究。需要说明的是：在现代人类起源地的问题上，学术界尚无最终结论，目前存在着两种对立观点——"非洲起源说"和"多地区起源说"。"非洲起源说"认为现代人类起源于非洲，"多地区起源说"认为现代人类起源于多个地区，两种学说的争论从20世纪40年代开始一直延续至今。随着现代生物学技术不断被应用于人类起源的研究，"非洲起源说"渐成主流学派，但因缺乏直接的化石证据，仍无法彻底击败"多地区起源说"。与此同时，部分学者另辟蹊径，提出了一些新的观点，例如"基因交融学说"和"人类起源地带学说"，使现代人类起源地的问题更加复杂化。

众多智人部落挤在炎热的非洲东部，而食物资源却十分有限。迫于生存压力，一部分人开始走出非洲向远方迁徙，以寻找更多的食物果腹。这个过程极其艰难，狂风暴雨、豺狼虎豹，加之其他人种的生存竞争，使得他们在十几万年的时间里，数次出发，数次失败——所谓失败，就是走出去的人全部死亡，无一生存下来。

到了10万年前，地球处于冰川期，大部分陆地被冰川覆盖。整个海平面比现在低120米左右，许多海床裸露。约7万年前，一部分智人再度走出非洲向远方迁徙，这一次他们活下来了。在长达5万年的时间里，仅仅依靠双腿，抵达了除南极洲以外所有的大陆。人类出现了金发碧眼、黑发黑眼等不同的身体特征，就是在这几万年迁徙和定居的过程中形成的。而同期地球上的其他古人类物种（如尼安德特人之类），大都被智人消灭、取代。

5万年前，非洲来客已占领了南亚、东南亚的陆地和岛屿。在此后的几万年里，在散漫的捕捞捡食生活中，他们沿着无边的海岸线越走越远，皮肤逐渐变成黄色。

三四万年前，中国陆地上许多山脉被积雪常年覆盖着，最早的一批棕色人种在黄河、长江流域活动。而在东南亚的缅甸一带，来自非洲的黄种人部落已经开始向北扩张。当气候变暖、中国陆地上的冰川不断消融时，这些黄种人中的一部分开始从云南、从珠江流域北上，逐渐侵占了棕色人种的地盘，驱逐他们。

黄种人北上路线大致分成三支，分别被称为内陆支、中间支、沿海支。

其中，内陆支对今天的我们来说最重要。他们沿着云贵高原西侧向北跋涉，最终在距今1万年前的时候到达了河套地区、黄河中上游盆地。这群人就是今日中国汉族与藏族人共同的祖先。

基因从来没有停止演化。到5000—6000年前，人体内部的DNA又开始发生变化，分子人类学家辨识出了M134、M117（汉族特有的两个基因突变）。人们带着这个突变向东行走，直到渭河流域也就是广义的中原才停留下来。他们掌握了农业文明，开始以农耕为生。这个群体后来发展成为中华民族的主体。

与此同时，另外一部分人或是因战败，或是因寻找食物，也离开了黄河流域，向西向南迁移，最后在喜马拉雅山脉南北居住下来。在迁徙的过程中，这个群体分化出了藏、彝、景颇诸族。至今，这些民族的送魂歌中还要把亡灵送回北方。

食物生产技术变革

1万年前进入黄河流域的我们的祖先——从云南、从珠江流域北上的内陆支黄种人，起初还保留着游猎和采集的习性，茹毛饮血。他们漫游在黄河南北，狩猎大象、鳄鱼或者野兔，点火烤熟，采集点野果佐餐，像动物一样繁衍生息。

饥肠辘辘永远是常态，因为食物来源很不稳定。

在距今1万—1.2万年时，黄河流域的气候大幅波动，可食用的动植物资源因此发生巨大变化。动物忽然大幅减少，使中国南北两地的居民面临着越来越大的生存压力。后来，温度急剧上升并渐趋稳定，为植物生长提供了良好的气候条件[①]。正是在这一阶段，中国南北两地的人们几乎同时探索出一种新的生存技能，逐渐掌握了革命性的食物生产技术——农业，即驯化动植物。

先民从采集渔猎过渡到种植业和饲养业结合的稳定形态，并非一朝一夕可至，而是花费了长达两三千年的时间。这个漫长过程可分为三个阶段：

1. 以采集渔猎结合为主，种植业不占主要地位。

2. 以种植业为主，采集渔猎居次要地位。

3. 种植业进一步发展，畜牧业产生，以至种植业和畜牧业结合，采集渔猎仍作补充。也就是说，单靠种植养殖还是吃不饱，长期需要古老的食物获取方式继续补充。

中国产生农业不是孤例。距今1万年左右的世界上，好像有一声发令枪，枪声一响，散布在地球不同土地上的人类或早或晚，都掌握了农业技

①　宋敏桥：《中国原始农业起源之背景分析》，《商丘师范学院学报》2002年第1期。

术。在美索不达米亚平原、埃及尼罗河流域、南美洲等地方，人们开始把野生小麦驯化成批量种植的小麦，整理出灌溉系统养育它们。

当然，并不是所有的狩猎-采集社会都能够发展出农业，事实上，在一万年前的整个地球上，粮食生产只在9个地区独立出现：新月沃地、中国、美索不达米亚、安第斯/亚马孙地区、美国东部、萨赫勒地区、赤道西非、埃塞俄比亚以及新几内亚。

为什么会出现农业？研究者总结了如下几个理由：

其一为环境变化说。主张环境变化说的学者认为，农业产生于新石器时代，而伴随旧石器时代向新石器时代转变的外在客观环境是全球性的气候变暖，农业正是在这样一种优越的自然环境下，伴随人类采集食物和狩猎动物能力的加强而出现的。

其二为人口压力说。主张人口压力说的学者认为，农业是伴随早期人类数量的急剧上升，为解决食物的不足的现实情况而产生的。不过目前关于新石器时代早期即农业起源阶段人口总数到底有多少，学术界尚难给出比较客观、准确的结论。

其三为技术进步说。主张技术进步说的学者认为，人类在旧石器时代已经掌握了诸多利于维生的技术，例如对火的利用、制造简单石器的技术等，进入新石器时代，在环境变化的过程中，可以狩猎采集的动植物种类增加，农业正是在人类技术能力不断积累提升之中得以产生的。

农业带来了人类食物来源的巨大变革：经过驯化的家畜，例如羊鸡驴马，能够为人类提供食物，肉、奶、蛋、原料毛皮。与此同时，以前必须由人自己来做的工作，如搬运、翻地、磨麦子等等，可以靠奴役其他动物来完成。

在黄河流域和长江流域，先民们驯化了几十种植物，其中最重要的是水稻和粟（小米）。7000年前的河姆渡遗址当中，已经发现了100多吨稻谷，而且非常明显是人工栽培而不是野生的。在北方，最主要的农作物是粟，考古学者在仰韶遗址中已经发现，西安半坡也出土了实物。粟十分耐旱，繁衍能力非凡，所谓"春种一粒粟，秋收万颗子"。或许正是这一品性，令其成为百谷之长，也引导先人走入农耕之路。

总之，从距今约7000年前，中国已经有了比较成熟的农业种植系统。

在动物方面，猪、狗、牛、羊和马等也逐渐从野兽被驯化为家畜。距今4000多年前的龙山文化遗址中，出土了许多这类家畜遗骨。

先民一定曾尝试过去驯化各种动物，比如狗熊、猛犸象、剑齿虎之类。然而大部分都失败了，能够与人类共生的只是一小部分。

为什么有些动物能被驯化有些不能？研究发现，动物不能被驯化可能存在6个主要障碍：饲料难以由人类提供（食蚁兽），生长速度慢和生育间隔长（象和大猩猩），脾气暴躁（灰熊和犀牛），不适合圈养（大熊猫和非洲猎豹），缺乏跟从头领的等级制习性（大角盘羊和羚羊），以及被圈禁或遭遇天敌时容易惊慌（瞪羚和鹿，驯鹿除外）。有许多物种即使能克服其中的大部分障碍，也会因为满足不了最后一条而无法被驯化[1]。

欧亚大陆驯化了众多野生动物，而孤悬海外的美洲人就很不幸，他们驯化的唯一大动物是羊驼，数量很少，主要用于取毛和驮运。主食靠玉米，肉食非常稀缺，中美洲农民驯化的可食用的动物只有可怜的豚鼠。缺乏蛋白质的最极端表现是吃人，研究发现食人习俗的地理分布明显和蛋白匮乏有关，将食人习俗推向极致的正是南美洲人。[2]

总体来说，动植物的驯化无疑是过去人类历史中最重大的进展，发展出农业的地区，开始带领人类的演化方向。农业对人类历史的影响太深远了。

农业发展起来以后，人们需要把粮食存储在某个地窖或者山洞里，不管是下大雪之后，还是几天没打到猎物的困难时刻，都可以拿来填饱肚子。存储点选好了，人们就不再像非洲草原上的斑马一样四处漫游，而是拿好石斧、搭起瞭望台，看管好粮仓里的小麦、稻米，以免被其他群落的人偷走、抢去。粮仓成了他们生活范围的圆心。

富余食物存储和定居生活可谓是人类文明的催化剂。人类定居下来以后，生活方式和社会形态开始了急剧变化。

具体而言，有几个影响深远的结果开始出现：一是农业族群人口大量增

① Jared Diamond: Evolution, Consequences and Future of Plant and Animal Domestication, Nature, Volume 418, pp.700 - 707(2002).

② 关于各类动物的驯化。参见贾雷德·戴蒙德，《枪炮、病菌与钢铁：人类社会的命运》，王道还、廖月娟译，中信出版集团，2022年，第232页。

加，开始改变人口分布结构；二是剩余产品和劳动分工出现，开始出现人类文明；三是社会组织日趋复杂化（国家机构和阶级分化等），最终演化出现代社会。

人们定居下来以后，一代接一代的文明积累就开始了：改造植被，疏浚河流，建造坚固房屋、城墙、神庙，修筑道路，发明数字和文字……所有这些工作，对于一个临时营地都是毫无意义的。而借助积累的力量，走进了文明轨道的族群开始了区别于绝大部分漫游人群的生存模式。

同时，饱暖带来了更多的繁衍生息，人口规模开始膨胀。

人口的增长是指数级的。人类老祖宗进入美洲大陆时，不过几千人，短短三四千年后就繁衍到覆盖整个南北美洲。对中国历史的研究显示，农业社会人口年平均增长率通常有7‰左右，有时可能达到10‰—12‰。如果按照10‰的年均增长率计算，人口增长速度可以每70年翻一倍。人口像滚雪球一样不断以指数方式增长，将会在短短的几百年之中增长接近至土地承载力的极限水平。

人口膨胀自然会带来更大的生存压力。在农业文明兴起之前，智人一直以迁徙方式来解决人口增长压力，现在农业族群被迫继续向外开拓生存资源，不仅进入别人的领地采集瓜果、围猎动物，最终还得一步步占有、耕种别人的土地。于是，不同部落和族群之间的掠夺和战争随之而来。

战争从深层次上塑造着人类文明。研究发现，农作物的可侵夺性与社会的复杂度存在明确的相关性。小麦、水稻、小米是人们主要的粮食储蓄，很容易被抢走或者偷走，这些作物对应的地区最后在压力下大都发展出了高度复杂的人类社会，中国便属于这种情况。与此同时，热带地区的物产例如香蕉、芒果之类，由于容易腐烂、很难存储，没有偷或者抢的价值，这些地区的社会发展就一直停留在较为原始的状态，近代欧洲许多学者例如卢梭等人，就曾直接观察到热带地区文化普遍欠发达，只是当时还没有人类学研究来解释清楚。

收获的稻谷容易被其他部落抢走，也容易被自己部落内部的人偷走，这种压力之下涌现出一系列影响深远的防范措施，比如不断以吸纳更多人的方式扩大人口组织，同时还要形成文化，例如承认和尊重财产权，建立不偷不抢的社会规范以及与此相适应的政治结构与制度，等等。

这甚至影响了世界语言文化的局面，今天生存于世的88%的人口所使用的语言都仅仅源自七个语系，这七个语系在全新世早期都仅局限于欧亚大陆的两小块地方，这两小块地方就是最早的驯化中心——新月沃地和中国。在以后的人类历史中，这两个地区的居民渐渐把他们的语言和基因散布到全世界[①]，他们的方言变成了世界语。

一部浩浩荡荡的中国历史、一部生存竞争的历史、一部创造文明的历史、一部从一个小族群到占约地球五分之一人口的历史，就此开始了。

传说的三皇时期：远古生活图景

中国有准确、连续的历史记录，是自公元前841年（西周时期）起的，因为直到这时才有较确切的纪年。此前的历史，并非书面成文史，而是由后世历史学家依据考古、历法、传说和古籍资料综合考证、推求而成的。

关于三皇五帝的种种事迹，散见于中国的诸多古籍。这是介于传说和历史之间的时代，古籍中的相关记录有较高的可信度，但不应该被视为严格的历史史实的描述。正如法国印象派画家莫奈的油画，远看是一片清新宁静的池塘，上面开满了睡莲，近看则只能看到一块块油画颜料。时隔久远，描述三皇五帝的时代，我们只能以印象派的方式，而不能以写实派的方式。

古书中的三皇和五帝时代，大致分别代表着两段不同的历史时期，三皇时代大约是人类早期各项重大文明的发源期，人们开始从游牧生活过渡到农耕生活方式，逐渐以部落族群的形式进行聚居；而五帝时代则是各部族的组织形式，逐渐演变出早期国家形态，生产技术和文明程度则更加成熟。

从人类学来看，古书里面所描述的三皇时期（准确年代不可考），大

① Jared Diamond: Evolution, Consequences and Future of Plant and Animal Domestication, Nature, Volume 418, pp.700-707 (2002).

致对应中石器时代晚期和新石器时代早期，那是一个茹毛饮血、刀耕火种的时代。三皇，通常是指燧人氏、伏羲氏、神农氏（古书上有多种说法，该说较为公认）。现代学界通常认为，三皇，不是指三个人，而是指用火、渔猎、农耕三个时代。从人类发展来看，用火、渔猎、农业革命，都是历史上的重大事件。甚至，还有更早的有巢氏时代的造屋技术，让我们的祖先摆脱了原始的山洞穴居生活，走向开阔的平原地带。

用火是早期人类最重要的一个技术发明，也是人类文明高速演化最核心的一个标志。火的使用之于早期人类，正如电的发明之于近代一样，开启了一个新时代。

火的使用改变了早期人类的饮食方式，使人类的营养吸收能力与动物相比大幅跃升，可谓人类历史的一个阶梯。因此，火在各个民族之中都被赋予了崇高的意义。古希腊神话中，火是普罗米修斯从天上偷下来送给人类的。而在中国，口口相传的是燧人氏发明了钻木取火。

伏羲氏应当是一个善于占卜并以渔猎著称的氏族。《周易·系辞下》讲述了伏羲创造八卦符号、发明渔网的事迹，说伏羲氏"仰则观象于天，俯则观法于地，观鸟兽之文与地之宜，近取诸身，远取诸物，于是始作八卦，以通神明之德，以类万物之情。作结绳而为网罟，以佃以渔"。

神农氏时代，人们已经开始刀耕火种式的原始农业，逐渐摆脱狩猎，转而种植田园，慢慢从游牧生活向定居生活过渡。农业是远古人类发展到现代人类的一个关键因素，自从农业技术出现，全世界人类的生活方式都改变了。

石器时代生产力极为低下，人们茹毛饮血，生活质量不比野兽好多少。从今天陕西历史博物馆、西安半坡博物馆等馆藏的出土器物来看，当时的人们往往临河聚村落而居，使用原始、粗糙的石器和陶器。至三皇时代以后，人们才逐渐摆脱这种生存窘境。

生活虽苦，但人们的心态，却很可能是悦活而乐观的。新石器时代的许多陶器上，所画的都是鹿、鱼、蛙、蝴蝶等动物，或者舞蹈等场景，反映出当时人们精神世界的纯净、恬美。

这种乐观心态背后，是人人平等、自由的社会氛围。对新石器时代的考古发现，这时期大部分的墓葬都很简单。到后期才出现了地位分化。如，属于仰韶文化（约在公元前5000—前3000年）的陕西华阴横阵遗址墓葬，每一墓坑的死者都属于一个家族，随葬的瓶、钵、罐等十分平均，看不出贫富贵贱的差别。

而墓葬也能反映出哪些墓主人是当时社会上受到尊重的人物，如部落首领、巫师、英雄。属于仰韶文化的河南濮阳西水坡遗址的墓地，距今约6500年，发现罕见的用蚌壳摆成的龙、虎图形以及星象图，其中间是一个壮年男子骨架，他很可能是备受崇敬的领袖或者战斗英雄。

总而言之，在文字出现之前，人类的历史靠口口相传，谓之传说，比传说更古老的传说，则成为遥远的神话。神话传说时代和三皇五帝时代，共同组成了我国上古历史的鸿蒙时代。

附：在神话传说与历史之间

事实上，一个成年人，几乎无法清晰地记得自己的婴儿时期。与之类似，华夏族幼年时期，由于极为久远，对今天的我们来说已经邈远难辨。所幸，还有代代流传下来的神话，可以让我们一窥远古人类的经历和心灵。

神话是一个民族对自己生命史前状态的追忆，是对自己文明出发点的想象，它包含了这个民族对生命创造与文明创造最初的理解。因而神话是民族精神最集中、最本色的反映，可谓一个民族历史、文化的缩影，存在于民族心灵最深处。

弗洛伊德的学生、德国心理学家、《周易》的推崇者荣格曾说，一个民族，如果"失掉了神话，不论在哪里，即使在文明社会中，也总是一场道德灾难"①。

今天我们探索神话，一则是为了考据其中的史实因素，二则是为了追寻

---

① 荣格：《集体无意识和原型》，见庄锡昌、顾晓鸣、顾云深等主编：《多维视野中的文化理论》，浙江人民出版社，1987年，第322页。

沉淀进民族文化基因，至今还在我们的血管里奔腾的民族精神。

翻开中国上古神话，一派强盛的生命力澎湃而来，如大海潮音，如狮子怒吼。中国神话的核心在于创造文明。

在古希腊神话中，人类文明所有的一切，比如火、文字、医药、车船等等，都是来自神。而在中国神话中，这些都是由人类英雄所创造。这些英雄死后，中国人以感恩的心态，崇敬、祭祀他们，尊他们为神。这就是中国人的神——他们是创造文明的英雄。

人类历史上，出现过数千个民族，但其中只有一小部分具有创造文明的能力，华夏族恰是其中之一。它的文明原创力，生生不息，绵延至后世。

传说中，燧人氏钻木取火，有巢氏创造房屋，神农氏发明医药，伏羲氏制作渔网，后稷氏创造农耕，黄帝发明衣裳、弓箭、指南车，鲧发明筑城术，黄帝的妻子嫘祖发明养蚕织帛，仓颉创造出文字，蚩尤发明兵器，伯益发明凿井，奚仲发明车辆，共鼓、货狄发明舟船，夷发明战鼓，伶伦发明律吕，隶首发明算数……

其中最典型是伏羲画八卦、神农尝百草的故事。

伏羲的故事，是说燧人氏教会人类用火熟食以后，人们不再茹毛饮血，伏羲氏教民"结绳为网以渔"，进入渔猎时代。但是人们仍不晓得风雨雷电的气候变换，不知道如何应对各种凶险灾难。伏羲仰观天象，俯察地理，思考冥冥之中的哲理。而后，黄河中跃出龙马，背负"河图"，洛水中游出神龟，背负"洛书"。伏羲根据河图洛书的启示，领悟到宇宙乃由阴阳两种根本性力量组成，根据阴阳的不同组合，画出八卦，来象征、指示、预测宇宙间各种现象。实际上，八卦可以理解为上古时期的生存预警符号系统，人们根据八卦的指示，躲避灾祸、延续生存。

神农尝百草的故事，是说神农氏为了医治人间疾病，尝试各种植物，逐渐总结出中药。而神农氏最后也因为误食毒草而死。神农尝百草，很可能是对真实历史的一种临摹，这反映出中医的起源。传说中，神农氏的本领似乎更广，相传他还"斫木为耜，揉木为耒"，制作了农业生产工具，教给百姓进行农业生产和田园耕种，使得我们的祖先在黄河流域开始了比较安稳的定居生活。

上古神话显示，中国人对死亡并没有颓废、恐惧心理。盘古开天辟地，使命完成之后，走到了生命的终点。他死之后，身体复归于大自然，化成世间万物：气成风云，声为雷霆，左眼为日，右眼为月，四肢五体为四极五岳，血液为江河，筋脉为道路，肌肉为田土，发髭为星辰，皮毛为草木，齿骨为金石，精髓为珠玉，汗流为雨泽。

中国上古神话充满了人类征服自然、生命意志挑战天命的理想。

大禹治水，讲述的是劳动征服自然的故事。这一传说在全世界各民族的神话传说中极为特殊。很多民族的神话传说当中都有洪水，讲述了关于宇宙毁灭和人类再生的神话，反映了远古某个时期人类在遭到毁灭性洪水劫难之后，遗民再生，人类终得重新繁衍。古希腊、罗马神话中多是人类躲避洪水，被洪水吞噬消灭；《圣经》中也记载有上帝发下洪水灭绝人类，只有诺亚造出方舟才拯救了世界各种生物。中国的洪水神话传说最特殊，最后是以人之力制服了洪水。

大禹治水的传说，经过学者的考证，已经可以确认为信史。夏朝或夏朝以前，中原大地上曾有多次洪水泛滥。甲骨文当中的"昔"字（𦒱），会意结构，意为洪水之日。

再如后羿射日的故事。当时，天上有十个太阳，酷烈炎热，民不聊生，地上猛兽虫蛇残害人类。后羿挽弓射落九个太阳，只留下一个，又斩杀巨蛇、鸷鸟大风、喷水吐火而声如婴儿的怪兽九婴之类，人民得以安居乐业。

古代神话描述祖先们的整体生存危机，而结局是最终渡过了生存危机。

火神祝融氏与水神共工氏开战，共工氏战败，怒撞不周山天柱。天倾西北，地陷东南，人类即将在崩塌的天地间灭亡。在存亡的紧急关头，女娲炼成了流质五色石，补全了天地，又以巨石补天，以神鳌之足撑起天地四柱，吸干了洪水，擒杀了黑龙，人类又重新开始了安居乐业。

中国神话中的神祇或英雄人物，往往是真善美的化身。盘古、女娲、神农、后羿、大禹等人，都是牺牲奉献型的英雄，为了公众利益，奉献了自己，而实现人神之际的生命升华。这些神话大都是在春秋战国时期被整理成文字的，其中固然包含了后人的加工，但其内容则流传自远古。从历史角度来说，神话毕竟是神话，不能全信，但是应当意识到，它也包含着许多史实的因素。例如神农尝百草的故事，被现代基因学研究神奇地"证实"了。

2011年6月21日的《新民晚报》报道，复旦大学现代人类学教育部重点实验室的李辉博士研究发现，对现代中国人群的基因调查显示，中国人对苦味最敏感，这种苦味基因可以辨识食物是否有毒。

李辉的研究指出，一个名为TAS2R16的苦味基因表达于人体舌头细胞内，这个基因在所有味觉基因中对毒性的识别力最强，而中国人群的TAS2R16基因显现出超强的能力，使中国人普遍具有非常敏感的苦味感觉，能够通过味觉判断食物是否含有毒性。研究发现，中国人苦味基因突变的自然选择出现在5000至6000年前，与传说中的神农尝百草大致处于同一时代，因此可以证实，所谓的"神农尝百草"确有真实的历史环境（并非指神农氏个人，而很可能是当时整个部族开始大量尝试野生植物）。李辉的这一研究成果已发表于著名学术杂志《人类生物学》上。

中国人苦味基因的优势，使古代中国人的食物种类远超欧洲，中国人口数量也超过欧洲，这也许是中国创造出灿烂文明的另一个重要原因。

第二章

5000年前：建立国家，创造文明

5000年前，中国的历史发展大致进入五帝时代，在时间上属于新石器时代晚期，对应的是龙山文化时期。五帝到底包括哪几位，说法不一，至今也不确定，但无论如何，黄河流域的轩辕氏黄帝，被尊为五帝之首。华夏民族的发端，始于黄帝与炎帝部落融合。这个时期，开始出现了早期的国家组织，生产技术和文化艺术都有明显提高，人们可以用蚕丝制作衣服，造车船，发明乐器和音乐，甚至开始铸造一些具有装饰性的青铜器（如黄帝时代的铸鼎），等等。

在夏朝开启封建王朝之前，这段漫长的发展历史，生产技术与社会国家的演进，构成了整个中华文明的曙光与黎明。

中华文明到底是不是5000年？

祖先们来到了6000年前的中原，举目四望，蒙蒙细雨洒向郁郁葱葱的大泽，潮湿的南风吹过阔叶森林，碧绿的树叶飘飘摇摇，大象、犀牛成群结队悠然前行。大河东去，沉积下松软厚重的黄土，夏季太阳直射，影子缩短成无，表明这里是天下的中心。

这是仰韶文化时期（距今7000年至5000年）的温暖气候，据气象学家竺可桢研究，暖季一直持续3000多年直到西周武王年间才告结束，转入寒冷季候，长江、汉江结冰，大象这样的热带动物才退出了中原。①

温暖的气候和皇天后土孵化着中华文明。人们开荒种地、捕鱼打猎，逐渐从石器时代进入了铜石并用时代，走到了文明社会的门槛。

所谓"文明社会"，是指的人类摆脱原始状态，进入了更高的发展阶段。

怎样标识文明社会的门槛呢？

历史学家提出了一些观测依据，例如金属器的制造、文字的发明、城市的出现、国家制度的建立等。

中国在什么时间开始进入文明阶段？换言之，中华文明到底有多少年？

大体上，中华文明始于距今6000年—4000年，也就是先民定居中原之后。

具体有三个说法：6000年、5000年、4500年。

6000年的说法在学界广为流行。比如青铜器、古文字学大家唐兰先生就力主此说。唐兰认为，这个时期的大汶口文化有城址，有精美的陶器，有类似文字的东西，有农业，由这些要素推断，大致可以界定为开始向文明过渡了。

第二个是比较主流且传统的说法：中华文明5000年。这个5000年包括了仰韶后期或者龙山早期，并跟传说中的黄帝时代合在一起。古史中的黄帝传说涉及大量的文明痕迹，如文字、车马等都跟黄帝时代有关。传说虽有很多不可靠之处，但它确实也包含着若干历史史实的因素。

距今5500年左右的时间是一个值得注意的分界线。在此以前大致属新

---

① 在《吕氏春秋·古乐》《孟子·滕文公下》中都有周武王灭纣时"驱虎、豹、犀、象而远之"的记载，这反映了周武王伐纣时是犀牛、野象成群退出黄河流域的关键时期。而《竹书纪年》则有周孝王时长江、汉水结冰的记载。

石器时代，从聚落遗址、房屋建筑或埋葬习俗来看，都比较平等；在此以后属铜石并用时代，考古遗迹清楚地表明这时已出现贫富分化和社会地位的分化，私有制、阶级乃至准国家的政治实体，都是在这个时期相继形成的。

第三个说法是中华文明4500年。这个时期相当于龙山文化的晚期、铜石并用时代，大致是指历史书中尧舜的禅让时代。这个时期为日后悠久的中华文明打下了基础。

从更广的视野看，此时的地球，已经遍布人类活动的痕迹，但"文明"的灯火，却还非常稀疏。其中，中华文明就是重要一极，而且成了唯一流传至今的古老文明。

有西方学者认为，人类最早的原生文明，可以归纳为三个大的文明系统，以西亚为中心的近东文明，以中国为代表的东亚文明，以及晚出的美洲文明。西亚两河流域周围地势平坦、没有巨大的自然障碍，所以那里以种植小麦为主的旱地农业体系形成以后，很快就向东西方向传播。进而分别产生了美索不达米亚文明、埃及文明和印度文明。其中埃及文明受地理条件的限制，始终以尼罗河及其附近的沙漠边缘地区为中心，比较孤立，印度河文明仅延续了1000年左右，便被雅利安人摧毁，因而美索不达米亚文明和中国文明，可以称得上人类历史上最具影响力的两大原初文明。

考古学家严文明教授也指出，从整个人类文明发展史来说，最主要的两极是以西亚两河流域为根基发展出来的西方文明，还有以东亚两河流域及长江和黄河流域为根基发展起来的东方文明，这两个大的文明体系是独立起源的，在早期基本也是自行发展的，到西汉和罗马帝国时期才发生了简单接触，两个文明体系本身的发展和相互关系，便构成了世界历史的主要内容。

关于这个文明洪荒的时代，现在的学术界有两套话语体系来描述：一套是考古学的话语体系，比如龙山文化、仰韶文化等；另外一套是古史资料的话语体系，称之为"五帝时代"①。

---

① 其实"五帝"一词，到了战国时代才出现，此前的文献中有很多"古帝"，并非"五"个。因此，五帝是哪五帝，版本也很多（通常是指黄帝、颛顼、帝喾、尧、舜）。西汉时的《大戴礼记》《史记》等书对五帝的家族关系言之甚详，但不可全信。本书使用"五帝时代"一词，不过是因其约定俗成较为方便而已。

史书记载的五帝时代大致相当于铜石并用时代，我们采用许顺湛先生《五帝时代研究》来估计其大体时间轮廓，距今6000年——4000年之间。

汉代司马迁著《史记》，以《五帝本纪》为中国历史的开端，这无疑有着高见卓识，因为五帝时代正是古人类由洪荒迈入文明门槛的时期。五帝时代之前的历史渺茫难考，所以司马迁著《史记》不加染指。

人类社会在农耕以前，都是几百人的小群落，不会大幅超越"邓巴数字"①的限制范围。随着农耕、定居生活方式的确立，人类在生存压力之下演化出新的生活模式：开始出现大规模社群，几千人、几万人群居在一起，人们开始跟许多陌生人生活在一起，他们拥有大致相同的语言、世界观和规则习俗。到了五帝时代，即史书上所说的万邦并立，各部落族群都有自己的地盘，相互之间并不是"鸡犬之声相闻，老死不相往来"，而是很频繁地交往，或者是部落间相互通婚，或者是用陶罐去换几头猪羊，或者是联合起来组建盟军一起对外作战，等等。

中原以外，并非沉沉暗夜，不同部落星散在各地，各自发展出了不同的文明。今天的考古学者在各地都发现了他们的生存遗迹，有数千处之多的考古发现几乎遍布今日之中国，比较著名的如仰韶文化中晚期、龙山文化、大汶口文化、薛家岗文化、红山文化晚期等。但总的来说，中原地区的文明最为发达，有考古学家形容其地理分布像是重瓣花朵，中原是花心，其他地方则是一瓣一瓣的花瓣②，组成了多元一体的格局。

五帝时代，人们的生活是怎样的？

简单来说，穷，但还比较快乐。

_____

① 人类学中有一个"150定律"（Rule of 150），即著名的"邓巴数字"，由英国牛津大学的人类学家罗宾·邓巴（Robin Dunbar）在20世纪90年代提出。该定律根据猿猴的智力与社交网络推断出：人类智力将允许人类拥有稳定社交网络的人数是148人，四舍五入是150人。

② 关于中国文明形成过程，在近百年的探索中有过多种认知模式。仅20世纪后半叶以来，就有"中原中心说"（如夏鼐、安志敏等，盛行于20世纪50—70年代）、"满天星斗说"（苏秉琦，20世纪70年代以来）、"中国相互作用圈说"（张光直，20世纪80年代以来）、以中原为中心的"重瓣花朵说"或"多元一体说"（严文明，20世纪80年代以来）、"以中原为中心的历史趋势说"（赵辉，2000年以来）、"新中原中心说"（张学海，2002年），等等。

平民很少吃肉，主食已经变成了小米，而且粮食不够，还得经常去捕捞河蚌、田螺之类。考古出土了当时很多田螺壳，是吃掉后扔的。专家估计当时贝类、田螺提供了10％以上的蛋白质。后期，出现了很享受的贵族生活，有玉器，有彩陶、黑陶、白陶，贵族住在石灰抹墙的城中，身穿丝绸与羊皮，用高脚杯宴请宾客，旁边还有人奏乐。

总体来说，五帝时代人们心情轻松，连彩陶上的图案都经常是"广场舞"。

为什么心情轻松？因为远古狩猎漫游时期人人自由平等的遗风依然存在。对新石器时代的考古发现，这时期大部分的墓葬都很简单。到后期才出现了地位分化。如属于仰韶文化的陕西华阴横阵遗址墓葬，每一墓坑的死者都属于一个家族，随葬的瓶、钵、罐等十分平均，没有贫富贵贱的差别。后世随着阶级分化加剧，人与人之间等级森严，装饰图案也越来越肃穆。

不是经常有战争吗？

是的，但对祖先来说，战争只是生活之日常，并不可怕。

据考古学家徐旭生在《中国古史的传说时代》中的研究表明，古时，气候暖和，则有毒蛇出没，人们更担心这个。所以当时见面的问候语不是："吃了吗？"而是："无它？"即，没碰到蛇吧？

五帝时代：民族与国家的形成

五六千年前我们的祖先进入中原，此后，又分成了若干支系，分居在不同的地域。此时的中原大地上，许多部落分散在各地，神权盛行，各有各的领袖和神灵。他们繁衍生息、交往、争战。

在距今5000年前，当雅利安人自中亚大草原南下入侵印度，建立起等级种姓制的社会之时，中原大地上也在经历着大规模部落联盟战争。

按渊源关系和地理分布，此时中国的历史舞台上主要有三股力量——中原的河洛（华夏）集团、东部沿海的海岱（东夷）集团、南方的江汉（苗蛮）集团①，代表人物分别是黄帝、蚩尤、祝融。三大集团的生存遗迹，有些残留到了几千年后的现在，经过考古人员的梳理，三大集团对应的考古遗址分别是裴李岗文化—仰韶文化—河南陕西龙山文化、北新文化—大汶口文化—山东龙山文化、大溪文化—屈家岭文化—湖北龙山文化。

三大集团的说法，是历史学家蒙文通、徐旭生分别从古书中爬梳出来的。三大集团之间是否有血缘关系？抑或只是不同种族不同文明？司马迁的《史记》认为他们是系出同源，《史记》叙述五帝时代这段历史时，总结归纳了一套"谁生谁"的先古圣王系统，从黄帝开始王权代代相传、稳定有序。今天，我们以司马迁所属的时代推断，这套圣王系统可能是从三大集团的书面资料中采集杂糅综合而成的，并无更扎实的依据，也未必是实际历史进程的描述。但结合今天分子人类学的研究成果来看，司马迁的说法在另外的层面却有其合理性：三大集团的上层可能都是华夏部落的贵族（底层可能有被征服的本地土著），因此，三大集团的竞争可能是华夏世界的内部博弈。

河洛集团有两大分支，一为炎帝系列，一为黄帝系列。

炎帝、黄帝同出于"少典"部落。那时，氏族名称跟人名往往混同。古书上说"少典生炎帝、黄帝"，指的是炎帝和黄帝都出自少典部落，并非少典本人是他们的父亲。很多人据此误认为黄帝和炎帝是兄弟二人，乃是望文生义的错误。

黄帝起源于姬水河畔，故姓姬，炎帝起源于姜水河畔，故姓姜。姬水何在，无法考证；姜水大致可以确定在现在渭河的上游一带，靠近宝鸡、岐山（这一带考古出土许多彩陶）。而黄帝氏族的发祥地大概位于今陕西省北部。

炎黄部落发源于陕西，后逐渐向东迁移、扩展，建立了若干以姓氏命名的小邦国。

---

① 此为历史学家蒙文通先生发现并命名，历史学家徐旭生也有基本相同的论述，而名之为华夏族、东夷族和苗蛮族三大集团，下文按照徐旭生的研究展开论述，而名字上采用蒙文通的命名。关于食人习俗，参见马文·哈里斯，《文化的起源》，黄晴译，华夏出版社，1988年，第105页。

海岱集团的主要氏族有太皞、少皞（又作太昊、少昊，即大皞、小皞）、蚩尤。少昊的活动范围大概在今山东省曲阜一带。

这一支最著名的领袖是蚩尤。前人往往误以为蚩尤属于苗蛮集团（江汉集团），徐旭生经过详细地考证，确证蚩尤属于东夷集团（海岱集团）。综合梳理古书记载，蚩尤的坟墓和纪念祠就在今山东省阳谷寿张镇境内（蚩尤战死，身首异处，衣冠冢在今山东巨野）。

江汉集团的代表人物是被后代视为火神的祝融。这一集团的中心在今天的湖北、湖南、江西一带，北邻地处中原的河洛集团。伏羲、女娲原是他们的神祇，后来随着族群融合而流传入中原。

炎帝系与黄帝系曾在阪泉之野发生大战，这是一次河洛集团的内战，黄帝获胜。

黄帝的河洛集团与蚩尤的海岱集团又发生大战（此前蚩尤曾把炎帝打败）。大战非常惨烈，蚩尤兵败身死。蚩尤虽死，但作为尚武之魂，盛名流传不衰，到汉代还被祭祀。

此后，中原河洛集团又与南方江汉集团发生冲突，战争发生在五帝时代后期舜、禹的时代。

其实从新石器时代中后期开始，中原大地上一直有激烈、频繁的战争。炎帝与黄帝之战、黄帝与蚩尤之战，不过是其中比较重大的一些。战争要求有高度的理性作为指导方才能赢得生存的机会。这种鸿蒙时期的频繁的战争所形成的冷静、理性、深谋远虑的文化心理，很可能是中华文明思维方式和智慧形式的深层次根源。

当时作战用什么武器？

河南临汝阎村出土过一件仰韶陶缸，是仰韶中期的文物，距今5000多年。上面画着一幅名为《鹳鱼石斧图》的彩色作品，这件石斧，应该就是当时的先进武器。

依据考古文物，我们推想当时黄帝、炎帝、蚩尤族群的大械斗，主要就是用石斧对砍，用石箭镞对射。各部族的君长，就应当是手持石斧的形象。古文字中的"君""父"二字，都是手持斧的形象。

领袖本人所持的也可能是玉斧。《越绝书》中保存了风胡子的一段话，追忆上古情形，其中说到黄帝时代"以玉为兵"："轩辕、神农、赫胥之时，以石为兵，断树木为宫室……至黄帝之时，以玉为兵，以伐树木为宫室，凿地……禹穴之时，以铜为兵，以凿伊阙龙门，决江导河，东注于东海，天下通平，治为宫室……"这段话中所说的三个时期，正与近代考古学对于远古时期分为旧石器、新石器、铜器或铜石器并用的分期相当。

战争的结果，是加速了这些族群的融合。与别的部落联盟抱团、组建起人数更多的军队，才能有生存的机会，否则可能会被消灭。巩固部落联盟的方式有很多，例如可以相互通婚、强调共同的信仰或者祖先，以货易货相互加强贸易，等等。

炎黄之前氏族的范围可能还很小。经过自身繁衍、扩展，及后来与东方海岱集团大战的融合，氏族变成巨大的部族和部族联盟，覆盖的地域范围已经非常广阔，从中原大地直到东海之滨。直到一千多年后，三大集团最终融合统一为华夏族。

以上是古书中对三大集团记载的梳理。巧合的是，最新的分子人类学研究与这些记载有很高的吻合度。很可能，海岱集团是中原的华夏族的一个分支，跟河洛集团完全同源，而江汉集团的来源有一部分是华夏族，另有一部分是一万年前北上黄种人中的"中间支"。

复旦大学的研究人员通过基因考古，发现了中国人的"三个超级祖先"。

汉族各群体最大的特点是遗传上极大的相似性。复旦大学、中科院－马普学会计算生物学伙伴研究所以及新加坡基因组研究院等机构曾对全中国范围的汉族进行过大规模的遗传学调查，发现南北汉族在常染色体上的遗传差异很小，小到什么程度？假设汉族和法国人的遗传差异为1，那么南北汉族的总体差异仅有0.02左右。南北汉族的遗传差异主要体现在母系上，这可能是由父系主导的汉族南下迁徙所造成的。

那么，汉族遗传上的同质性是何时形成的，能否真的追溯到传说中的炎黄时代？

研究者首先对中国的男性进行了大规模 Y 染色体非重组区捕获测序，以知道所测区域上每个位点的突变情况，据此再根据一定的突变率可以推算各个支系分化的时间，发现在O-M122 支系上有三个比较明显的星状扩张。什么叫星状扩张？可以理解为，有三位超级男性祖先，他们娶了很多老婆，生了很多孩子，他们的孩子又生了很多孩子，这样他们基因中的 Y 染色体传递就像爆炸一样呈现指数级增长，以他们为中心往外扩张开来，以至现今中国一半的男人都是他们这三个超级祖先的后代。

这三个星状大扩张发生的时间分别是在5400年、6500年、6800年前，而中国北方全面转入农业阶段的时间也正好是在6800年前，这也与黄河中游6900—4900年前的仰韶文化，黄河上游6000—4900年前的马家窑文化，以及黄河下游7400—6200年前的北辛文化、6200—4600年前的大汶口文化等的时间相契合。

由此，可以认为这三个在五帝时代快速扩张的支系奠定了东亚的父系遗传基础，中国人的基因传承有着很好的连续性。另一个角度来说中国的农民是本土扩张的，与中国农业的本土起源是一致的。这与欧洲的情形不一样，欧洲的农业是由中东的农民扩张而带入的，同样地，欧洲现有的大部分 Y 染色体支系也是由中东农民贡献的。

五帝时代的中国并不存在统一的政权，而是各地部族林立，像波涛一样此起彼伏。某一部族特别强盛，其领袖便名垂后世，否则姓名湮灭。

在黄帝族所繁衍的众多子族中，颛顼与帝喾是时代较早的最著名的两支，两人都是政教合一的领袖。

所谓五帝时代，各帝之间相隔多久，无法确知。但尧舜禹之间是相接、连续的，他们距黄帝活动的时期，约有1000年。

政权组织的演化

历史演化至五帝时代，产生了两个影响深远的现象，一是开始出现贫富和阶层分化，二是演化出了早期国家、政权组织。

先说贫富分化，这是人类历史一大主题。

狩猎时代需要集体协作，一头野猪可能从包围圈的任何一点向外逃窜，所以很难计量谁的功劳更大谁的功劳更小，一般会平均分配，杀死野猪、剥皮分肉，一个公平的主宰者也就分外重要，根据这个主持分肉的人演化出了后世的"宰相"这个名词。与之相应，早期人与人之间的关系大致都是自由平等的。进入农业社会以后，生产越来越个人化，社会结构越来越复杂，逐渐演化出统治集团，平均分配的习俗就逐渐消失了。

"贫富"意味着出现了财产所有制的观念已经明晰，长期习俗落实为社会制度，作为一种社会制度的私有制（与公有制相对应）已经确立。显然，同时还有许多其他社会制度与之相配套，例如一个男人可以娶几个老婆的婚姻制度、子女怎样继承财产的继承制度等等。财产的范围是随着技术进展不断扩展的，5000年前最重要的财产可能是斧头、土房子、陶罐、猪羊之类，土地可能还在其次，因为可以随意开垦，像空气一样取之不尽，到了21世纪的今天，不仅土地、猪羊、房屋、一草一木这样的实物资产是财产，知识、发明、创意等抽象的东西也归入了财产的范围，甚至人们说的每一句话、在网上购物和浏览的每一个痕迹都会被存储为大数据的一部分，变成一种有价值的财产。

贫富分化及其背后的阶层分化一旦出现，在人类历史上就再难消失。那么，一万年来人类社会的财富差距到底经历了多大变化，是缩小还是扩大了？

2017年12月《自然》杂志发表了一份由科勒（Kohler）等18位教授完成的大规模考古研究，他们采集了自世界各大洲63个考古遗址的数据，用每户人家的房屋大小差别来度量一个社会的财富差距，观察从狩猎采集社会到农业社会到工业社会的财富分布变化，结论是：一万年来贫富差距稳步提升，越来越大（房屋基尼系数从0.17提升到0.8）[1]。

这是人类的过去，但也是未来的方向吗？显然不是。好在现代社会还可以设计政策工具使贫富分化问题得到缓解或解决。

政府（或政权组织）的出现则是影响更加深远的演化。

炎黄之前，氏族的范围可能还很小。经过自身繁衍、扩展，及后来与东方海岱集团大战的融合，氏族变成巨大的部族和部族联盟，覆盖的地域范围

---

① 李怀印：《从"一元多体"到"多元一体"——华夏文明起源的诠释架构辨析》，《学海》2022年第1期。

已经非常广阔，从中原大地直到东海之滨，人口数量（估计）达到数百万人之多。

在五帝时代，随着生存竞争导致的部落规模的不断扩大，需要有专门的人组织成为机构对部族进行公共管理，一群人按照一定的共识和行为规则组织起来变成一个团体，对整个社会具有一定的强制力，这就是政府（国家、政权组织）的雏形了。

组织产生力量，这是人类力量的终极来源。单个人是狮子老虎的猎物，但十个人组织起来就可以猎杀世界上任何大型动物。一百人组织起来即为军队，其力量足以摧毁任何人类组织以外的种群。十万人组织起来则可以无敌于天下，后世成吉思汗征服欧亚大陆，在巅峰时期他麾下蒙古铁骑不过是十余万人。国家（政权）组织出现，即表明所在社会的组织复杂度已经演化到很高的阶段。

考古找到了当时的大规模政权的残迹。2002年，中国社科院考古所在山西襄汾县陶寺村南距县城约15里地（7500米）的一块麦田里，发掘出一片距今4200年左右的上古都城，都城在鼎盛时期面积达4000多亩地（280万平方米），跟今天的清华大学校园面积相当。遗址中王族墓地、宫殿区、下层贵族居住区、普通居民区、手工作坊区等一应俱全。遗址中的古观象台，据碳十四方法测定，大约在公元前2100年使用。这个观象台表明，4000多年前人们已经通过设计大型的建筑，来测定节气。此地还出土了两个精美的彩绘龙纹陶盘，直径近半米，内饰盘龙，龙口衔松枝，说明龙图腾已经出现。又出土一只陶土扁壶，上面写有几个暗红色古文字，比商代的甲骨文早至少七百年。这都表明，当时的文明和社会组织都达到了很高的程度。

距今10000—5000年之间国家的产生，被考古学家罗伯特·凯利称为人类文明的"第四次开始"，主要标志是城邦、金属器、宫殿、宗庙、神殿以及大屠杀、贫穷、债务战争等等。两河流域、埃及等古文明发源地首先开始这一历史进程，中国在五千多年前也逐渐拉开文明的帷幕，在国家起源后造就了大约2500年的王国文明（部落—封建文明），直到秦汉之际转型为绝对主义国家，全社会的生活方式随之发生巨大变化。

陶寺遗址对应于尧舜时代，后来的儒家学派认为那是至德之世、理想社会。儒家经典中的《尚书》就是从《尧典》编起的。按照《尧典》所记，尧、舜是先后相继的最高政治、军事领袖，辅佐他们的有四岳、十二牧、司空、后稷、司徒、士、工、虞、秩宗、典乐、纳言等官职，这已是一个初具规模的政府机构了。

并不是所有的人类群体都能演化出国家机构。如在太平洋的一些岛屿中，原住民一直处在原始状态，就没有演化出政府和国家机构。而许多人类族群甚至直到近一两百年仍处于无政府状态，离开自己村庄就毫无安全保障。他们惯于将猎获的首级挂在村口杆子上，以这个猎头（head hunting）习俗吓退潜在的入侵者，猎头习俗在非洲、东南亚、南美洲广泛存在。

政权运行：禅让似乎没那么轻松

国家机器就像一头巨兽，它的力量如此强大，善用之则可以整理山河、安定天下，不善用则变成饕餮食人，比狼群猛虎更加残暴。那么，让什么人来掌控、管理政府？如果执政者不合格，又该怎么办？

这是个好问题，也是个人类历史的大问题，战国时期的孟子这样问魏惠王的时候，魏惠王哑口无言，顾左右而言他。

在人类社会政治发展的早期，人们在长期传统习俗中自然形成了一些解决方案，最高领袖可能是公众推举而来的，也可能由部落年龄最长者担任。草原蒙古帝国，通过忽里台大会推选大汗，在古希腊、古罗马，公民一人一票选举执政官，非洲的马赛人部落，由多名老人组成领导团体。在文明社会运行日久之后，人们又发明出各种种类繁多的政治组织模式和政权运行模式，诸如神权制、等级制、民主制、礼法制之类。

时间到了五帝时代末期，按照古史的记载，尧、舜先后被推举为领袖。

《史记》赞美帝尧说："其仁如天，其知如神，就之如日，望之如云。"帝尧来源于人民、服务于人民，史书记载，他设置谏言之鼓，让天下百姓尽其言；立诽谤之木，让百姓在谤木上发帖子，批评他的过错，这是华表的雏形①。

帝尧之后，舜成为领袖。《史记》中说，他选贤任能，举用"八恺""八元"等治理民事，放逐"四凶"，任命禹治水。在其治理下，政教大行，四海升平，因而《史记》表扬他说"天下明德皆自虞帝始"。

舜之时，暴发绵延多年的巨大洪灾，禹带领诸部族艰苦奋斗，终于将洪水驯服，也因此奠定了领袖地位。

一般的史籍都说，尧舜禹之间的权力交接是通过禅让。过程是：尧经过考察，发现舜很贤能，于是禅让帝位，舜工作到年老，循例禅让给禹。

禅让的传说核心内容是权力是如何转让的，不过事实并不那么清晰。后世记录大致可分为两派：一派肯定，一派否定。

以儒家为代表的学派，极力肯定尧舜之间的禅让，并奉之为政治的楷模。如在战国时代的孟子看来，尧舜都是高尚、神圣的"有德者"，尧舜禹时代是人类升平揖让的黄金时代。这一说法影响深远，直到明清朝代，皇帝还被教育要以尧、舜为榜样。

但有些学派却称：帝位是以暴力竞争夺来的，根本不是温良恭俭让的禅让。例如，古书《竹书纪年》写"舜囚尧"，战国时期的《韩非子》则推理论证和平禅让不可能。

那么，到底哪派说得对？

其实两派的说法可能都不太准确。儒家学派对其过度美化，而法家等学派则是根据战国时期的权力斗争倒推历史，有点过度丑化。上古社会一定有浓厚的原始民主遗风，只是具体到舜和禹的禅让，则未必还是那么单纯、那么温良恭俭让了。

禹不再继续禅让，而是传位给自己的儿子启。启经过战争，武力巩固了帝位，建立夏朝。

所以，即便是孟子本人，也无法把故事说圆。学生万章问他，为什么禹把天下传给儿子，而不像尧和舜一样，传给贤者呢？孟子答不出，只好说这是天意，"天予贤，则予贤，天予子，则予子"。

---

① 需要注明，"诽谤之木"更可能是传说而非历史史实，因为尧舜时期可能还没有文字，即便有文字，也是极少数人物才能掌握，百姓不可能识字。

儒家看上去似乎过于浪漫和迂腐，但不能因此轻率否定他们的价值。

人类进入农业社会后的漫长几千年，形成了若干习俗和不成文的制度（例如父权制度、宗法制度等），这都是当时生存竞争之必须，后世的儒家学者虽然已经不明白这些制度的背景，但仍保留着对古老习俗的崇敬和公序良俗的追求，怀有一种颇为崇高和坚定的理想。尧舜禅让的传说，正是儒家理想的政治运行方式的核心，有点像阿基米德杠杆的支点，或者滔滔江河的源头。

儒家的理想政治是什么样的？

一句话总结：天下为公。即最高政权是公有的，宗旨是为公共服务，而不是一家一姓所私有、控制和支配。

这不完全是幻想，包含着对上古时期社群美好生活的追忆。历代儒家学者，顽强坚持这个理念，不愿向现实屈服。

附：重建中的中国上古史

中华文明到底是怎么起源的？几千年以来，人们依据历史书的记载和儒家典籍的描述，天然地认为三皇五帝是我们的祖先，由黄帝代代传到尧舜禹，继而是夏商周。这段叙事世系完备、记载有序，人们对此并没有反思和怀疑过。

但这个观点在百年以前被打破了。

当时，质疑中国传统文化的新文化运动兴起，反映在史学领域，便是顾颉刚、胡适、钱玄同等人为代表的"古史辨派（疑古派）"的出现。他们用西方整理古代资料的办法，重新梳理了古文献和史书，认为中国的古史传说靠不住。

顾颉刚认为："古史是层累地造成的，发生的次序和排列的系统恰是一个反背。"而这个论断，否定了整个三皇五帝时代，也否定了古史记载的那个黄金时代。胡适声称"东周以上无信史"。顾颉刚甚至通过"考证"，推断出大禹是一条虫子，而不是一个人。传统古史系统于是崩溃，大一统观念也失去依托。

"此前，中国知识分子并没有重视中华文明的起源问题。因为在中国传统的史学学术背景下，'三皇五帝'都是想当然的事，文明起源不是问题。然而新文化运动的'古史辨派'，却动摇了这个基本信念。"北京大学考古文博学院院长赵辉在接受《三联生活周刊》采访时说。①

我们到底从哪里来？中华民族会不会像世上万千民族中的大多数，难以找到自己的起源？

复旦大学历史系教授黄洋说："历史，是人类的集体记忆。失落了源头，人类就陷入失忆。我们历来自称炎黄子孙，可如果炎黄是否存在也还没有搞清楚，难道不尴尬吗？"所以，能否通过扎实的科学研究，在准确事实的基础上重建上古史的体系，成为百年来史学界的一大重要课题。

1925年，著名学者王国维提出，考察古史要有文献学和考古学二重证据法。要将地下的考古发现补正文献史料，即以直接史料和间接史料相互印证，以此辨析历史真伪。比如，如果上古史书记载了某件事，而出土文物恰好也印证了这件事，那这部分记载一定是可信的。

于是，在重建上古史与回答文明起源的问题上，考古学给中国学术界带来一线希望。由此，中国学术界才开始主动接纳这门源于西方的学问。以考古来印证古史传说，进而重建可信的古史，是近一个世纪之前中国第一代考古学家的基本心态。

1926年，哈佛大学人类学博士、考古学家李济来到山西临汾，考察晋南地区，并对西华阴村进行了发掘。这是中国考古学家独立主持的第一项田野工作。

此后，中国大地上开始了大量的考古发掘。到了21世纪，考古研究更加波澜壮阔，例如科技部2002年立项的"中华文明探源工程"除了传统的历史、考古等学科外，还集合了环境史学、物理、化学、地理、计算机、动植物、医学、人类遗传学等几乎所有的自然科学门类。

---

① 陈志武：《人类不平等的量化历史研究》，《经济观察报》2018年9月30日。

100年来，随着考古学不断取得重大突破，越来越多的古史记载获得了印证。

中国夏商帝王世系，自"古史辨派"质疑以来，只被看作传说，不为学术界所普遍接受（顾颉刚主张要把这段历史当故事看）。然而20世纪上半叶以来，由于甲骨文的发现和识别，《史记》中商代帝王的世系很多都在甲骨文中得到了印证。王国维考证发现，《史记·五帝本纪》中的帝喾确有其人①，《史记》记载的商朝世系也是可信的。这样，被古史辨派一度推翻的夏商世系传说，自此重新获得了可信的证据。

1928年，商朝首都遗址殷墟在河南安阳被发掘出来。殷墟是中国历史上第一个文献可考并为考古学和甲骨文所证实的都城遗址。殷墟的发掘，确证了中国商王朝的存在，重新构建了中国古代早期历史的框架，再次印证了《史记·殷本纪》等传统文献记载的商代历史确为信史。

1959年，历史学家徐旭生根据上古史籍记载的指引，在河南偃师二里头村葱葱麦田覆盖的地下，发掘出一片城市遗址，此遗址距今3700年左右，考古学家研究认定此时期是夏朝晚期、商朝初年。

至此，双重证据法所证明的历史，已经被推前到夏商之际。但关于夏禹前的历史，还只是传说，尚未被考古证实。海外学者对这段历史多持怀疑态度。

情况终于有了转机。2002年，中国社科院考古所在山西襄汾县陶寺村南，发掘出一片规模巨大的上古都城，都城在鼎盛时期面积达4000多亩地（约280万平方米）。这一发现，将历史进一步推前到了尧舜时代，即夏朝建立之前的时期。

在山西襄汾陶寺遗址，王族墓地、宫殿区、下层贵族居住区、普通居民区、手工作坊区等一应俱全，作为都城的基本要素，它全部具备。这项考古发现，使考古学所证明的中华文明起点由二里头遗址所标明的距今3700年左右的夏商时期推前500年，到距今4200年左右。而根据古书的年代记录，那正

---

① 王国维：《殷卜辞所见先公先王考》，见《观林堂集》（外二种），河北教育出版社，2001年，第210—211页。

是尧舜时期①。

遗址中的古观象台，据碳十四方法测定，大约在公元前2100年使用。这个观象台表明，4000多年前人们已经通过设计大型的建筑，来测定节气。此地还出土了两个精美的彩绘龙纹陶盘，以及一只陶土扁壶，上面写有几个暗红色古文字。这都表明，当时的文明已经到了很高的程度。

2011年，考古人员在陕西神木发现了石峁古城遗址。石峁古城的规模，远大于年代相近的良渚遗址（浙江，300多万平方米）、陶寺遗址（山西，270万平方米）等已知城址，是目前已发现的我国史前时期规模最大的城址，相当于6个故宫。石峁古城和周围的卫星城主人是谁，目前尚不确定。其他规模小一些的考古发现，更是不胜枚举。

李济先生说："殷墟发掘的经验启示于我们的就是：中国古史的构成，是一个极复杂的问题。上古的传说并不能算一篇完全的谎账。那些传说的价值，是不能遽然估定的。只有多找新资料，一步一步地分析它们构成的分子，然后再分别去取，积久了，我们自然会有一部较靠得住的中国上古史可写。"

与此同时，蒙文通、徐旭生、傅斯年等众多学者也在文献学方法的基础上，重新梳理上古历史，试图从理论上还原出上古中国的脉络。三大集团说、夷夏东西说等鸿蒙时代社会状况的新描述，逐渐产生。蒙文通和徐旭生各自独立得出了远古时期中国大地上存在三大部族集团的结论，可谓不谋而合。

尽管中华文明起源的探索还远未完成，但经过大量的考古实证加古史重新梳理，一个上古时的中国，轮廓已经逐渐清晰。有了大量学术研究的支撑，即便跟几十年前相比，我们对中国历史的认识也已经大大进步。

中国上古历史，百年来经历了相信古典—打碎古典—重建新古典之

---

① 陶寺遗址时间上与尧舜时期一致，但是不是尧舜二帝本人所居住的都城，因没有直接证据，学界对此持谨慎态度，尚未作完全确定的结论。中国社科院考古所研究员、陶寺遗址考古队领队何努在接受《京华时报》采访时说："就目前情况来看，只能说陶寺遗址是尧都平阳的可能性最大。"目前相关科研正在推进中，未来或许会有确定结论。

路。这恰似近代中国社会转型的轨迹，也是中国人百年来思想历程的缩影。国人曾对古人深信不疑，又曾以"五四""文革"的铁锤将其彻底打碎。

而今天，在我们对西方文明激烈拥抱之后，蓦然回首，却发现那些满载着方块字的残简与黄卷，重又在灯火阑珊处放出光芒。时代浩浩向前，我们站在历史的分水岭上，清晰地看到这一"正—反—合"的百年路径。

封

第二卷

建

封建时代

第三章

家天下：进入封建时代^①

鸿蒙时代浩荡东流去，我国古代社会遂在距今4000年左右时，进入了家天下的模式，夏、商、周封建制国家的建立和成熟，是文明社会治理形态的具体体现：从初级的氏族封建制国家，逐步发展到了严密、成熟的封建国家。浩浩阴阳移，华夏文明的创造已成星火燎原之势。

夏朝：考古学家证实了吗？

夏朝存在吗？能被考古证明吗？这是历史学界一大公案，争论已有上百年。

我们先说说文献记载中的夏朝，再介绍考古情况。

史书记载，大约在帝颛顼以后的时期，夏部族兴起了。古代文献常把禹

① 封建，即封邦建国，是夏商周时期普遍的政治制度，属国家管理制度。马克思主义史学家的"封建社会"，是从生产关系而言，属于一种社会形态，非指社会制度。

的世系追溯到颛顼，如《史记·夏本纪》和《大戴礼记·帝系》就曾说禹为颛顼的孙子（也有文献说禹为颛顼的五世孙。不管如何，说夏族是颛顼部落的一个支裔，应当问题不大）。

跟后世的中国历史主要体现为南北对立不同，上古时期主要是东西对立和对流[①]。夏、商、周、秦是西风与东风的来回切换。夏部族自西方（相对中原而言）起源，商部族自东方海滨起源，而周部族又从西方起源，且自认为是夏的传人，最终灭周的秦人，又是从东方起源（在今山东省境内），且秦人主要继承的是殷商文明。[②]

哈佛大学教授张光直认为，夏、商、周三代在文化上是一系的。

大禹带领各部族治理洪水，之后即位为天下领袖，他没有再继续禅让，而是传位给儿子启，夏朝由此正式建立。自古以来的公共权力开始成为私有，从"天下为公"的时代进入了"家天下"的时代。

"夏、商、周断代工程"[③]考定夏代距今约4000—3600年（公元前2071年—前1600年），符合《竹书纪年》所说夏朝"有王与无王，用岁四百七十一年"。

所谓"无王"，指夏朝初期"太康失国"事件。这时期东方海岱集团的领袖后羿、寒浞先后占据统治地位，直到太康弟仲康的孙子少康时，夏王才恢复统治——黄帝时期三大集团的竞争，至此犹存。

夏王出自姒姓。夏朝虽然建立，但周围小国林立。夏的地位有点像武林盟主，他们之间有朝聘会贺的来往，却没有十分严格的臣属关系。夏朝时方国部落众多，见于《史记·夏本纪》的就有杞氏、有扈氏、有男氏、斟寻氏、彤城氏、褒氏、费氏、冥氏等。《吕氏春秋·用民》说："当禹之时，天下万国，至于汤而三千余国。"这时"国"的规模，约相当今天的一县一乡。

夏桀亡国的主因在于失去了诸多方国部落的支持，进而内外交困，最终

[①]　傅斯年：《夷夏东西说》，见《史学方法导论》，时代文艺出版社，2019年。

[②]　李伟、魏一平：《中华文明探源工程十年：寻找中国之始》，《三联生活周刊》2012年第40期。

[③]　这是"工程"权衡各方观点得出的暂时结论，夏、商、周断代工程在史学界仍有很大争议。"武王伐纣"是确定夏商两朝的重要时间点，但根据不同学者对文献的理解，光是关于这一事件的年份就有44种说法，前后相差112年。

为商部族所灭。

夏朝对后世影响很大。商朝的统治者每以夏亡为前车之鉴，而周朝统治者则以夏为自己的正宗，故周人屡称自己为"有夏"。周人以夏自称表明姬周族与夏族关系密切，甚至可能原为夏族分支。

夏朝历法称为"夏令"或"夏时"，为人们历来所沿用（孔子就主张"行夏之时"）。

以上是文献记载，不过夏文化研究有一个重要困境：古史文献的描述与考古实物之间，始终无法完全对应，缺少一项直接、可见的实物证据作为连接——如殷墟甲骨这样的出土文献。1928年殷墟发掘后，正是甲骨文与传世文献的互证，确凿无疑地证明了商代的存在。

目前最相关的考古就是二里头，在洛阳边上一片麦田里。二里头文化的最新测年是公元前1750年到前1530年，部分与被认定的夏代纪年重合。考古学家在二里头发现了中国最早的城市主干道网、最早的宫城，二里头文化也被认为是"中国最早的广域王权国家"。但这个国家也许叫夏，也许不叫夏。

证明有"夏"，究竟需要什么样的证据？

有学者认为，必须有出土的文字才能作为证据，有些学者则认为，不需要出土文字，其他众多资料也可以作为证据。这就好像面对半杯水，信古的说杯子半满，疑古的说杯子半空，由于两种思潮立场不同，得出的结论也不一样。

不管怎样，学界的共识是：即便不能肯定二里头就是夏，但至少可以认为，二里头遗址极有可能是夏，或最有可能是夏。

其实笔者本人相信二里头就是夏的遗址，考古学家孙庆伟的大作《鼏宅禹迹》言之甚详，读者可以参阅。

商朝：出现了甲骨文，还有许多黑科技

1899年（光绪二十五年）秋，清朝国子监祭酒（相当于今北京大学校长）王懿荣病了。医生开来的药中有一味"龙骨"，由龟甲制成，王懿荣发

现上面刻画着一些线条，这位金石学家不由得好奇起来。

他发现，这些线条竟然是比青铜器铭文更早的古文字！王懿荣开足马力，前后收购了1500多片甲骨，正式开始了甲骨文研究。很快，刘鹗、罗振玉、王国维等一大批学者加入其中，他们不仅辨识出甲骨上的文字，还通过这些文字考证出了史书中关于商朝的记载。

更震撼的是，大约20年后，因盗掘甲骨，地处河南安阳的"殷墟"被意外发现了，这可是商朝鼎盛期的首都！1928年，殷墟正式开始考古发掘，成果轰动世界：这里出土了大批铜器、陶器、骨器、石器，此外还有无数刻有文字的龟甲和兽骨（至少有十万片）。这些甲骨主要是占卜所用，上面刻满占卜记录，无疑是第一手历史档案。

历史学家把这些甲骨卜辞与史书记载相互印证，商朝的历史便复活了。

当夏朝称霸中原之时，渤海之滨的另外一个族群也在蓬勃生长，这个族群历史悠久，以鸟为图腾，我们称之为"商"。

商的祖先名为"契"，与舜、禹大约同时代。据王国维考证，其更早的远祖是帝喾，可见夏、商都是华夏族的不同分支。

商起源于滨海的东北方向。相传契的母亲简狄吞玄鸟卵有孕而生子，《诗经·玄鸟》的描述是"天命玄鸟，降而生商"。

距今约3600年前，商王成汤在众多方国部落的支持下武装攻灭夏朝，建立商朝。

按《史记》所记，商朝共传17世，31个王。商朝覆灭时间距今约3000年（准确年份难以确定，《竹书纪年》称商朝"用岁四百九十六年"，与商朝的实际情况当相距不远）。

商朝可以分为两个大的阶段。从成汤灭夏到盘庚迁殷以前为第一阶段，称为早商时期；盘庚迁殷之后至商朝灭亡为第二阶段，称为晚商时期。早商时期殷都屡迁，盘庚继位以后把都邑从奄迁徙至殷，以后很少变化。

商王继位不仅有"父死子继"的情况，而且也有不少是"兄终弟及"，即由王的弟弟继位，这在其他朝代较为罕见，其原因可能与军事需要有关，战争频繁，年幼的王无法统御军队。

最高领袖的称号在夏代多称为"后"，到了商朝则称为"王"。相传成汤灭夏时就因自己勇武而号称"武王",《诗经·长发》记述后世苗裔对他的歌颂,道是:"武王载旆,有虔秉钺。如火烈烈,则莫我敢曷。"——灭夏之时,成汤立于大旗之下,庄严地举起大钺,气势威严犹如烈火,其谁敢阻挡!

商朝最后两位王竟将天帝的"帝"字用于王的名号,称为帝乙、帝辛(纣王),直接反映了君权神授的观念。

商人特别重视鬼神,即所谓"商人尚鬼"。在商人看来,神鬼的世界和有形世界同样存在,而且这两个世界可以互动。殷墟甲骨的卜辞表明,商朝统治者几乎每日必卜、每事必卜,军国大事经常靠神意决策。神鬼主要是他们的祖先。王室对祖先的祭祀,极其盛大。用牲的数目多的有一次五十羊、三百牛或四百牛的。

商王武丁及其稍后的时期,人殉、人祭达到鼎盛,大量的人牲被杀掉祭祀神灵,显示了神权的特殊尊贵。

现代考古发现:商朝人身高多在160厘米左右,女的比男的矮,死亡年龄很早,平均在35岁左右,有的是自然死亡,也有很多是战死的。

意义最重大的是:我们终于知道,此时文字已经出现了,巫师们已经能够熟练运用。甲骨文包含单字约5000个,意义及用法与今字基本完全一致。而正如《至简中国史》这本书不能包含所有的字一样,甲骨文并不能包含当时所有的字,故当时使用的字数多于5000个。甲骨文六书(六种造字方法)俱备,显然已经经过了长期的发展过程,其最早的起源时间,现在还不能确知。

还有许多高科技。商人已经精确掌握了合金的比例及冶炼技术,用铜锡合金铸造出繁复精美的青铜器,初成时金光灿烂,历经几千年后,表面上覆盖了绿色的铜锈。

驯化动物不在话下,牛、马、狗都很常见,商人还驯化大象,并利用大象作战。

商朝重视战争,所以城墙很厚、拥有大规模杀伤性武器——战车,一辕驾四马,两服两骖,据卜辞的记载,商人的远征有时行军三四十天之久;商人重视历法,能够阴历阳历并用;重视经济,用牛车拉着各种货物长途贩卖，货币是贝壳，有的甚至来自遥远的东南亚。

殷墟曾经是繁荣的帝都：铜器、玉器、绿松石饰品的原料，以及用量甚大的龟甲、咸水贝，都是极远处所产，翻山过海贩运而来。

殷周革命：决定了后世的世界观

商人驾驶着战车征伐四方之时，西方的一支部族悄然成长壮大。

这是一群农民，姬姓，被称为周人。他们的始祖名为"弃"，生在舜禹时代，曾被舜任命为"后稷"，相当于农业部长。

后稷所以名"弃"，是因为他幼年曾经三次被抛弃：

弃的母亲叫姜嫄，她践踩了"帝"（天神）的脚印，心动有孕而生后稷。这个神话里的"帝"，据说就是帝喾，可见周族与黄帝族的高辛氏颇有渊源。

弃在婴儿时，先被抛弃在隘巷中，路过的牛羊都绕行而不践踩；又被抛弃于树林，却被伐木人抱回；第三次被抛弃在寒冰上，却有一群大鸟张开翅膀来覆盖他、温暖他。

《诗经·生民》所记载的这种弃子仪式，很可能与原始时代某种宗教礼仪有关。弃大难不死，众人都觉得他有神明保佑，长大后，威望渐高，最终成了一个农业专家。

甲骨文的"周"字（囲），是一块田地的模样，因为周人跟擅长做生意的商人不同，主要心思在于种地。

弃之后，在部族首领公刘时期，周族居于戎狄之间，后全族在公刘率领下迁徙至豳（今陕西省彬县）。公刘以后九传至公亶父，周族又从豳迁徙到岐山下的周原。《诗经》留下了大量诗歌，描述当时的社会风貌、歌颂周人先祖和领袖，如《生民》《公刘》《绵》《皇矣》《文王》《破斧》等。

这以后周族日渐壮大，在周文王时，达到了"三分天下有其二"的兴盛局面，受到众多方国部落拥护。

周文王是周部族发展史上的关键领袖。文王姓姬，名昌，为季历之子，继位时已届中年，据孔子描述，文王的形象是"黮然而黑，几然而长，眼如望羊"，一副奔波劳累的老农民形象。从《孟子·公孙丑》"文王以百里"的说法看，他继位时，周的范围还小，也就是方圆百里的数量级。文王举措得宜，继续大力发展农业生产，增强经济实力[1]。

周文王之子为周武王姬发。大约在公元前11世纪，周武王率军灭商朝，成为周朝的开国之君。这次波澜壮阔的王朝更替，被历史详细记录了下来。

商朝的末代皇帝名纣，正式场合称为"帝辛"，是帝乙之子。主政时政治黑暗，比干、箕子、商容等贤臣遭诛杀和废逐，商朝的大师、少师、内史等要员，持祭器、乐器、图法等国之重宝奔投于周。而在周文王姬昌的努力经营下，周越来越强盛，随着实力对比的变化，周乃图谋灭商建政。

武王十一年（公元前1046）元月，周师向东开进，主力军包括戎车300乘、"虎贲"3000人、甲士4500人，此外还有庸、蜀、羌、髳、微、卢、彭、濮等方国和部族的盟军。

根据青铜器利簋铭文等出土文献资料和当代学者的推算，大致还原武王伐纣的过程如下：

出发之日是公元前1045年12月3日（丁亥日）（此处和以下日期，主要依据科学史专家江晓原教授的推算）。那是下着雪的冬天（《六韬》《吕氏春秋》），凌晨，残月挂在房宿"天驷"之上；黎明，太阳从银河在东天的尽头升起；黄昏，辰星（今称水星）出现在西北天空（《国语·周语下》"月在天驷""日在好木之津""星在天鼋"）。这一天，武王的军队祭祀上天和先祖。誓师之后，岁星出现在东方（《淮南子·兵呼》），周武王的军队从镐京出发，在严寒的冬季沿着黄河南岸向东日夜兼程。

经历了时断时续的风雪和一次月缺，周王的军队抵达孟津。稍作休整后，公元前1044年1月3日（戊午日），周人从孟津渡过黄河（《史记·周本纪》），往东北方向逆风雪开始了向商国王都（商邑，今河南淇县）的急行军。商纣王也得知了周武王要自西南方攻来的讯息，在王都商邑附近集结了他所有的兵力。公元前1044年1月8日（癸亥日）的晚上，周国的军队抵达商

---

[1] 《诗经·天作篇》云"天作高山，大王荒之，彼作矣，文王康之"，《尚书·无逸篇》云"文王卑服，即康功田功"。

邑南郊的牧野，和赶来的诸侯在深雪湿滑的荒原会师。

武王布阵还没有完成，牧野天空上又落下了凄冷的雨（《国语·周语下》）。牧野冷雨中的长夜，周人军阵中燃起的火光仿佛满天星斗。经过一个漫漫的长夜，雨和雪都停了，岁星升到正南方（上中天），这对周人来说是无比吉利的天象（利簋铭文、《武成》《世俘》）。这是上天用星斗向周人昭示：你们将承受天命，取代商数百年的政权，拥有中国的土地。

在公元前1044年1月9日（甲子日）这一天的黎明，周武王左手执青铜钺（一种横柄大斧头），右手执白尾旗，在牧野做最后一次战前动员。武王痛斥纣的罪恶，勉励大军要如猛虎猎豹、奋勇前进（《尚书·牧誓》）。

商国和周国都穷尽本国的兵力，在牧野决一死战。老谋深算的吕尚（"吕尚"就是传说中的姜子牙。他的母姓姜，父氏吕，名尚）协助周武王制定了战略部署，指挥精锐，敢死队和战车队向商王的军阵直接进攻。商纣王却将自己最精锐的战斗力放在阵后，想用比较弱的士兵先消耗掉一些周人的力量。阵亡士兵的血流遍了整个牧野，在严寒的天气里都没有结冰。商纣王的战略失误了：商国军阵前部士兵是最弱的，他们在武王军队的锋锐进攻之下溃败，引发了战局的倾覆。迷散的商国军队就像是决堤的洪水（《逸周书·克殷解》）。周文王、周武王两代人近半个世纪的韬光养晦、苦心营谋没有白费，他们终于等到了这一天。商纣王战败，退到商邑内的鹿台，用玉璧环绕住自己的身体，点火自焚而死。武王以黄钺斩纣头，挂在白旗上示众。

从甲子日凌晨开始，克商之战如同升上牧野天空的流星，火光灿烂中转瞬即逝。牧野之战只用一天时间即告胜利。但还有可能出现不测风云，所以武王当晚高度警惕，一夜未眠。

到了第二天（乙丑日）太阳升起的时候，"天命"已经落到周朝姬姓宗族手中。武王在商王宫殿里举行大典，由尹逸宣读祝文，武王再拜稽首，表示"膺受大命，革殷受天明命"（《逸周书·克殷》），即宣告革命成功，遵循天意接手政权。

据利簋铭文记载，武王在殷都停留了7天，于甲子日之后的辛未日到达今河南省郑州市一带的郲师。此后，武王西行至伊洛地区，考察地理形势。四月间，率军凯旋，返归首都镐京。

纣死后，其子武庚受封于周，替周人管理这一文明高度发达的地区。后发生三监叛乱，武庚卷入其中，叛乱平定之后，周安排微子代替了武庚。

这段变革，史称"商周之变"或"殷周革命"。商周之变是中国历史上一个非常重要的时刻，王国维先生认为："中国政治与文化之变革，莫剧于商周之际。"政治方面，周朝发展出成熟的封建制度；文化方面，从被鬼神主导的残酷血腥的世界观，变为世俗化的、理性主义的、人文关怀的、敬鬼神而远之的世界观——至今，中国人的世界观仍是如此。

商人深信，本部族受到许多神的庇佑，就像犹太人相信他们是上帝的选民。其中最高的神灵则是与王室祖先神联系密切，商人也称之为"上帝"或天帝。在商人的视野中，神与世俗政治有着千丝万缕的联系，故而商人的神话传说带有政治映照的痕迹。武王伐商前，商比周更强大，时人称为"大邦殷""小邦周"。牧野之战，商的车队临阵倒戈，商王自焚而亡。强盛一时的商败于后起的周，这实在是当时中原地区最令人震惊的政治事件。时人对神话传说的怀疑，也渐渐滋生。

人类早期曾有不少文明体将社会财富大量地浪费于宗教事务，最后失控并导致文明灭绝，沉迷于鬼神世界的商人就有这种倾向，世代务农的淳朴的周人反对这种做法，看重现实的人生、降低抽象的鬼神的地位，他们注重祖先崇拜、注重宗族的团结，社会不会失控，可以长久稳健生存。

周人留意政治舆论，为周人的武装征服辩护，从而衍生为新兴的政治思潮。周人最初承袭了商人的神话系统，但是从内部对其大加改易。周人切断了"上帝"与商人的亲缘联系，使其上升为普世性的神。在周人的诠释之中，"上帝"不再独独关照、庇佑商人，而是密切注视着世俗政治的是非得失，并相应地予以褒奖、警告、恩宠和惩罚。在周人的诠释中，武王伐商和周公东征，并非纯然是武装征服。事实上，周人以其功业得到神的庇佑，故而最终击败强大的商，一如往昔商人之击败夏人，故而周人的胜利不仅是军事的胜利，更意味着神的意旨之转移。

周人以新思潮重新理解旧神话，结果将商人神秘主义、亲缘、偏执的神转变为理性、普世、功利的神。尽管日后神秘主义的思潮一度重新兴起，但是一直无法找到扎根的古代神话土壤。世间流传的唯有周人重新诠释的神话，这其实是周人开拓和征服史诗别致的写本①。自此萌发的理性主义萌芽，也是日后政治哲学最初的范本。

周朝建立后，分封子弟、功臣到四方，逐渐建立了130个以上的（准确数不可考）诸侯国，并以军事力量控制交通线。

周人后来又发动东征，势力推进到海滨，殷商的残余部众被击溃后，有的被分散赏赐给诸侯（如鲁国的殷民六族、卫国的殷民七族），有的被消灭，有的远远逃亡，北去东北以至朝鲜半岛，南到大江以南。

周人建立了宗法封建制度，即按照亲缘血缘关系封土建国，由近及远管理天下。在他们的世界观中，天下像一个棋盘，周天子居中，管辖"王畿之地"即首都附近一带，诸侯像行星围绕太阳那样拱卫着周天子，由近及远直至蛮荒地带。因管理大规模复杂国家的需要，洪荒时代粗浅简陋的部落制度，现已演化成封建制度。

周朝在政治上注重的是"分"，而不是"合"。分封制是这样，宗法制也是如此。宗法制强调了从强宗大族里繁衍出数量众多的支系小宗，这些支系小宗再繁衍出下一个层次的支系小宗，从而形成连锁式的分裂增长。就周朝独具特色的井田制度来说，其基本特点依然是"分"，即分出公田和私田。西周时期的土地制度虽然名义上有"普天之下，莫非王土，率土之滨，莫非王臣"之说，但这更多是一种文学修辞，实际上是和分封制度相适应的、多层次的贵族土地所有制。

周天子跟诸侯之间的关系就像股份公司的合伙人，周天子是大股东，各路诸侯是小股东。理论上说，封建制度体系很完备：各封国的诸侯们要定期向周天子纳贡朝觐，彬彬有礼；诸侯国的重要权力岗位变动，要经过周天子册封允许；如果天子有难，诸侯要出兵助王征伐；天下如有洪灾旱灾，大家协力救济。

---

① 朱学勤主编：《帝国往事》，中国人民大学出版社，2009年，第11页。

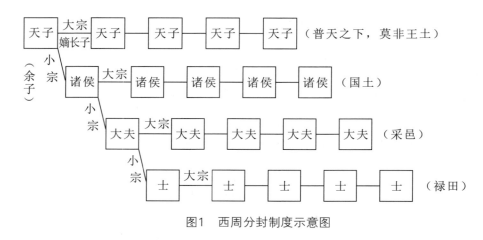

图1　西周分封制度示意图

　　但这样的情形和局面，有一个前提，即作为"大股东"或天下盟主的周天子自身要足够强大，他既要具有强大的军事实力作为后盾，同时要具有强大的文化向心力可以号召诸侯。

封建秩序不能永恒，该怎么办

　　但实际上，这套制度只运行了大约200年（自周武王起共12代、13个王）就濒临失效，秩序开始混乱。

　　之所以说时间是"大约"，是因为从西周时期的公元前841年起，中国才有了确切纪年和准确、连续的历史记录。此前的历史，并非书面成文史，而是由后世历史学家依据考古、历法、传说和古籍资料综合考证、推求而成的，例如武王伐纣发生在哪一年，就很难准确定位。

　　西周的都城镐京矗立在莽莽苍苍的关中平原上，位于今天的陕西省西安市长安区。镐京四周都是黄土累积的平原。西北方向就是游牧民族犬戎（商朝时称鬼方）之所在，他们对镐京几乎形成了半包围之势。

　　周王室与犬戎长期对峙，后期在军事上逐渐居于劣势。"宗周六师"等主力部队被犬戎消灭，周王室财政困难、权威下降，在诸侯心目中的地位开始动摇。

西周最后的君王是传说中"烽火戏诸侯"①的周幽王。周幽王在选择接班人问题上举棋不定，导致国内发生争夺王位之战，犬戎与其中一股势力勾结，直捣镐京，杀死周幽王，大肆抢掠洗劫而去。

周幽王被杀，部分诸侯拥戴太子称王，即周平王②。平王虽立，但镐京形势危险，与东方的各诸侯商量后，他放弃了镐京，并于公元前770年迁都到洛邑（今河南省洛阳西），史称"平王东迁"，即西周灭亡而东周时期开始。

东迁后周王室的处境，是落地的凤凰不如鸡。关中故地大片丧失，为犬戎所占。王室直接拥有的王畿面积大幅缩水，以洛邑为中心，方圆不过600里。辖区缩小导致财政收入减少，王室财政捉襟见肘。

公元前720年，周平王去世，因为随葬品不足，新继位的周桓王竟然只得派人向鲁国乞求，史称"求赙"。西周以来"天子不私求财"的传统从此被打破。

以前天子巡狩的盛业也停废了。西周时天子每隔几年则要到各地巡视，祭祀名山大川，考察诸侯政绩，称为"巡狩"。郑国原有参与周天子祭泰山的义务，故在泰山脚下有一块田，田亩收入专用于祭祀，称"祊田"。鲁国在许国（今河南许昌）也有一块田，是赐给周公在王室做官的采地，称为"许田"。天子无力巡狩，郑的"祊田"无用，便与鲁国的"许田"交换。这次换田标志着天子巡狩礼的崩溃。

诸侯必须朝觐周天子的礼仪也逐渐名存实亡。过去诸侯去世，继位者必须先赴王都朝见天子，请求赐爵，称为"受命"。东迁后，诸侯治丧完毕新君就即位，不再朝见天子，天子只好派人送去委任状，称为"锡（赐）命"。

东周时期共550年（公元前770年—前221年），又称春秋战国时期。"春秋"取名于鲁国史书《春秋》，"战国"则取名于西汉时编定的《战国

---

① "烽火戏诸侯"虽然是《史记》所载，但不是历史事实，一则西周时尚未发明烽火，二则诸侯距离镐京极远（郑国最近为300多里，齐国等国为千余里），行军需要数月时间，以烽火召来博妃子一笑实不可能。

② 周幽王、周平王时代政局混乱，相关历史记录也十分缺乏。《史记》《竹书纪年》和《清华简》对此记录互不一致，或谓同时出现过二王并立的局面，甚至还有一段王位空白期。

策》。历史之河本是连续不断的，划分为春秋战国两段，如同对河流进行测量标注，是为了便于观察。春秋战国两个时代迥然有别。春秋是古典贵族政治的高峰，连战争中双方都彬彬有礼；战国则开始了残酷的总体战，国家形式由封建社会转变成帝国社会。

周王室迁都后的王朝新局，内外交侵，面临着严峻的危机。

内政方面，传统秩序开始瓦解；外政方面，蛮族战争压力越来越大。

华夏初步奠基

6000年前进入中原的那一小部分群体，在3000年后的商周之际，已经繁衍到了几百万乃至上千万人[①]。

禹传子家天下，夏朝正式建立。夏只是名义上的盟主，实际上管不到其他邦国。夏之后，商周继起而为盟主，早期雏形国家逐渐演化成完备严密的封建制国家。

夏、商、周三朝的递嬗，代表三个部族的流动和发展。大体上，夏人自西向东，商人自东向西，周人又自西向东，他们先后相交错、相融合、相同化，同时各把势力所及地方的土著同化。在一千多年中，他们融和、同化成一大民族，对于异族，自觉为一整体，自称为"诸夏"，有时也被称并自称为"华""诸华"或者"华夏"，今天"中华"的"华"字即起源于此。

包括夏、商、周三族在内的各分支，尽管来源与祖先传说不尽相同，但到西周时已有了共同的族称（华、夏、中国）、共同的地域观念（"禹绩"，即大禹开拓的地方——夏区）、共同的祖先观念（黄帝为共同始祖）。通过辛苦而辉煌的文明创造，通过与其他众多族群的生存竞争，通过漫长的千年时间，至此，华夏民族正式形成了。

以字义训，华即花，万花繁盛，为生殖，为繁荣，为华美；夏为盛大，《尚书正义》云："冕服华章曰华，大国曰夏。"

---

① 当时没有人口统计资料，有当代学者根据多种文献粗略估算，商初人口数为400万～450万人，至晚商增至780万人左右。

相比之下，"戎""狄""蛮""夷"当时只是族群生活状态的客观描述，没有主观赞美的含义，是中性词，到了战国、秦、汉以后，因有华夏作对比，才越来越含有贬义。戎字指的是一个人拿着一件武器（戈）；狄字描述的可能是游牧生活，与狗和篝火为伴；蛮字原型是一个两边盘着发辫的小姑娘蹲坐之形；夷字是一个人身上背有一张弓。

"诸华"和"诸夏"在中原附近的封国又合称为"中国"，以与"夷狄"相对称。

"中国"的称谓，最早见于周初武王、成王时，不仅见于《尚书》，也有出土周朝青铜器何尊铭文的实证。

国宝何尊于1963年出土于陕西省宝鸡，上面122字的铭文，记录了周成王营建洛邑王城的重要历史事件。铭文上有"宅兹中国"一语，宅是定居之意，"宅兹中国"即定居在"中国"。

至于其他星罗棋布于河北、山东、河南、山西、陕西而与诸夏错居的许多游牧或非游牧的民族，与华夏进行着长期的生存竞争，武力战争是当时生存竞争的主要方式。他们之中大部分最终被同化。

中国最初的疆域，大约是从大禹治水之后逐渐奠定的。《尚书》中《夏书·禹贡》记载，大禹治水的时候，通过对黄河流域的山川地理环境的勘察，将天下分为九个区域——命名为"九州"，即豫州、青州、徐州、扬州、荆州、梁州、雍州、冀州、兖州。九州的区域范围，大致勾勒一下，北有燕山山脉、渤海湾和辽东，南至南海，西至甘肃接西域，东至东海。这样的地理规划，大致也反映了当时的管理层对国家统一规划的政治理想。

不过，在周朝以前，中国的主要地盘是山东、河南、山西，旁及河北、陕西的一部分。

早在殷商时期，商朝的势力范围内外就散布着许多文化远较商人落后的游牧民族，不时寇略商朝或其诸侯的领域。商朝后期的最大外敌是西北的鬼方（其根据地大概在山西北部及陕西的北部和西部）。历史上记载商王武丁曾对其用兵三年之久。此外卜辞所记商人的外敌还有许多，但除羌人外，其他的后来都在历史记载中消失了。

商朝战争的规模通常都不大。根据甲骨文卜辞的记录，用兵规模有时为四五千人，有的战争俘虏十五六人，但有一次记录杀敌2656人，算是规模较大的了。

商末、周初的鬼方后来被周人称为猃狁，继称犬戎，此族在周初屡次出没于丰镐以西和以北。周康王时曾伐鬼方，俘虏13081人，战争之激烈可想。参加此役的盂国（近岐山）曾铸鼎刻铭以记其事，至今尚存。穆王时又大败此族，俘其五王，迁其若干部落于汾、洮一带。至厉王末年，猃狁乘周室内乱，又复猖獗；以后四十余年间不时入侵西陲，甚至深入王畿，迫近镐京，终为宣王所攘逐。

到了东周阶段，各边陲诸侯国不断与戎狄作战，扩张文化和土地。秦统一天下后，秦始皇派大军北击匈奴、南征南粤，击溃了当时已知的所有抵抗力量，奠定了中国中部、东南部的基本国土框架。100多年之后，汉武帝北征匈奴、西征西域、南征西南夷，版图进一步扩大，已经和今天的国土面积比较近似。

附：夏商周是奴隶社会吗？

近几十年以来，历史教科书一直将夏商周三朝定义为"奴隶社会"。其实这个理论框架在民国年间刚刚出现时，史学界无人响应，因为脱离中国历史史实，不值一驳。

后来，主张奴隶社会的定性逐渐成为官方主流话语。

改革开放以后，许多学者重新研究这一课题，以"反证"的方式反对存在奴隶社会这一说法，逐渐形成一个目前学术界较为公认的"无奴学派"[1]，代表性学者有黄现璠、张广志、胡钟达、沈长云、晁福林等。他们

---

① 陈吉生：《试论中国历史学的无奴学派》，《世界历史论坛》2010年6月。

指出"中原王朝不存在一个以奴隶制剥削形式为主体的奴隶制阶段"。晁福林认为夏商为氏族封建制社会，西周和春秋为宗法封建制社会。本书认同这些见解。

海外史学界对奴隶社会话题，一直没有多大争议，普遍认为不存在奴隶社会。例如著名历史学家何炳棣在《商周奴隶社会说纠谬：兼论"亚细亚生产方式"说》中指出，商周时期，奴隶在全国人口当中的总比例微不足道，而且并不从事生产劳动，商朝时期的"众"和周朝时期的"庶人"，都是普通平民，他们是人口的绝大多数。哥伦比亚大学、纽约市立大学历史学唐德刚教授在《晚清七十年》也曾说："我国古代中有奴隶（slaves），而无奴隶制（slavery），笔者在不同的拙著内曾力证之，国际汉学界亦有公论。"又说，通过研究印第安人的历史，"循之北美各部落之社会发展史，则一览可知……人类社会发展史中之所谓'封建'（feudalism）者，实自'部落生活'（tribal life）直接演变而来，与'奴隶制'（slavery）无延续关系也"。

所谓"无奴"，并非指中国古代从来没有奴隶，而是指奴隶制生产方式不构成主流。当时中国社会的主体是"庶民"，其中以农民为主，其余当有少数商人和工人。庶人和奴隶的重要差别在于前者拥有私有财产，可以自由迁徙。

中国历史中奴隶的情况，现在所知不多。如奴隶和其他人的比例如何？天子、诸侯或大夫直接役属的奴隶有多少？都不得而知。我们只能从史料碎片中搜集一些信息。如，周王和列国君主赏赐奴隶的数目就曾被记录，最高的纪录是晋景公（公元前599—前581年）把"狄臣"（被俘虏为奴隶的狄人）一千家赏给立战功的大夫荀林父。

这些奴隶的主要来源是异族的俘虏。奴隶可以抵押买卖，例如西周铜器铭刻中有"赎兹五夫用百寽"的语句。周代盛行的殉葬制度，奴隶也是必然的牺牲品。平常以百计的殉葬者当中，有多少是奴隶，不可考。

"封建"（feudal）是一个被滥用的词汇。五四运动时期，陈独秀忽略中日、中欧历史差异，引入日本及西欧近代化进程中的"反封建"命题，形成"封建＝前近代＝落后"的范式。"封建"成了个贬义词。

其实封建社会的结构是：在一个王室的属下，有宝塔式的几级封君，每一个封君，虽然对于上级称臣，事实上是一个地方世袭的统治者兼地主；在这种社会里，凡统治者皆是地主，凡地主皆是统治者，同时各级统治者属下的一切农民，或是农奴，或是佃客，脚下的土地，他们不拥有产权。

因此，西周社会是标准的封建社会。

王畿之地，即周天子拥有的地盘，根据《周礼》记载大约是一千里见方。王畿以外的地方属于诸侯所有，周室先后至少封立了130个（确数不可考）诸侯国。诸侯与王室的关系模式像是松散的联邦制，主要有按期纳贡朝觐、出兵助王征伐、协助救济灾患等，内政方面诸侯国几乎完全自主。这跟欧洲的封建时代非常相似。不同的是周为宗法封建，欧洲为契约封建，前者靠血缘关系，后者靠契约约定。

周朝的诸侯国大部分是分封给宗亲姻戚或功臣而后形成的，还有其他一些情况，如宋国是商朝后裔受封而成，另有归附于周朝的商朝诸侯国或独立国，例如陈、杞等。

第四章

春秋：霸权更迭

周王室迁都是当时的政治巨变。平王有弑父嫌疑，得国不正、难以获得各派势力的拥护，另外周室实力已经十分虚弱，天下共主之威信开始褪色。政治秩序从最核心的部分开始瓦解，逐渐礼崩乐坏，演化出春秋时代的国际体系。

封建秩序已朽坏

周天子跟诸侯之间的关系就像股份公司的合伙人，周天子是大股东，各路诸侯是小股东。大股东失去控制权，小股东开始各怀心思，有的想趁机占点便宜，有的想争夺控制权，有的想建立新规则，更有的暗中发了大愿，要收购所有人的股份，自己一个人当老板。

历史进入春秋时代，第一个跳出来的小股东是郑庄公。

春秋初年，诸夏比较活跃的国家是郑国、齐国、鲁国、宋国、卫国。后来的秦、晋、楚外围三大强国，这时都还比较弱小。

郑庄公，姓姬，名寤生，据说他出生时脚先出来，所以取名"寤生"。庄公对周王室表面恭敬，暗中做出种种背道弃义的勾当，他不但冒用周王室的名义伐宋，甚至还派兵抢收周地的粮食。

面对如此挑衅，周王室无法再退缩了。

公元前707年，周桓王率领王师和多国联军伐郑。

战场位于今河南省长葛市之北，这就是史上有名的"繻葛之战"。

大战开始，郑庄公以"鱼丽之阵"迎战。他指挥战车前冲，步卒后随，有点像第一次世界大战时坦克率领步兵部队，先击溃最弱的陈国军队，进而压迫蔡、卫两国军队退出战场，最后集中兵力从两侧合击周王室军队，王师大败，周桓王被射中肩膀，负伤撤退。

从此，周天子的威严扫地以尽。

不过郑国也后劲不足，郑庄公死后，国内发生接班人之争，引起多国混战，宋国纠集的多国联军攻入郑国国都，焚毁城门，郑国国力中衰。

齐桓公开启过渡时期总路线

公元前706年，即繻葛之战的次年，郑国的太子忽带兵帮助齐国抵御北戎，颇有战功，齐僖公要把女儿文姜嫁给他，他却谢绝了，说："齐大非吾偶。"

说齐国是大国难以高攀，是说得过去的。齐国位于今山东境内，周朝建立之初，册封杰出的军事领袖姜尚建立齐国，所以齐国基因里带着强盛。加上濒临大海可以打鱼晒盐，所以很是富饶。自姜尚起十二代之后，君位传至齐僖公。

但郑太子拒绝这门亲事的真正理由，是不能说的：文姜和她的同父异母的哥哥即后来的齐襄公，有乱伦关系。

文姜后来嫁给了鲁国的鲁桓公。有一次鲁桓公跟她回娘家，居然看破并且说破了襄公与她之间的隐情。齐襄公恼羞成怒，命人刺杀了桓公。鲁人敢怒不敢言，只能要求处死凶手以遮丑。

齐鲁两国，国力原来大致相当，鲁桓公被刺事件，说明齐国开始逐渐强势。刺杀事件发生后四年（公元前690年），齐襄公灭纪国（在今山东省寿光之南，为周初所封，与齐是同姓国），这是齐国兼并小国之始。齐襄公后来为公子无知所弑，无知僭位后，又被弑，齐国政局大乱。

此时最有资格接班的是齐襄公的两个弟弟：长的名纠，由管仲和召忽辅佐；次的名小白，由鲍叔牙辅佐。齐襄公即位时，鲍叔牙看他经常胡来，知道国内迟早要乱，便领着小白投奔莒国。乱起，管仲也领着公子纠逃往姥姥家——鲁国。

公子纠和公子小白开始争夺齐国君位。

齐的巨室国、高二氏暗中差人去迎接小白，而鲁君派兵护送公子纠回国，要扶立他。鲁君同时命管仲带兵截住莒、齐间的道路。管仲所部遭遇小白一行，管仲立即开弓射箭，眼见小白应弦倒下。

当公子纠的队伍踢着正步到达齐境时，却被告知齐国已经有了新君，而新君竟然就是小白！

原来小白被射中的只是带钩，他灵机一动，仆倒装死以麻痹对方，然后急速回到齐国首都临淄，捷足先登了。

小白就是后来的齐桓公，他胜利后，立即迫使鲁国杀死公子纠。忠义的召忽以身殉主，无愧为一代贤者，至今山东安丘还有一个地名叫"召忽"，就是用他的名字命名的。管仲则还在观察形势。

鲍叔牙与管仲本是挚友，素知管仲有经天纬地之才，此时遂向齐桓公力荐——《史记》上说两人年轻时一起做生意，管仲总是占便宜，并不可信，管仲也是贵族出身。

管仲是个具有政治铁腕和理性头脑的人物，齐桓公认可了他的才能，并尊称他为"仲父"。此后齐桓公"九合诸侯，一匡天下"的霸业，全来自管仲的大手笔。

所谓"霸业"，是封建政治秩序的替代版。春秋与战国时的争霸并不相同。战国时代的争霸是纯粹争夺权力，而春秋争霸是强国以武力取得诸侯领导权，以稳定诸夏政治秩序。对外，共同抵抗蛮族进攻，保障华夏的生存。

对内，稳定政治秩序，维持国与国之间的和平和各国内政稳定。两者的总称，便是"尊王攘夷"。

当时戎狄是一股残暴而强大的力量，如果没有诸夏大团结，则狄患后果不堪设想。经过春秋至战国时期，周朝各国协同作战或独自作战，于是这些外族或者被同化，或者被消灭，最终中华大地上形成一个统一的文明体。

就诸夏内部各国而言，霸权是政治秩序提供者。参加联盟诸国，在内可保持政治稳定，乱臣贼子有所顾忌，不敢轻行篡弑；在外可保各国力量平衡，相互间不得轻启战争，有事付之仲裁，以确保和平。

周王室衰落、失去统帅作用之后，齐桓公与管仲联手，开启了历史过渡时期总路线。

经济方面，管仲是个奇才，他竟然提倡消费拉动经济，又操纵各国贸易中的供求关系，并注重货币发行量对物价的影响。

军事方面，管仲在齐国创造出一套兵民合一的体制，齐国日渐强大。

齐国称霸的主要潜在对手是鲁、宋两国，两国宾服，则大局可定。很快，齐便借口鲁不出席会盟，出兵伐鲁，并迫使鲁与齐结盟。公元前680年，齐又以宋"背北杏之会"为由，联合陈、曹伐宋，并请周王室派军相助，桓公以天子之命伐宋，宋被迫求和。

公元前679年，齐、鲁、宋、卫、陈、郑在卫国的鄄（今山东省鄄城北）会盟，齐桓公主盟为诸侯长，这是他称霸的开始，史称"齐始霸也"。

齐桓公跟郑庄公不同，他是一个有崇高理想的小股东。

对内，他坚守"尊王攘夷"的初心，不灭他国、不占其地，对其他诸侯国回赠有时超过其贡纳，对小国反倒更有利。在他之后，霸主国对仆从国的搜刮剥削极为苛重，晋楚两国因此打开了富强的方便之门。所以孔子曾评论说"晋文公谲而不正，齐桓公正而不谲"（《论语·宪问》）。

对外，当时郑国已经衰落，唯有齐桓公有能力团结华夏统一作战，阻止狄势不侵入黄河南岸。管仲曾告诫桓公："戎狄豺狼，不可厌（满足）也；诸夏亲昵，不可弃也。"这是当时一个重要的观念。

公元前664年，北戎侵燕，齐桓公率军北伐，保卫燕国（回兵时发生了

"老马识途"的故事）。公元前662年，狄人攻邢（今河北省邢台），桓公派兵救邢，并将邢人迁居夷仪（今山东省聊城）。公元前660年，狄人犯卫，桓公救卫，归拢卫国残余人民总共5000多人，安置在楚丘（今河南省滑县）。史书中说安置后两国人民情绪稳定，"邢迁如归，卫国忘亡"。

霸权秩序的确立：春秋国际公约

西周封国有上百个，经相互兼并，至齐桓公时代，势力较强的国家有14个：郑、卫、秦、晋、虢、楚、燕、齐、鲁、宋、陈、蔡、吴、越。

彼时，南方楚国迅速壮大，并挥师中原，兼并了许多小国，而且连年对郑用兵。

为了阻挡楚国北上锋芒，公元前656年齐桓公率齐、鲁、宋、郑、陈、卫、许、曹等多国联军侵蔡伐楚，直抵楚边境陉地（今河南省郾城南），派遣使者责问楚王。楚成王不敢应战，只得求和，两方订立"召陵之盟"，盟约的内容不可考，核心应是楚承认了齐的中原霸主地位。

又过了5年，齐在葵丘（今河南省兰考县东）召集鲁、宋、卫、郑、许、曹等国会盟，在这次联合国大会上商订了有关各国共同遵守的条约。周襄王还派特使送来祭肉，正式确立了齐桓公的霸主地位。

所签署的条约叫作《葵丘之盟》。列强歃血为盟，宣布一致遵守，盟约由齐国主导，以"周天子"之名公布。条约的核心内容是：

> 毋雍泉，毋讫籴，毋易树子，毋以妾为妻，毋使妇人与国事。
> （《春秋穀梁传·僖公九年》）

意思是：不要截断河流建水库，不要在荒年囤积居奇操纵粮食价格，选择继承人时不要废长立幼，不要把小妾扶正，不要让女人参与政治。不要把小妾扶正也被写进公约，不免令人好奇。

由于往古部落之间通婚的老传统，我国封建时代王族婚姻都有国际背景，例如"秦晋之好"。秦、晋都是强国，它们两家的外甥已经做了"树子"（太子），如果换掉而代之以妾之子，岂不要引起国际纠纷？为了国际和平，则树子不可易。以妾为妻、使妇人与国事亦然。

在公元前7世纪的黄河、淮河和长江流域，小国甚多，一河流经数国。如果上游国家筑坝蓄水，下游国家就要受旱灾，所以不能"雍泉"（截流）。饥荒缺粮时期，各国尤不许囤积居奇，即所谓"毋讫籴"。所以上面这些都是维持和平秩序的关键点。

葵丘之盟后十年间，管仲和齐桓公先后去世。

管仲赫赫功业，极受后世尊崇。他去世百余年后，孔子还感慨多亏管仲领导诸夏对抗夷狄，要不然"吾其被发左衽（做戎狄）矣"！到了战国时代，许多政治理论和富国强兵的策略，都挂在管仲名下，成为《管子》一书的主干。

齐桓公一死，国内又发生激烈的君位争夺，诸子相互攻杀，宫中大乱。齐桓公离世60多天竟无人料理，尸体上钻出尸虫。等公子无诡最终立为国君之后，才敛尸出殡。齐国由此一落千丈。

宋襄公想继承过渡时期总路线

齐桓公死后，五公子争位，齐国和诸夏同时陷入体系动荡。

对齐国留下的权力真空，此时宋国和楚国都是有力的竞争者。

宋襄公首先会合各路诸侯，带兵入齐，为齐立君定乱，获得成功。接着，他拘执了滕君、威服了曹国，然后要求楚成王分给他领导诸侯的霸权。

楚成王口头答应了。宋襄公便通知召开诸侯国会议。不料这是个阴谋，在会议现场，楚王伏兵突起，宋襄公从坛上的盟主变成阶下囚。幸而他的囚车进入宋国境内时，宋国有备，楚王暂且释放了他。

楚、宋两国的角力还在继续。

自从齐桓公死后，郑国就倒向楚国，郑君甚至亲朝于楚。宋襄公便决定伐郑。

宋军和楚国援郑的救兵在泓水两岸相遇。楚军渡水未毕，而宋军已列阵完毕，于是大司马劝宋襄公趁机进攻，未被采纳。一会儿，楚军登陆完毕，却还没整队，大司马又劝他进击，还是未被采纳。等到楚军列阵完毕，宋襄公的贵族修养才容许他下进攻令。结果，宋军大败，他也受伤致死。死前他解释说："君子临阵，不在伤上加伤，不捉头发斑白的老者；古人用兵，不靠险阻。寡人虽是亡国之余，怎能向未成列的敌人鸣鼓进攻呢？"

历史理解力依赖于文化环境，毛泽东评论宋襄公此举是"蠢猪式的仁义道德"，但当时社会的价值取向却不是这样。"襄"是美谥，反映了同时代的评价，《春秋公羊传》认为他"临大事不忘大礼"，并把他跟周文王相提并论，"以为虽文王之战，亦不过此也"。

宋国保留古代礼制较多，江淮流域也是古代发展缓慢的地区。这一带的徐偃王也以仁义著称，说明古代尊重道德规则的战争公法在该地区保留完好。实际上，贵族之间的礼仪性战争是春秋时代的主基调，即便到了后来晋楚争霸时，双方也礼尚往来，将领在战场上相遇会相互敬礼，甚至在邲之战中，楚军还帮敌方晋军修理战车。

宋本是一个中等国家，又不忍践踏底线，争霸以失败告终。不过宋国文化传统悠久（殷商遗民），地理位置重要，在春秋时代始终很活跃，进入战国后也还有其地位。

齐桓公死后的这十几年间，"国际体系"出现权力真空，国家间兼并不断发生：卫灭邢，邾灭须句，秦灭芮、梁，楚灭夔。

晋楚争霸80年

至此，春秋历史的主线已经形成了，那就是霸权体系的运转。在霸权角逐中曾出现过春秋五霸，一般是指齐桓公、宋襄公、晋文公、秦穆公、楚庄王。[①]

齐国单一霸权之后，经过宋国过渡，出现了晋楚两极的"国际体系"。

---

① 也有一种说法是齐桓公、晋文公、楚庄王、吴王阖闾、越王勾践，实际都不太准确，如果把在诸侯国会议中被公认为盟主作为称霸的标准，那么这两种说法都有添加和遗漏，"五霸"只是个泛指。

两国都是真正的大鳄——在春秋近300年的时期内，楚国吞并了50余国，晋国吞并了20余国。两国的角力时断时续，持续了80多年。

大江南岸的楚国，在中原各国的眼中，神秘而强悍，从公然自称"王"就可见一斑。周朝时周天子才称"王"，各诸侯国的国君，按照爵位等级不同来称呼，例如齐桓公、魏文侯、郑伯之类①。楚国国君，却也胆敢称王，因为它跟中原诸国若即若离，甚至公然自称"我蛮夷也"，敢于另立中央。

楚国自认"蛮夷"，但华夏色彩很重，跟周王室往来频繁，接受周王室册封——只是级别很低。楚庄王虽然自己称王，但《左传》等正史只称他为"楚子"。类似的，吴王阖闾也自称王，但孔子修《春秋》时也只称他为"吴子"（这种笔墨褒贬即所谓"微言大义"）。

楚人的起源很难考证。甲骨文中有"楚"字，即楚人有可能在殷商时期已经存在。

西周初年楚国正式立国臣服于周之时，其地域仅仅有国都丹阳（具体位置众说纷纭）周围的弹丸之地，直到春秋初年，楚国仍是方圆百里的小国，诸侯会盟时楚君还没有资格列席，只能去做看守灯火之类的杂务。

然而，楚国历代国君励精图治，国势勃兴。周昭王曾三次伐楚（公元前985年、公元前982年、公元前977年），后两次都遭受惨败，最后一次甚至昭王本人也"南巡不返"，实际上中了楚人的埋伏，淹死在汉水之中。这件事要比繻葛之战中郑国大夫射中周桓王肩膀的那一箭早了整整270年。

再说春秋第一强国——晋国。

晋始封时都于唐（今山西省太原北），在汾水的上游；其后过了约三个半世纪，迁都绛（今山西省翼城县），在汾水的下游。

开晋国风气的人物是曲沃武公，他本是分封在曲沃地方的侧室和分支，竟然起兵剪灭宗主和正室（晋），建立起僭主政权，成为晋武公。曲沃篡晋斗争过程十分残酷，由此形成了晋国严酷的现实主义政治传统，开后来战国时代的风气。

---

① 徐中舒《先秦史论稿》："关于西周时爵位，因各种记载不同，一向存在着争论。其实许多记载都是出于后人的想象，所谓'公、侯、伯、子、男'五等爵级并非事实。"

晋武公之子是晋献公，即位于齐桓公十年（公元前676年），死于桓公三十五年（公元前651年）。他26年的统治令晋国国力大振。可惜他晚年沉迷女色，又废嫡立庶，酿成身后一场大乱，继任他的儿孙又都是庸才。晋国的霸业还要留待他和狄女所生的公子重耳，就是那位在外漂泊19年，周历八国、备尝艰难险阻到60多岁才即位的晋文公。

晋文公即位时，宋襄公已经去世两年。公元前632年，即齐桓公死后11年，因为宋国站队的问题，晋、楚两国分别带领多国联军对峙，楚方有楚、陈、蔡，晋方有晋、宋、齐、秦，决战地点在卫国的城濮。

晋文公与楚王有过交往，英雄相惜。当年还是公子重耳的晋文公，流亡时曾经过楚国，楚成王以礼相待。有一次楚王设宴招待，席中问道："将来你若能返回晋国，怎么报答我？"重耳说，楚国富饶广阔，什么也不缺，报答真不容易，他只好勉力承诺："如果你我两国不幸交战，我退避三舍。如果仍然不获谅解，我才好举兵相陪。"当时楚国大臣子玉也在座，事后提议杀重耳。楚成王觉得重耳必成大器，不从。楚成王的孙子就是赫赫有名的楚庄王，曾制造了"问鼎中原""一鸣惊人"等许多成语故事，后来也领军对抗晋国。

一舍是三十里，三舍就是九十里。城濮之战，晋文公兑现了承诺，令大军后退九十里驻扎。这一承诺载入史册，"退避三舍"也成为汉语中常用的成语。

四月初一，楚方联军进至城濮；初二，双方大军对阵。当天战争结束，楚军溃败，楚军统帅子玉及时收住兵力，方免于全军覆没，于是向后败退。楚军退至连谷（河南省西华境）时，子玉为兵败负责，自杀。

城濮之战是继齐、楚召陵之盟和宋、楚泓之战以后，晋国与楚国之间的一场大战，在春秋历史上具有重大意义。它遏制了楚国的北进势头，稳定了中原形势，成就了晋国的中原霸主地位。

城濮之战后，晋国掉头向北，歼灭赤狄、白狄，大幅扩张土地。经过晋国数十年的努力，狄患基本消除。

大致在晋文公同时代而略早，西边的秦国在秦穆公领导下逐渐崛起。秦穆公重用百里奚、蹇叔等名臣，国力强盛，"并国二十，遂霸西戎"。此时，秦、晋两国互通婚姻，结为"秦晋之好"，晋文公死后，秦国意图出兵函谷关偷袭郑国，争霸中原，却在崤山被晋国击败，以后遂联合楚国对抗晋国。

随着时间流逝，朝贺往来频繁，楚国逐渐华夏化了。由此，春秋霸权体系在四周消灭或同化蛮夷，扩张了自己的边界，巩固了华夏的地位。

夹在晋、楚两国之间的小国最倒霉。例如，晋悼公年间，郑国被晋、楚两国轮番夹击，都要求效忠。郑国一会儿归附楚国，一会儿又归附晋国，有时候两边同时纳贡。

晋、楚争取小国的归附，具体而言争夺的是军事和经济势力范围。小国对于所归附的霸国主要有两种义务：一是出兵助战；二是出钱，即纳贡或纳币（贡是定期的进献，币是朝会庆吊的贽礼）。当周室全盛时，诸侯对于天子所尽的义务也不过如此。可见霸国各自形成了自己的小太阳系，真正的周王室反倒被冷落了。

脆弱的国际和平

在晋、楚争霸的公式的复演中，跟齐桓公、宋襄公的时代比，战事的频数增加，激烈程度加剧。

在这80多年间，楚灭江、六、蓼、庸、萧（萧后入于宋）及群舒；晋灭群狄，又灭偪阳以与宋；齐灭莱；秦灭滑（滑后入于晋）；鲁灭邾；莒灭鄫（鄫后入于鲁）。在这期间，郑国为自卫，因霸主的命令，为侵略而参加的争战在72次以上，宋国同项的次数在46次以上，其他小国可以类推。

封建体系不灵了，两极霸权体系为祸更烈，怎样才能实现和平？

公元前579年，宋国大夫华元设计出一个方案。

华元同晋、楚的执政者都有交情；在他的斡旋之下，两强终于订立了和平友好、互不侵犯的条约。条约最后规定的违约责任是："有渝此盟，明神极之；俾队（坠）其师，无克胙国。"

但这个违约责任除了"明神极之"的诅咒外，并没有任何强制力能保证它的实施。于是，仅仅三年之后，楚国便背约向晋方的郑国用兵；次年便发生晋楚鄢陵大战。

鄢陵大战开始时，楚军全军靠近晋军大营列阵，形成压迫之势。接战之后，晋军一箭射中楚王眼睛，楚军败退，幸好楚国神射手养由基射死晋军将领，又连续射死多人，晋军才止住不追。两军混战到夜晚才收兵。当夜，楚王召见楚司马子反商量策略，子反竟然醉酒不能前来，楚王感叹："这是天要败楚！"连夜撤军。子反酒醒，自知有罪，便自杀了。

第一次和平运动由此宣告失败。

鲁襄公二十七年（公元前546年），宋国执政大夫向戌再度发起一场国际和平运动，核心内容是裁军。向戌奔走于晋、楚、齐、秦之间，得到了同意，终于该年六月在宋国举行了13个国家参加的弭兵大会，以订立和平盟约。此时晋、楚两国连年战争，均国力疲惫，因此都急于实现和平。

在大会现场，楚国的代表令尹子木提出一个可行的方案：让本未附从晋或楚的国家以后对晋、楚尽同样的义务，晋、楚平分霸权。子木的建议经过两次小的修正后被采纳了。自此直到鲁定公四年（公元前506年）晋为召陵之会纠集联军侵楚为止，中原地区总算享有了来之不易的40年和平。

按照当时的惯例，外交宴会现场必然奏乐赋诗，通过赋诗艺术地表达感情、传递思想。晋国执政大夫赵文子会后的赋诗，是《诗经·小雅》的"乐只君子，福履绥之"，洋溢着喜悦欣慰的气氛。

但是从此时开始，各国内政却都开始悄然发生巨变：晋国权力下沉到六家，直至它分裂为韩、赵、魏三国才止；齐国也是巨室大族掌握权力，后来陈氏击败其他几族，大权独揽；鲁国三桓专政，甚至赶走了鲁昭公，孔子拼命反对，然而没有什么用；郑国政治最混乱，但有幸出了个光照千古的大政治家子产，把国家治理得蒸蒸日上。子产不但重理性、轻鬼神，还公然铸造刑鼎，把法律向全民公布，让各国贵族统治者大跌眼镜。

楚国权力倒是集中在国君手中，但楚国处境也不太妙，它的背后，新近崛起的吴国已悄然壮大，对楚国虎视眈眈。

这40年和平，不是思想和方案的力量，实在是运气所致。

霸权体系的黄昏

弭兵会盟之后，春秋的历史进入晚期。这一时期东南方向吴、越之间的争斗构成了春秋争霸的尾声。

吴国地处今江苏南部，越国地处今浙江北部，两国在中原各国影响下得以迅速发展。

吴王阖闾于公元前515年即位后，重用伍子胥、孙武治理国家，国力渐强。

公元前506年（定公四年），在晋的领导下，晋、齐、鲁、宋、蔡、卫、陈、郑、许、曹、莒、邾、顿、胡、滕、薛、杞、小邾共18国在召陵会盟，商议伐楚，楚国东南方向的吴国也与18国联军夹击。第二次和平运动宣告失败。

吴军在孙武、伍子胥的指挥下，经过五次大战，攻破楚国首都郢都，楚国王室逃亡。楚臣申包胥决意复国，他出使到秦，斜倚在墙边"七日不食，日夜哭泣"，感动了秦哀公。哀公为之赋《无衣》[1]——"岂曰无衣？……与子同仇"，发兵救楚。秦军击败吴军，楚昭王得以返回楚国。楚国此后把国都北迁于鄢郢。

楚势已衰，吴国转而与越争雄。

在周代的东南诸族中，越人开化最晚。直至战国时，寓言中提到越人，还说他们"断发文身"、光脚不穿鞋。越人最早的历史除了关于越王室的传说外，全是空白。等到晋联吴制楚，楚亦联越制吴，公元前537年，越人开始随楚伐吴。

公元前496年，吴、越战于檇李（今浙江嘉兴南），越王勾践战败吴军。阖闾受伤而死，其子夫差继位后于公元前494年打败勾践。夫差以为已解后顾之忧，便挥师北上，争霸中原。

公元前482年，夫差两败齐国之后，决定大会诸侯于齐的黄池（今河南

---

[1] 江胜信：《惊世"清华简"》，《文汇报》2016年10月9日。

封丘）。他要学齐桓公、晋文公的先例，自居盟主。会盟时，晋人见他神色不定，料定必有事端，坚持不肯屈居吴下，幸有大夫献计，陈兵向晋挑战，晋国才屈服[①]。

但吴国确实有变，原来，其首都姑苏（今苏州）在会盟时已经被越人攻陷了。此前，勾践卧薪尝胆，在大夫种和范蠡辅佐下，经"十年生聚，十年教训"，壮大力量，乘机攻入吴都姑苏。此后，吴越战争中，吴国屡战屡败。

公元前473年，越灭吴，夫差自杀。

勾践与孔子大致同时代，勾践死于公元前465年，63年之后晋国正式分裂为韩、赵、魏三国，战国时代开始了。

[①]　黄池之会，《左传》与《国语》说法略有出入，本书采用《国语》的记述。

第五章

战国：合纵连横

　　春秋时期虽然开始礼崩乐坏，但尚未出现社会整体雪崩式大变化。历史进入战国，展现出一派激流澎湃、天翻地覆的烈烈气象。战国200多年的时间里，中国历史展开了一个急剧的大转型，这是从封建体制演进到帝国体制的关键时期。

　　从封建时代到帝国时代，这是中国历史的第一次大转型。而清朝灭亡标志着帝国时代结束，中国历史开始了向现代化转变的第二次大转型，这一进程一直持续到现在。

　　中国的封建（feudalism）社会跟欧洲的封建社会结构非常相似，只是时间上早了1700多年。可是在"封建后"（post-feudalism）的发展中，东方和西方就完全南辕北辙了。在东方，封建社会之后，我国最终形成了一个"国家强于社会"的大帝国模式。在西方，封建后的欧洲则在无数个小型的民族国家相竞争的局面中，从封建时代直接演化到现代社会。

国家裂变：三家分晋

春秋时期国家权力瓦解的局面还在继续。不仅周天子的权力下沉到诸侯手中，诸侯的权力也进一步下沉到卿大夫的手中，卿大夫的权力则进一步下沉到家臣手中。残酷的竞争环境逼迫诸侯们采取越来越极端的应对手段，齐桓公所创立的带有理想主义色彩的霸权体系逐渐失效，历史进入了一种赤裸裸的力量比拼的"大争之世"，我们称之为战国时代。

春秋时原有100多个诸侯国，随着大鱼吃小鱼的不断进行，到战国时代逐渐变成齐、楚、燕、韩、赵、魏、秦七个大国对抗，即"战国七雄"，其间还夹杂着周王室和鲁、卫、宋等若干小国，充当着跑龙套的角色。

战国时期，中国社会文化的各方面都起了巨大的变化，可惜关于这个时代，史料非常缺乏。《左传》《国语》记录的主要是春秋时期，《战国策》本身不很准确，《竹书纪年》在后代也已失传。司马迁在西汉时期写作《史记》时，就苦于参考资料的贫乏，以致对战国的记载出现了若干差错。所以战国时代虽然晚于春秋时期，可是我们对它的了解却还不如春秋时期准确。

先是雄霸一时的晋国，走到了它命运的终点。

赵、魏、韩被称为"三晋"，它们本是晋国的三个封臣家族，随着实力增长，它们准备反噬晋国。

周穆王的车夫是一个传奇的"神御"，名叫造父，因为有功封于赵地，于是以地名为氏，是为赵国的始祖。赵氏后来成为晋国六卿中最强的一族。

公元前453年，晋国六卿发生火并，赵、魏、韩三家最终胜出，索性将晋国瓜分，各自独立建国，史称"三家分晋"。春秋第一强国晋国从此在历史中消失了。

稍后，齐国国君也走到了命运的尽头。齐国国君本为姜姓（姜子牙后裔），卿大夫田氏（也叫陈氏，陈、田古音相同）夺君权自立，史称"田氏代齐"。田家几代都是齐相，树大根深，他们逐步除去了国内强大的贵族，最后就直接取代登位了。周王室后来册封赵、魏、韩三家，等于承认既定事实。公元前386年，田氏通过魏文侯去游说，也取得了周王的册命，升格为侯。

三晋和田齐此时还需要周王册封，到三晋受封后33年，韩和赵居然合力攻周，周王室简直从落地凤凰变成落汤鸡了。春秋时期各国的国君一般称公或侯，进入战国，对传统的敬畏荡然无存，各国国君纷纷自称为王。

不论三晋还是田氏，在扩张时都吞并了国内一些小封君，为防止他人"以彼之道还施彼身"，他们不再把土地割封，而是削平各方、委派官吏，逐渐成君主集权。同时，一项重大技术变革被无名的天才发明出来：牛耕。牛耕可以开垦以前难以耕种的荒地，土地资源大幅增加，国君优先掌握了这些资源，实力大为增强，有效支撑了君主集权。

三晋和田齐最先走上这条路，而另外几个大国也先后变成君主集权制，这是封建制向帝国制转型的起源。

改革变法：争战时代的主旋律

诸夏各国处在激烈的生存竞争中，非有强大的武力不能存续。

诸侯靠武力竞争，本质上依赖国家实力的提升，这就需要改革弊政、奋发图强。这一动力终于酿成古代中国规模最大、历时最长、成效最为卓著的战国变法运动。

各国纷纷进行变法，但是变法的思路各不相同。各国之间的竞争本质上为治国战略思想的竞争。

魏国在公元前453年"三家分晋"后形成，而在公元前403年正式受封为诸侯国。魏文侯此时起用了法家人物李悝。

李悝（又名李克），约生活在公元前455—前395年，魏国人。他在魏文侯时担任过北地守，后任魏相，在短时期内帮助魏文侯实施变法。变法内容可归纳为三项：一是取缔贵族的特权，征收其财产、权力，按"食有劳而禄有功"的原则重新分配，使众多的贤才来为魏供职。此举使一些无功旧贵丧失地位，而大批出身庶民能为魏国作贡献的士人登上政治舞台。二是推行

"尽地力"和"平籴"的经济政策。三是制订《法经》，以加强法治。其中相当一部分是整治腐败的，如规定丞相以下的官吏贪污受贿者杀头，太子赌博要受笞刑甚至被废。《法经》是我国古代第一部较完整的成文法典，可惜全文现在已经亡佚。

李悝的变法使魏国成为战国初期天下第一强国。

李悝的同学兼同事吴起也是一代改革家。

吴起，卫国人，与李悝同为孔子弟子子夏的学生。先为鲁君供职，因遭猜忌转到魏国（在谨守周礼的最保守的鲁国，他的改革理念打不开局面）。魏文侯任他为西河守，因善用兵，颇有名声，后被宰相公叔痤阴谋排挤，被迫出奔到楚国。

吴起大约在公元前390年离魏入楚，一年后楚悼王任用吴起为令尹，主持变法。内容如下：一是"明法审令"，严肃法律执行；二是"实广虚之地"，将旧贵族迁往地广人稀的边地；三是"收爵禄"，针对"大臣太重，封君太众"的局面，规定被分封的旧贵经过三代的，就将其子孙的爵禄收回，取消分封。

在楚悼王的支持下，变法推行迅速。吴起改革7年，楚国中央集权制度很快壮大。

不难想象，这是一场激烈的博弈。公元前381年，楚悼王病逝，以阳城君为首的旧贵族立即发动叛乱，包围王宫，吴起走投无路，趴在王的尸体上被乱箭射成刺猬。不过楚悼王之子继位之后，继续吴起的政策，以对王尸"大不敬"为名，将这些叛乱贵族一网打尽。

吴起虽被害，但他的变法和李悝一样，都给后来实施改革的商鞅以深刻的启示。

稍后，在西部，公孙鞅开始在秦国实行变法，在东部，齐国的齐威王整顿吏治、开始改革，中原的韩国、赵国也分别开始改革变法。

公元前356年，齐威王即位。在位前9年他沉湎酒色，不问政事。后来在邹忌、淳于髡等谋士的劝谏之下，立志革新，振兴齐国。其改革内容如下：一是整顿吏治，重新制订并推行对官吏的考核标准。二是广开言路，提倡进谏。下达"求谏令"，宣布"群臣吏民，能面刺寡人之过者，受上赏"。

以致临淄王宫外，门庭若市，争相进谏；一年后，百姓"虽欲言，无可进者"。三是整军经武，把传统的义务兵制和雇佣兵制相结合，放手起用田忌、匡章、孙膑等大批良将。四是发展生产，改进了国家授田制，采用份地长期使用制以调动生产积极性。

改革使齐国迅速强大，成为"最强于诸侯"的东方大国。后来齐国发动对魏国的两场战争，使用了孙膑"围魏救赵"的奇谋，摧毁魏国主力部队。从此齐国与秦国并列为东西两大强国，时人称之为"东帝"和"西帝"。

申不害在韩国主持了"术治"变法。法家本有法派、势派、术派这三大流派，各有不同的主张。商鞅是法派的代表人物，而申不害正是术派代表人物，主张加强君主权力驾驭臣下，大量采用阴谋诡计的权术手段。

韩昭侯、申不害君臣为政核心是控制和驾驭官吏队伍。以权术之变代替制度改革，尽管能使韩国政治一度清明，却无法真正迎来国富兵强的大发展。申不害在韩国当了20多年宰相，国家实力较强，但不是武力竞技场上的一流选手。

不幸的是，"法治"思想在汉朝灭亡秦朝之后断绝，法家三派中的糟粕——权术思想却大行其道。商鞅被束之高阁，申不害却成为枕中秘笈。后来的帝王和儒家吸收术治思想后化出一种所谓"外儒内法"的控制体系。但是此"法"非彼"法"，只是阴谋权术而已，脱离治理之道已经越来越远。

赵国的改革重心在军事领域。

赵武灵王是赵国第六位国君，他决心推行军事改革，"胡服骑射"。当时中原各国战争，以车战为主，甲士身着宽袍大袖，再披上笨重的铠甲，山地作战很是不便。而同赵接壤的胡人都善于骑马射箭，衣服简便合体。赵武灵王不顾群臣激烈反对，自己带头"胡服骑射"，穿紧身服、组建骑兵。此前古人衣着不穿裤子只穿裙子（称"裳"），这种习俗到赵武灵王胡服骑射之后才改变。

新骑兵部队组建后不久，就战败林胡、楼烦，"辟地千里"，还屡次攻陷并最终消灭了鲜虞中山国。

赵武灵王通过军事改革，建立起强大的骑兵部队这一举措，对中原各国军队的发展影响极大。从此，步骑兵逐步代替了车兵成为各国军队主力。

不过赵武灵王在权力交接问题上心思闪烁不定，先是主动退休，自称"主父"，后又想阴谋联合被自己废除的公子章，重新掌权，最终导致"沙丘政变"，继位的赵惠文王与公子章发生火并，公子章被杀，赵武灵王被赵惠文王的军队围困。各方心照不宣，虽然畏惧"弑君"罪名而不敢直接杀死赵武灵王，但却不给他供应食物，赵武灵王被围三月，断粮断水，只好捕麻雀充饥，最终被活活饿死。

沙丘在今河北省广宗县，此地可谓是个名王殒命之地，赵武灵王在此死后85年，秦始皇巡视天下途经此地，时值夏天，暴病而死。

合纵连横：历史关键岔路口

商鞅变法后，秦国强势崛起。向西，秦国称霸西戎；向南，秦国灭蜀；向东，秦军出函谷关，耀武中原，迫使魏国迁都躲避。

秦惠文王任用公孙衍（此君头长得像犀牛头，所以人送绰号"犀首"），继续富国强兵。

后公孙衍被排挤，逃奔魏国。秦惠文王继而任用张仪，操纵大国外交。

公孙衍回到魏国老家，担任了宰相，他设计联合东方五国形成"合纵"集团，共同对抗秦国，形成均势。而张仪则尽力破坏"合纵"，策略总称为"连横"。此时的秦国，已经明确了以武力统一天下的总国策。

公元前313年，张仪游说楚怀王，以让地为条件，让楚怀王与齐断交，楚怀王信以为真，便和齐断交，与秦连横，结果秦食言。楚怀王恼羞成怒，发兵攻秦，但两次皆惨败。公元前306年，齐国又邀楚国合纵攻秦，本来楚怀王也答应了，但又一次没有经受住秦的诱惑，还与秦联姻，因此被齐、魏、韩讨伐，楚怀王以太子为人质，换来秦出手解围，结果后来楚太子在秦国惹了祸，秦又联合齐、韩、魏攻打楚国。再后来秦对楚忽然友好了起来，秦昭王约楚怀王赴秦会盟，楚怀王一去就被扣押了，关在咸阳，试图逃跑失败，最终病死在秦国。楚国就这样在接二连三的失利中逐渐衰落了。

秦惠文王去世，继任者是秦武王嬴荡，他机智英明，又有天生神力，上任短短时间，就很有一番作为。但他仅做了4年国君，一天跟大力士比赛举鼎，用力过猛导致血管破裂，竟当天猝死。秦武王猝死，一时出现接班人混乱，楚国嫁过来的秦惠文王妃芈八子在幕后掌控了权力。此后数十年间，秦国又经历了秦昭襄王（又称秦昭王，在位56年）、秦孝文王（在位仅3天）、秦庄襄王（在位3年），其间充满复杂的合纵连横战争。

在楚国衰弱以后，秦要东进，赵国是最主要的障碍。经过"胡服骑射"改革的赵国军力雄健，击败过北方许多蛮族。

秦为打击赵国而谋取与齐的联合。齐是东方大国，本来也是合纵抗秦的主要力量，在楚怀王死后，公元前288年，秦昭王约齐湣王并称西帝、东帝，并订立盟约准备联合五国一起伐赵，但在谋士苏秦建议下，齐湣王主动放弃帝号，以孤立秦国。

在公孙衍倡导合纵连横后的百十年间，东方各国断断续续有四五次大规模的合纵攻秦。这一次，齐国就在孟尝君领导下，联合其他几国军队合纵攻秦，迫使秦昭王也放弃了帝号。

这时候突然发生了一个宋国崛起的插曲。宋国郊外一只鸟雀孵蛋，竟孵出一只雏鹰，占卜结论是：吉，将要称霸。宋康王本来就很勇武，且"面有神光"，看了这个卦以后信心爆棚。于是接连出兵，"东伐齐，取五城。南败楚，拓地三百余里，西败魏军，取二城，灭滕（国）"，又鞭笞天地、烧毁宗庙，表示威服诸神。但宋国国内不久发生内乱。

宋国内乱，野心勃勃的齐湣王觉得有机可乘。麾下谋士苏秦雄辩滔滔，极力主张出兵，齐湣王于是下定决心。

但苏秦其实是燕国派来的特工，别有用心。原来，30年前，齐国曾经趁燕国内乱发兵来攻，并占据了燕国都城长达3年，两国因此结仇。燕昭王继位后，励精图治，终于国富兵强。他表面上向齐国献媚，却暗暗派出纵横家苏秦去齐国卧底。苏秦建议齐国灭宋，其实是给齐国设下一个美丽的陷阱。

齐湣王出兵灭宋。

宋地处中原，历来是齐、楚、魏几个大国争夺的对象，齐的做法打破了列强的均势。秦国抓住机会，与楚、赵、魏、韩等国君接洽，组织合纵攻齐。

宋是个中等强国，齐灭宋对国力损耗很大，而仇家四起，这也就是燕国设置的美丽陷阱：将欲取之，必先予之。接着，公元前284年，燕将乐毅率领燕、秦、赵、魏、韩五国兵力攻齐，大军一直攻下齐国都城临淄，并对当年齐军的暴行以牙还牙，把齐国都城的财富掠夺一空，此后燕军继续占领了齐国大部分地方，仅剩莒和即墨两城未被攻下。齐湣王逃至莒，不久被杀。

齐王室的支裔田单在即墨与燕军对峙。公元前279年燕昭王死，他儿子与乐毅不和，田单趁机实施反间计，乐毅被撤换。田单随即布置"火牛阵"反攻，大败燕军。

齐国、燕国由此两败俱伤。

公元前278年，有战神之名的秦将白起率兵攻克楚都郢，楚被迫迁都，损失了大量土地的楚国仍不得不向秦求和。公元前266年，秦昭王用范雎为相，采纳了范雎的"远交近攻"之策，即远交齐、楚，近攻三晋。

三晋之中，先攻实力最强的赵国。

公元前262年，秦、赵之间因为争夺韩国的上党郡而对战，即长平之战。赵国老将廉颇驻守长平（今山西高平），战神白起率军久攻不下，向赵王施反间计，令赵王换赵括为将。赵括是大将赵奢之子，他熟读兵书，但却没有实战经验。赵括上任后，下令赵军全线出击，秦军佯败，待赵军追至营垒前，分兵切断赵军后路，粮草断绝，将赵军分割包围长达46天。赵括突围不成，战死，40万大军尽被坑杀，赵国的壮丁几乎在此役死尽。

公元前259年，秦军包围赵都邯郸。此时，魏国公子信陵君"窃符救赵"，通过盗窃国君虎符私自调动军队，率魏军击退秦军而解了赵国之围，但赵国消耗太大，再也无力抗秦了。

随着楚、齐、燕、赵几国削弱，战国七雄的兼并战便到了尾声。长平之战后4年，秦灭西周（周王室此时已经分裂为东西两个，西边的亦称西周），西周君赴秦顿首受罪，尽献所属32个属邑，逃剩的3万户人口和一些未散的宝器。同年东周的周赧王死，再没人立新王，周王室的残喘就此断绝了。

楚的东迁，给苟延残喘的弱国鲁国带来了压力，楚向西打不过秦，就到不起眼的鲁国找补偿。公元前256年，楚考烈王灭鲁国，鲁国并入楚国领土。鲁顷公被废为平民，历史悠久的周王室嫡亲鲁国，终于绝祀——这个诞生了儒家思想的地方，未能免于被灭亡的命运。

自公元前230年起，秦开始发动灭六国的最后决战。

公元前224年，老将王翦率60万秦兵攻楚，次年攻破楚都，楚国灭亡，继而渡江作战，于公元前222年平定楚国江南各地。灭楚以后，秦派王贲出兵扫除燕、赵残余，燕、赵彻底灭亡。公元前221年，王贲率军由燕南下攻齐，昔日大国齐没做什么有效抵抗便投降了。

至此，秦差不多用了10年时间兼并六国，一统天下。春秋战国500多年来的分裂混战局面，归于和平。

第六章

百家争鸣：2500年前的思想大启蒙

进入农业社会数千年之后，祖先们在生存压力之下、在好奇心驱使之下、在文明积累的作用之下，他们的思想在距今两三千年时开始走出蒙昧洪荒，迸发出绚烂的火花，春秋战国时期的百家争鸣是其具体体现。

周朝的封建制度体系看似很完备，但在运行了200多年之后（周武王起共12代、13个王）就开始局部失灵，秩序混乱。随着乱局持续，政治界以春秋霸权的方式试图重建秩序，而思想界也在思考出路。

春秋时期，诸子百家各种学说雏形已现。到了春秋末叶、战国时期，在战争与和平交替的社会局势中，各种学术流派蓬勃涌现，私人讲学授徒之风大盛，形成了思想的大繁荣。

战国初期，儒、墨两派成为对抗的显学。到了战国中期，则"百家之学"并起争鸣，而像儒、墨、法等大家中又分派。这一时代的思想家及其学说，或中正，或深奥，或怪诞，或玄妙，异彩纷呈、无奇不有，有的劝人学禽兽恣情纵欲（它嚣、魏牟），有的劝人学石头无知无觉（田骈、慎到）；有的主张大公无私（墨子），有的主张人应该完全追求利己（杨朱）；有的追慕圣贤之治（孔孟），有的认为圣贤才是社会混乱的本源（老庄）……

这个时代为什么有如此旺盛的思想创造力？因为自由的存在。万物生长需要土壤和空气，思想创造需要自由的环境。

这些学说，后来有的以不同的方式进入了历史实践，有的在历史中逐渐彻底消亡，但他们基本框定了后世2000年中国人思考问题的范围和方式。对今天的我们来说，这个时代的问题和思考，仍具有启发性。

孔子与儒家：以复古救世

随着封建秩序衰败，周礼在多数邦国已经逐渐被弃置。但鲁国这个周王室嫡封之地，却对周礼谨守不渝，并把它当作一种重大的学问去研究。当时鲁国有一批人，专以传授礼文、以祭祀中的司仪为职业，这种人叫作"儒"。

距今约2500年前，即公元前551年，孔子在鲁国出生了。

孔丘，字仲尼，后人尊称为孔子，"仲"表示他排行老二。孔丘祖上原是宋国贵族（殷商后裔），先辈孔父嘉和华氏成为政敌，曾祖孔防叔为了躲避华氏的迫害逃亡到鲁国。孔子的父亲是孔纥，字叔梁，古史书中有时称之"叔梁纥"，孔家到孔子父亲这一辈已经家境没落，成为最低级的贵族"士"。孔纥在《左传》中出现过两次，是一位军中大力士，曾有用身体抗住城门协助战友逃出的英勇事迹。近年来南昌西汉海昏侯墓的发掘引起大家的关注，其中有一扇关于孔子的屏风，上面记载孔子身高是"七尺九"，那时的度量衡有很多种，折合成现在的数字，最低算法是1.82米，高的超过2米，显然，孔子人高马大。

孔子少年时期家事已经破败，为了谋生存，孔子曾经四处打工：替贵族当过会计、管过畜牧，他一边工作，一边自学。

鲁国是周朝文献典籍所在之邦，孔子又特别好学，所以得以集礼学之大成。周礼治国体系承载着周朝悠久的治理传统，在西周开国之初由周公旦总结并体系化，孔子深入研究之后，赞美它"郁郁乎文哉"。孔子不仅懂得当时的一切礼（包括礼、乐、射、御、书、数六艺及其他），还注意研究礼的沿革和其本源。三十几岁时，孔子已经成了鲁国周礼造诣最为渊博的"儒"，以教师为业。

孔子思考、改造周礼，将其内化为一套关乎个人修养和人格的哲学。他教育学生不要靠司仪工作蹭饭，那是"小人儒"，而要有利于天下，谓之"君子儒"。

随着封建秩序失灵，王纲解纽、权力下沉已经是时代趋势，鲁国也不例外，但孔子执着地致力于恢复周礼秩序。有一天，鲁国大夫季氏在家庙祭祀时用64个歌女一起跳舞，按周礼规定这是周天子才能享受的规格（季氏的级别只能用32个）。孔子对季氏的僭越之举十分光火，骂道："是可忍也，孰不可忍也？"

孔子35岁时，鲁国内乱，他放弃了教师职业随鲁昭公奔逃到齐国。为了接近齐景公，他在齐国贵族高昭子家做家臣，又向齐国太师请教古典音乐，在齐国社交圈名声渐起。次年，景公向他问政，孔子答："君君，臣臣，父父，子子。"即这些人都要做好自己的角色和本分，等级分明，自然秩序井然，景公赞许。此后，景公又向孔子问为政，孔子说："管理国家最重要的是财经工作。"景公点头，有意重用孔子。但齐国贵族晏婴却反对，他评价道：孔丘此人圆滑世故，能说会道，喜欢在官场上活动以求取官禄，很不可靠！晏婴更指出：如今礼乐制度已经崩坏，他那一套不切实际，不足以强国。景公点头赞成。孔子这边，气得大骂晏婴是小人。鲁昭公此时又乐不思蜀，不再有回国夺权之志，孔子失望，只好自行回鲁国。

孔子后来终于受到鲁国国君赏识，在52岁时担任鲁国司寇（相当于司法部部长）。他立即部署恢复周礼的权力等级秩序——首先是要毁掉季孙、叔孙、孟孙三家权臣的城堡，即他们的根据地，但他很快品尝到螳臂当车的苦果。失败后，在鲁国已经难以立足，他选择周游列国。

孔子带着一群弟子出游卫、宋、陈、楚诸国，游说国君、寻找机会，史称周游列国。所谓周游列国，其实不过是曲阜—菏泽—长垣—商丘—夏邑—淮阳—周口—上蔡—罗山，从山东出发，然后基本上在河南省境内盘桓，向北没有过黄河，向南没有到江苏。当然，在当时的交通条件下，这已经是一个很艰辛的历程了。

国君们很尊重这位周礼大师，但都不愿意重用他。整整14年奔波在外，坎坷磨难把孔子折磨得如同一条丧家之狗①。

但孔子一直保持着勇者和仁者之心，并不灰心丧气，他相信自己是文明之所系。在成功与失败、出世与入世之间，他有时想"道不行，乘桴浮于海"，都想好了可以由勇敢的子路陪伴。然而这只是一时起意，实际上，无论是卑鄙小人的陷害，还是平民百姓的误解，无论是他崇拜的老聃的反对，还是他敬重的隐士的嘲笑，他都义无反顾。以至于有人谈论到他时便说："就是那个知其不可为而为之的人吧！"

鲁国局势大变之后，孔子才得以返回鲁国，此时他已经是个花甲老人。

孔子晚年，博学的名声越来越大，虽然没再做官，但是受到朝野的尊重。越来越多的贵族子弟和平民子弟慕名而来，缴纳学费，拜他为师。

孔子虽然政治事业失败，教育事业却成功了。孔子首倡"有教无类"，即不分贵贱贫富，一律施教。他自己说过，拿着"束脩"（十吊腊肉）来做贽见礼的，他都加以训诲。这件事看似平常，在当时却是一大革命。

公元前479年春，他卧病七日而死，享寿74岁。孔子去世70多年后，晋国三分，战国时代开始。

孔子坚持了一生的信念，到底是些什么内容呢？

在孔子思想中，关于"礼""仁""中庸"的阐述是主要内容。

首要的是恢复周礼秩序。礼本是统治阶级内部的东西，它包括典章制度、风俗习惯、人与人间的交往准则等等。礼当中最主要的是等级制原则。为了保持等级的尊严，孔子强调必须"正名"，就是要做到"君君，臣臣，父父，子子"（《论语·颜渊》）。

礼中最重要的是祭祀，孔子推原祭的心理根源为"报本反始"，即源于人类之孝悌心。孝悌心推而广之便是"仁"，又延伸为"忠恕"。仁学是孔子思想体系的核心，主张把外在的规范内化为个人品德修养。

---

① 出自《史记卷四十七·孔子世家第十七》，孔子欣然笑曰："形状，末也。而谓似丧家之狗，然哉！然哉！"

孔子还认为，任何事情都有一个适当的标准，即"中"，既不过分也非不够。而善于运用"中"这一标准的做法，就叫作"中庸"。

自孔子之后，儒家渐兴。孟子、荀子都是著名的儒家学者。到了汉武帝时期，经改造后的儒家学说被采纳为意识形态基础，从而长久地影响了中国历史。

墨家：东方的圣殿骑士团

欧洲中世纪最富裕的组织不是王室，不是企业，而是一个叫"圣殿骑士团"（Knights Templars）的组织，其特点是为信仰不惜赴死，战斗力极强。

孔子稍后，华夏世界也出现了一个圣殿骑士团式的组织，后人称为墨家学派。

墨家创始人是墨子，名翟，约生于公元前468年，卒于公元前376年，生活于孔子之后、孟子之前的春秋末战国初。他曾是造车的工匠，故自称"贱人"，先后向史官的后代和儒家学者求教学习，后自创学派。

工人出身的墨子，可谓"工人阶级"的最佳代言人。

墨子开创的思想体系有十大内容："兼爱""非攻""尚贤""尚同""节用""节葬""非乐""非命""天志""明鬼"。

其中"兼爱"（博爱）是墨子学说的核心，其他许多观点都是围绕"兼爱"展开的。"兼爱"就是爱一切人，视人如己，是一种不别亲疏、不分远近的普遍之爱（儒家的仁爱是分等级的，父子最亲，其次兄弟，依次往外推，越来越淡）。由"兼爱"而主张消灭一切战争，即"非攻"。

墨家与其他诸子学派有一个很大不同点，就是在逻辑学、数学和其他自然科学方面很有建树，如他们较早提出了有关逻辑学的"名辩"思想。

墨家学派绝不崇尚空谈，而是坚决地把理论付诸行动。法家不过是些异时异地、各不相谋的人物，后世因为他们理念相近，给予一个共名而已。儒者虽然有时聚集于一个大师之下，也不成为什么组织。唯墨家与他们不同，墨家是一个有组织的团体，兼有技术的传授和职业的合作。墨家经常充当雇佣兵，但奉行一个独特理念：只替人守，不替人攻——墨子反对侵略战争，却绝不是一个无抵抗主义者，消灭侵略的战争只有靠比侵略者更顽强的抵抗。所以他和弟子们讲求防守技术、制造守城器械，受君相禄养而替他们守城。

公输般（鲁班）为楚袭宋造云梯，墨子步行十日十夜去见公输般，与他斗智斗勇，终于保全了宋国一城百姓。楚国吴起死难后，楚国中央政府派军平叛各路反变法力量，墨家巨子（学派领袖）孟胜带领180名弟子为楚国阳城君守城，全部壮烈牺牲——这种惨烈不断的牺牲，导致后来墨家学说衰亡。

道家：奠定中国人的世界观

道家学说的创始人是老子，他的代表作是《道德经》，又称《老子》。

司马迁在《史记》中著有《老子韩非列传》。这篇传记很长，但重点在韩非，关于老子的那一段非常短，为什么短？因为关于他的史料太缺乏了，实在没法写。

老子很神秘，也许就是个隐者。史书列举有三位"老子"：一是春秋时周藏室之老聃；二是春秋时的老莱子；三是战国时的太史儋，周王室的首席历史学家。具体是谁，司马迁无定论。后世学者通过词汇分析等很多方法，认为《道德经》一书乃是战国时作品（晚于孔子）。而老子到底是谁，至今众说纷纭，并无定论。

世界上再没有五千字比《道德经》含义更富，影响更大的了。《道德经》是世界上除《圣经》外被外译最多的典籍①，老子的思想传遍世界，也征服了不少欧洲人，如在德国，他就是最受欢迎的哲学家之一。马克思·韦伯在1915年曾写道，当时研究道家几乎成为一种时尚。除了专业汉学家和哲学家推崇老子外，许多普通人对老子也很神往，例如德国作家克拉朋特就自认是道家思想信徒，他在一战后撰文呼吁德国人要"按照道的神圣精神"去

---

① 谭渊：《〈老子〉译介与老子形象在德国的变迁》，《德国研究》2011年第2期。

生活，做"欧洲的中国人"①。

《道德经》是中国人世界观的重要来源之一（另外两大来源可能就是《周易》的阴阳学说和邹衍的五行学说了）。在仅有5000余字的《道德经》中，作者阐述了道是宇宙的本源。生生不息的大自然、风云变幻的人世间，都是道的产物。

老子的视角有异于常人。我们在河边看见河床上的水草，水流中的游鱼，那么我们关注的往往是水草和游鱼，但老子关注的却是水本身。如把天地万物视同水草和游鱼，则道就如同水一样，既浸入它们的体内，也将它们包围。没有任何事物能脱离道而存在。但是与对水的感受之不同，我们只要稍加留意，还是能意识到水的存在的。而道毕竟是视而不见的无，因为它不会阻挡我们的视线，所以我们更加留意的是天地之间，万物纷纭，生生灭灭的有形世界，但是老子用透彻的眼光捕捉到了它的存在。所以老子说"湛兮似或存"，道是如此的透明清澈，却仍能让人感受到它的存在。

老子还阐明"物极必反""福兮祸所伏"的原则，并提出柔的哲学观念：以柔制刚，以弱胜强。老子还指出，治理天下最高的境界是"无为而治"。

通观《道德经》全书，可以时刻感受到它冷静的气质、宏大的视野、极具高度的命题。推究其原因，与记录总结历史上的成败、存亡、祸福、古今之道有关。

老子之后道家学派的代表是庄子。庄子名周，宋国人，他一生逍遥于世而不愿为官，追求自由。在他看来，世间万物在道的面前都是无差异的，人生要追求自由无羁，不应浪费于低级的蜗角之争，人生要有高境界。

庄子说，至人的追求，是一种人生的至高境界。

庄子用徐无鬼相马的故事、鹓雏之鸟的故事、河伯至于东海的故事，来比喻人生的境界高低。世俗生活的蝇营狗苟，在庄子眼中，哪里值得一活。

现实生活中，楚王派人前来聘请庄子任宰相，他也一笑置之，他宁愿做一只草原上自由觅食的雉鸡、大泽中任性浮游的乌龟。清贫日子难以为继

---

① 谭渊：《〈老子〉译介与老子形象在德国的变迁》，《德国研究》2011年第2期。

时，他也被迫出门去借小米，但思想却从未因贫穷而动摇。在战国政治局势中，哲学家惠施担任过魏国宰相，主张抵制张仪，进行合纵。惠施跟庄子是好友，二人经常辩论哲学，但庄子却并没托惠施什么福，他还看不上惠施的俗气呢——像猫头鹰喜欢腐鼠那样喜欢肮脏的权力，太等而下之。他宁愿飘然一身，独与天地精神往来。

庄子绝不是不懂政治，他一针见血地指出当权者的权力来源——窃钩者诛，窃国者为诸侯。而儒家的孟子到处宣传权力是上天所赐、权力依靠"德"，因此庄子嘲笑说儒家所主张的"礼"，才是祸之始而乱之首也。

哲学中最重大的命题之一是如何理解死亡。庄子并不害怕死亡，它只是人生回归了道，就像一滴水回归于大海。庄子的妻子去世，朋友来吊唁，却发现他正践行自己的观念——踞坐在地上，岔着两脚鼓盆而歌。

法家：理性的创新派

历史进入战国时期后，战争开始越来越惨烈，救世成为迫切之需，一个学派提出了可以迅速见效的强国方案，后世称之为法家。

今人对法家学派，存在普遍的误解，例如一种流行的说法是，法家完全为着君主的利益，根本不顾人民的死活云云。

其实法家原有三派，各自很少往来，并不成为组织性的学派。"法家"一词，是后人给他们分类时的冠名。法家的代表人物主要有管仲、李悝、商鞅、申不害、慎到、李斯、韩非等人。

法家三派中，其一重"术"，以在战国中期相韩昭侯的"郑之贱臣"申不害为代表。所谓"术"，即人主操纵臣下的阴谋，那些声色不露而辨别忠奸，赏罚莫测而切中事实的妙算。其二重"法"，以和申不害同时代的商鞅为代表，主张依法治天下（本书秦朝部分详细讲述）。其三重"势"，以和孟子同时代的赵国人慎到为代表。所谓"势"即是威权，要把政府的威权尽量扩大而且集中在人主手中。

术治本质上是人治主义的一种类型，势治派、法治派都反对人治主义，所以本质上跟术治派对立。法家不仅反对暴君用术恃势，而且连明主的勤政任智也反对，所以法家在根本态度上就不主张人治主义。

韩非子的学说，总结了当时各国的经验和教训，集法家三派之大成。他认为法、术、势都是"帝王之具（工具）"。

韩非子认为，人心善变，根本不可靠，只有制度和法则才靠得住。大家都追求国富民强，但如果方案不对头，就会造成南辕北辙——目标在北面，车子却向南面跑。

在韩非子看来，儒家的方案就是南辕北辙的方案：儒家（以及墨家）倡导用贤人治国，但人性自私，贤人没几个，"尚贤"政策还会奖励人的"饰伪"心理，以及投机钻营、揣摩君主的心思，以君主的是非为是非，以君主的好恶为好恶，从而将丧失一切客观公正的标准，君主根本得不到所谓的贤才。

贤人少见，于是政权就会落入奸人之手，导致天下大乱，国家危亡（韩非子的预言很准确，这种乱象以后在中国历史上不断出现）。

所以，根本不能靠人治，唯有法治才能保证国家长治久安。依靠法治，不需要贤人，不需要尧舜之君，中等人才就可以治理国家，这就能实现老子所说的无为而治。

对于乱世，儒家的救世方案注重道德影响，以"贵德"为价值取向。法家的救世方案是以武力统一中国，以此制止战争继续。《商君书》中的《开塞》这个篇名，意即开启久已堵塞的"汤武之道"，以武力征伐统一中国。韩非子明确主张用实力说话，与商鞅一脉相承。

战国末期，《韩非子》一书传到秦国，秦王嬴政读后感慨："寡人得见此人与之游，死而无憾！"（韩非子后来果然去了秦国，也跟秦王嬴政见了面，但不幸被他的同学兼同事李斯谗言下狱，陷害身亡。）

外交学派：鬼谷子与纵横家

鬼谷子显然是战国时代最神秘、最传奇、最耀眼的人物。因为神秘，历史上的误读也就特别多。

广为流传的说法，是张仪、苏秦乃至孙膑、庞涓，都是鬼谷子的学生。

但鬼谷子其人在历史上是否真的存在，由于史料极度缺乏，尽管不少人加以考据，现在仍然渺茫难辨。春秋战国时期隐士很多，有一些奇人也是完全可能的。也有人认为，鬼谷子可能是当时天下学术中心——齐国稷下学宫的一位学者，后隐居。唐朝以后，有人著书称鬼谷子名王诩，或称王利、王禅之类，都是信口编造——汉朝的司马迁尚且不知鬼谷子姓名，唐人并无新史料，何以忽然得知了呢？

相关的谣传特别多。据说苏秦和张仪都是鬼谷子的学生，这一说法尚有《史记》记载，还有另一个广为流传的谣言，说孙膑和庞涓是鬼谷子的学生，鬼谷子还对他们进行毕业测试云云，这一说法来源于明朝《东周列国志》等演义小说，纯属讲故事而已，于史无据（《史记》只说他们"俱学兵法"，没有指出老师是谁）。

《史记》记载张仪、苏秦是鬼谷子的学生，两人联手策划了合纵连横，宰割天下。

1973年，长沙马王堆汉墓出土了一批帛书，后来被整理命名为《战国纵横家书》。对这批帛书的研究表明，苏秦的主要活动时间大约在张仪去世20年之后，也就是比张晚了一辈。

而张仪在世时的主要对手，是公孙衍（犀首）。

史书称公孙衍、张仪"一怒而诸侯惧，安居而天下熄"，纵横家们的影响力可想而知。总体而言，纵横家指的是战国时期游说各国君主、从事合纵连横运动的一批外交家、政治家、军事家。他们大多数是出身于贵族集团最底层的士，擅长谋略、参与国家的政治决策，他们精通兵法，长期参与军事活动，甚至亲自带兵攻战，他们对于外交和国际事务有深刻的理解，擅长演讲、辩论，代表国家出使四方。他们洞察人性，善于揣摩君主的心思并说服之。他们之中的代表人物有公孙衍、苏秦、张仪、邹忌、范雎、蔡泽等。

纵横家的崛起，源于战国时期的养士之风。养士最著名的人物是战国四公子（魏国信陵君魏无忌、楚国春申君黄歇、齐国孟尝君田文、赵国平原君赵胜）。鼎盛时期，在齐国的稷下学宫，学士们可达到上千人，皆有优厚的赏赐，"不治而议论"。邹衍、荀卿（荀子）、慎到等名士都曾在稷下学宫长期工作。

鬼谷子本人渺茫难辨，《鬼谷子》一书是真书还是伪书也有争论。这本书在唐朝时修订的《隋书》中才首次出现，自战国至此已八九百年，其间竟无书籍征引或提及，所以有人怀疑这是后人所著的伪书（如梁启超就持这个观点）。但笔者认为《鬼谷子》是战国真书，清代学者阮元从音韵学角度论证《鬼谷子》是真书，可采信；此外，从内容和文风判断，《鬼谷子》出自战国时代，汉代之后为儒家学说所笼罩的社会，恐怕创造不出这样的作品。

实际上很多古书曾被怀疑是伪书，但后来却被验明正身了。例如《鹖冠子》长期被怀疑为伪书，后来长沙马王堆汉墓出土了一批帛书，间接确证了《鹖冠子》是战国时期真书。

纵观中国战略思想发展史，虽然《孙子兵法》等古代兵学名著对战略原则、方法、要素等基本理论问题都有十分精彩的阐述，但在具体战略实践的层面上，纵横学派大师们贡献为巨。

今天所见到的《鬼谷子》一书，是一本纯理论著作，不谈具体事件、具体案例、具体人物，只从抽象的理论高度来阐述，诸如外交斗争的战略情报搜集、敌国利益和领袖心理分析、游说方法和言辞艺术等。如它称搜集战略情报、评估各国实力为"量权"，组成要素有国家经济、民众生活水平和民心凝聚力、战略地理、战略谋划能力、君臣关系和外交结盟状况甚至天象吉凶等。

异彩纷呈的其他学派

齐国的稷下学宫是战国时代的最著名的学府，上千名"稷下先生"聚集在此进行学术研究和教学，并且定期举行学术辩论大会，辩论大会上的名嘴，还被取了绰号。稷下先生们的研究范围包罗万象，不但包括哲学社科的各个领域，也涉及采矿、冶金、制造等工程技术，以及与之相关的原理，他们著述《考工记》一书，记录了当时已经发现的勾股定理、凹面聚光的光学知识、振动发声的声学知识等。

邹衍，齐国人，稷下学宫著名教授，人送绰号"谈天衍"。他糅合、发挥此前已经流行的五行学说与人世间的政治更替，发明了对后世影响极大的五德终始说。

五行学说用五行相生相克的理论，来论证世间万物的变化，在那个科学还不太发达的年代，听上去确实很有说服力。

那么，五行为何命名为"五行"[①]？所谓"五行"，指的是肉眼能够看到的太阳系的五颗行星，即水星、金星、火星、木星、土星。现在我们知道，太阳系里一共有八颗行星，按照由近及远排列，分别是水星、金星、地球、火星、木星、土星、天王星、海王星。但在古时科学还不发达，人们只发现了五颗（离地球较近的），乃据此演绎，发明出一套五行学说，它可以理解为一个五力模型。

五德终始说自从被邹衍发明之后，广为流传，信徒遍布天下。秦始皇就相信秦代表威猛严酷的"水德"，在颜色上则崇尚黑色。汉儒董仲舒也用以论证说，汉朝推翻秦朝是继承了"天命"，秦是水，汉是土，汉灭秦，乃是五行相生相克的直接体现。

邹衍具有恢宏奇妙的想象力，他的著作有十余万字，可惜都已亡佚。

杨朱是中国古代的安·兰德（Ayn Rand，1905—1982，美国个人主义哲学家、小说家），据孟子说，当时杨朱影响力巨大："杨朱墨翟之言盈天下；天下之言，不归杨则归墨。"

杨朱的著述早已亡佚，我们只能从战国人的称引中窥豹一斑。与墨子的兼爱相针对，他提倡个人主义（"为我"），人生的最高目的，应当是追求自己舒适地生活下去——不放纵，也不吃苦，为达到这一目的，人们应当"不入危城，不处军旅，不以天下大利易其一胫毛"。人人能如此，天下便太平了。

稍后于杨朱而与孟子同时的著名隐者有陈仲、许行。

陈仲本是齐国的贵族，他的两个胞兄都食禄万钟。他却提倡"不恃人而

[①] 五行的起源，也有其他一些说法，如气象、方位等。

食"的新道德；以为他们的禄是不义的禄，不肯食；以为他们的房屋是不义的房屋，不肯住。他带着妻室，避兄离母，另立家庭。他让妻缉练麻丝，自己织麻鞋出卖谋生。一日，他回家看望母亲，正好有人送了鹅来，他厌恶道："要这鸟东西做甚？"后来他的母亲瞒着他宰了那鹅给他吃。正吃时，他的一个兄长告诉他这就是那鹅肉。陈仲立即走到门外把它呕出来。他所实行的新道德，据说很"持之有故，言之成理"，吸引了许多信徒，可惜现在莫知其详。

楚人许行托为神农之言，提倡统治者和被统治者在经济上的绝对平等。他主张国君应当废掉府库，"与民并耕而食"。

许行闻得滕国（齐、楚间小国）新即位的文公要行仁政，便率领弟子数十人来到滕都。他们深受文公的礼遇，还穿着短衣，织席出卖以为生活。同时在宋国的儒者陈相，也受文公的吸引，和兄弟陈辛，肩着耒耜，走来滕国。他们听到许行的教说，立即抛弃了旧时所学的"周公仲尼之道"，而变成了许行的信徒。

附："轴心时代"人类思想的大觉醒

春秋、战国百家争鸣的这段历史，是华夏民族的精神觉醒和大飞跃的时代，如果放眼全人类，生活在不同地域的东、西方不同民族的人们，不约而同地出现了人类意识的大觉醒，诞生了人类史上顶尖的思想家和伟大的哲学家。这段时期是整个人类思想认知相对集中的高光时刻。

德国哲学家雅斯贝尔斯曾提出一个很著名的命题——"轴心时代"。他在1949年出版的《历史的起源与目标》中说，公元前800年至公元前200年，尤其是距今2500年左右的公元前600年至前300年间，是人类文明的"轴心时代"。"轴心时代"发生的地区在北纬30度上下，就是北纬25度至35度区间。这段时期是人类文明精神的重大突破时期。在"轴心时代"里，各个文明都出现了伟大的精神导师——古希腊有苏格拉底、柏拉图、亚里士多德，以色列有犹太教的先知们，古印度有释迦牟尼，中国有孔子、老子……他们提出的思想原则塑造了不同的文化传统。

在那个时代，古希腊、中国和印度的古代文化都发生了"终极关怀的觉醒"。换句话说，这几个地方的人们开始用理智的方法、道德的方式来面对这个世界，同时也产生了宗教。它们是对原始文化的超越和突破。而超越和突破的不同类型决定了今天西方、印度、中国不同的文化形态。而那些没有实现超越突破的古文明，如巴比伦文化、埃及文化，虽规模宏大，但都难以摆脱灭亡的命运，成为文明的化石。而这些"轴心时代"所产生的文化一直延续到今天。每当人类社会面临危机或新的飞跃的时候，我们总是回过头去，看看"轴心时代"的先哲们是怎么说的。

"轴心时代"是人类各大文明的"更新"，主要原因是此前的"传统"出现了危机。按照雅斯贝尔斯所言，它所体现的特点是，人类开始意识到整体的存在、自身和自身的限度。"人类体验到世界的恐怖和自身的软弱。他探寻根本性的问题。面对空无，他力求解放和拯救。通过在意识上认识自己的限度，他为自己树立了更高的目标。他在自我的深奥和超然存在的光辉中感受绝对。"面对这些问题，不同的文明采取了不同的应对方式，也各有其特点。

客观地说，古印度在纯粹思辨哲学方面的突破比中国诸子百家走得要深远些，而诸子百家的思想探知大体上比较接近于古罗马人的实用伦理学和实用政治学范围。而古希腊在哲学、数学、科学多方面的创造都远远领先于同时代的其他族群。东方人重视"学以致用"的实用精神，而希腊人追求"学以致知"的科学精神。对于古代文明来说，希腊这种"屠龙之术"并不实用，也没有帮助希腊文明得以延续，希腊人在版图、军事实力、财富包括技术方面远不如罗马人，但这种精神却存活下来，形成了西方文明的主要源头之一。

希腊人创制了哲学和科学，在印度、伊朗、巴勒斯坦出现的是宗教，先秦诸子百家则主要发展的是社会伦理学，它既不同于哲学，也不同于宗教，多是半哲学或半宗教性质的"天""道""仁""义""中庸""无为""兼爱"等道德伦理学观念，先秦思想中一些具有自上而下普遍地解释宇宙的因素，主要目的是以此来解释和规范社会礼仪制度，并没有形成对自然本身的科学探索。

因此，在诸子百家的思想"阵地战"中，最后是以规范社会伦理道德的儒家学说取得了"胜利"，几乎成为日后整个帝国时代的官方主流思想意识形态。

第三卷

帝国时代

第七章

2000年前：秦确立帝制

在中国历史上，秦朝是一个独特的存在。那黑色的战旗、磅礴的铁骑、肃穆的庙堂、简朴森严的吏治，都在描绘着一种不同于后世的气质。秦的崛起，是中国原生古典法制思想的产物。

正是以秦为代表，中国历史完成了从封建制向帝制的大转型。这一演化的意义，正如历史学者吴思先生评论：帝国制度是在多种暴力-财政实体并存、优胜劣汰的环境中逐步建立和完善的组织形式。这套制度调动资源的能力、战争能力和稳定程度接近了当时的生产和技术条件所允许的最大化。

这是一套经过上百个国家和二十多代人断断续续的积累和摸索，将不同领域和不同层次的制度组合匹配而成的高效率体系。这套高效率的综合性适应体系，依仗着最适者生存的强大生命力，成为称雄两千余年的具有独立生命的历史活动主题，占据了中国历史舞台的中心，谱写了人类文明史上的辉煌篇章。

前传：封建秩序解体

周王室迁都后的华夏，内外交侵，面临着严峻的危机。

内政方面，传统秩序开始瓦解；对外，与蛮族战争压力越来越大。

更何况，平王还有弑父嫌疑，执政合法性存疑，故难以获得各派势力的拥护，许多诸侯不再纳贡。这样，政治秩序从最核心的部分开始瓦解，即"礼崩乐坏"。礼，就是一套森严繁密的尊卑等级秩序。

礼仪问题还只是开始，政治秩序坍塌的后果将愈演愈烈，最后严重的后果就是——战争。

结果是，春秋战国500多年，总共发生了660多次战争，政治秩序不断重组。司马迁在《史记》中感慨"春秋之中，弑君三十六、亡国五十二，诸侯奔走，不得保其社稷者，不可胜数"，政治混乱的程度可见一斑。

对外方面，狄、犬戎等蛮族带来的生存竞争压力越来越大。

春秋时的地理形势，并不是华夏居住在中原，蛮夷居住在周边，而是华夷混杂居住。粗略而言，徐州有淮夷，青州有莱夷，雍州（今陕西）有犬戎、义渠，豫州（今河南）有陆浑之戎，冀州（今河北）有鲜虞、赤狄、白狄、山戎，荆扬有蛮。

狄人是鬼方的一支，与犬戎同源，他们以今山西、陕西两省为根据地，势力到达河北、河南和山东。在周定王四年（公元前603年），狄人曾入侵晋国，直打到晋国首都郊外。

而犬戎不但攻破西周都城镐京，还屡屡蹂躏中原。曾经侵犯郑国，被击退，又侵犯齐国，幸而也被郑国的救兵击退。

周天子衰微，不能集中诸夏的力量，齐桓公出面收拾局面、重建联盟，开始称霸，春秋霸权的争夺构成了春秋史的主线。

所谓"霸业"，是封建政治秩序的替代版。春秋与战国时的争霸并不相同。战国时代的争霸是纯粹争夺权力，而春秋争霸是强国以武力取得诸侯领导权，以稳定诸夏政治秩序。对外，共同抵抗蛮族进攻，保障华夏的生存。

对内，稳定政治秩序，维持国际和平和各国内政稳定。两者的总称，便是"尊王攘夷"。

回顾春秋史，封建体系开始瓦解的300年里，一代代人付出了重建秩序的努力，然而，所有人都没有能够拯救秩序。历史不但没有获得救赎，还被推入了残酷的斗兽场。

春秋战国之际，一项重大技术变革被无名的天才发明出来：牛耕。牛耕技术可以开垦以前难以耕种的荒地，土地资源大幅增加，优先掌握了这些资源的封君实力大为增强，打破了旧有的权力平衡。

晋国被分成赵魏韩三块，齐国的姜氏政权被田氏篡夺，这些新贵在扩张时都吞并了国内一些小封君。同时，为防止自己遭遇同样的命运，他们不再把土地切割分封，而是削平各方、委派官吏，逐渐成君主集权。

三晋和田齐最先走上这条路，而另外几个大国也先后变成这种君主集权制，这是封建制向帝国制转型的起源，这一转型在秦国商鞅变法时达到高潮。

春秋时期虽然开始礼崩乐坏，但尚未出现社会整体雪崩式大变化。历史进入战国后，陡然开始加速，各国爆发了剧烈的总体战，最后被秦国武力统一。

战国200多年的时间里，中国历史展开了一个急剧的大转型，这是从封建体制演进到帝国体制的关键时期。

商鞅变法：推动社会大转型

战国时代的诸夏各邦处在激烈的武力竞争中，非有强大的武力不能存续。诸侯靠武力竞争，本质上依赖国家实力的提升，这就需要改革弊政、奋发图强。这一动力终于酿成古代中国规模最大、历时最长、成效最为卓著的战国变法运动。

在魏国、楚国、韩国、齐国、赵国等纷纷变法图强之时，秦国变法也登场了。

秦历史悠久，《史记》曾记载，秦人祖先是帝颛顼后裔，还曾辅佐大禹治水，也曾辅佐大舜驯化野兽、放牧牲畜，舜为其赐姓嬴氏。尽管《史记》的说法并不很准确（当时王者恐不能给臣下赐姓，姓自母亲部族而来），不过仍可反映出秦人的悠久历史。从造字上看，"秦"字从手从禾，可见秦人也是农业部族。

战国竹简《清华简》称，秦人先世是"商奄之民"，即秦人从今山东曲阜一带起源，那么其祖源或为东夷。

到了周朝，嬴氏为周王养马、驾车，因功受封。嬴姓先后建立的诸侯国有十几个之多（如赵国也是）。其中的一支，受封于戎狄混杂的秦地，即秦国，作为周王室的对外屏障。

周平王东迁时，许诺给秦人一个惠而不费的人情：若攻占了戎狄之地，就赐给你们。秦人于是向西向北浴血奋战，逐渐扩张地盘。

到秦穆公时，穆公与百里奚、蹇叔等名臣一同努力，使国力强盛，"并国二十，遂霸西戎"，进而确立东向发展、争霸中原的战略。秦穆公扶植晋惠公夷吾（晋文公重耳弟弟，在位早于重耳）践位，并施以仁德、武力双重策略，最终迫使晋国屈服，将边境东拓至黄河边。穆公后来又扶植晋文公重耳即位，并与之联军伐郑。

此时的秦、晋两国，几代公室通婚，形成"秦晋之好"的联盟。

但中原争霸，终使两强由友好变为对峙，由对峙变为仇敌。崤之战是秦晋关系的最终解决，秦国东向之路由此被遏制，进而在晋楚争霸中与楚国结盟对抗晋国，因此，远在南方的楚国反倒成了崤之战的最大受益者。

当时各国都兴衰起伏不定，秦国亦不例外。穆公以后，晋国渐强，与楚国形成南北争霸态势。秦晋之间也多次爆发战争，秦国败多而胜少。

秦穆公去世115年之后，即公元前506年，时间已到了春秋晚期，在晋的领导下，晋、齐、鲁、宋、蔡、卫等18国在召陵会盟，商议伐楚，楚国东南方向的吴国也与18国联军夹击。吴军在孙武、伍子胥的直接指挥下，攻破楚国首都郢都，楚国王室逃亡。楚国使者到秦，站立倚在墙边"七日不食，日夜哭泣"，秦哀公最终答应发兵车500乘救楚。秦军击败吴军，楚昭王得以返回楚国。在东方的鲁国，此时孔子已45岁，几年后他会成为鲁国司寇。孔子死时74岁，他死后6年越灭吴，又70年晋国三分，那就是战国的开始。

一般人印象中，似乎一入战国时期，就是秦国最强，其实从国力上说，战国之初是魏、齐、楚三国最强，而秦国只是二流选手。

秦献公即位后，秦国开始壮大。秦献公少年时代流亡在魏国，壮年才得返回。他继位后4年，正是吴起在楚国被杀之时，卷入吴起内乱的楚国阳城君聘请墨家团队为其守城，墨家巨子孟胜率约180名墨者集体战死。这一战中墨者的热血与勇武深深打动了远在西北的秦献公。于是他也聘请墨家团队设计制造攻防机械、强化军事训练等，秦军渐强①。

公元前362年，献公去世，21岁的次子嬴渠梁即位，是为秦孝公。

青年君王面对的局面颇为严峻：西方，戎狄混杂而居，不时发生战争摩擦；东方，六七个强国以及十余个混杂其间的小国以武力相争，周王室早已不在它们眼里。其中赵、韩两国，更是趁着秦国君位更迭时期，直接出兵来攻。

东方各国中，最强大的是魏国。李悝、吴起变法，练就了一支精锐重步兵魏武卒，每人身披三重铠甲，背负十二石的强弓和五十枚箭，持戈带剑，另外身背三天的口粮，在这样的重装备之下，行军半天就能走上百里路，其作战能力可谓强悍。吴起曾经带领魏武卒，击败十倍于己的秦军，侵吞黄河以西之地。

列国竞争，不进则退。两年后，秦国向天下发出《求贤令》，开始一场国际人才大招聘。《求贤令》开门见山，承诺"宾客群臣有能出奇计强秦者，吾且尊官，与之分土"。

诸夏各国颇有士人前来应聘。其中有一个20来岁的青年，风尘仆仆来到秦国首都栎阳，自报家门，名为公孙鞅。

公孙鞅是中原小国卫国的世家子弟。当时公的儿子称为公子，公子的儿子称为公孙，所以"公孙"实际上很多，许多也渐渐有名无实，几乎成了平民了。

公孙鞅所受的是古典贵族教育，文武兼修，他从少年时代起就研修法学

---

① 何炳棣：《墨者：秦转弱为强的枢纽》，《新华文摘》2010年第16期。

（好刑名之学），后来又遍学儒、墨、道、兵、阴阳各派学说。魏惠王时，少年公孙鞅去魏国宰相府工作，任宰相公叔痤的秘书（中庶子），由此身处魏国的政治中枢，参与机要。

魏国地处平原四战之地，并无先天优势，魏国之所以强大，在于思想的力量，法家鼻祖李悝、吴起等人在这里形成了当时最先进国家的治理经验。

公叔痤是吴起的政治对手。他设计排挤吴起，吴起奔逃楚国。

公叔痤年老病重，魏惠王前往看望时问他相位的后继人选。公叔痤认为青年公孙鞅是人中龙凤，大力推荐，魏惠王嘿然。公叔痤认真地说，如果不用他，就杀了他，不能让别国得到！魏惠王苦笑。

魏惠王辞别后，公叔痤告诉公孙鞅："魏惠王问对，我只能先公后私，你杀身在即，赶快跑吧。"不料公孙鞅却很淡定："既然他不听你的话用我，又怎么会听你的话而杀我呢？"

这时秦国的招聘广告已经传到魏国，公孙鞅把李悝所著《法经》打包放进行囊，迈步西行。

通过秦孝公的爱臣引荐，公孙鞅见到了秦孝公本人，这两个青年讨论起天下形势和治国战略。

公孙鞅用三种不同的战略学说试探孝公：帝道、王道、霸道。"帝道"和"王道"使孝公昏昏欲睡，"霸道"战略却让他陡然振奋起来。

"霸道"是一种举国动员型总体战体制，秦国由此崛起为"强秦"，最终一统天下，但这一体制也埋下了严重透支民力，进而导致灭亡的祸根。

西谚云："制度是智慧与机遇的产儿。"当商鞅变法之时，智慧与机遇都已齐备，新的制度呼之欲出。

公元前359年，30岁出头的公孙鞅，被秦孝公任命为左庶长①，秦国开始实行变法。

变法共有两次，第一次变法的主要内容有四点：一是废除贵族特权，只有靠军功可以封爵。二是奖励军功，禁止民间私斗。秦国素来民风彪悍，民

---

① "庶长"似乎是个军职，跟"不更"之类官名一样，为秦国所独有，在史籍记载中，东方六国都没有此类官名。

间私斗成风。新法实施后私斗逐渐绝迹。三是编制户籍，实行连坐法。一人犯法、众人检举，否则同罪。这个制度意在使新法迅速渗透进秦国人的日常生活①。四是奖励耕织。规定凡使粮食和布帛产量超常的，可免除本人劳役和赋税。此法意在鼓励秦国经济产出增长。

新法在颁布之初，看上去很不可思议，它太有颠覆性了。民众很狐疑，街谈巷议、窃窃私语。

怎样让新法快速普及，并在人民心中树起威信？靠电视台广播吗？靠宣传员上山下乡宣讲法条吗？靠公孙鞅本人到街头演讲吗？

不，制定者另有妙计。公孙鞅下令，在首都栎阳城南大门竖一根巨木，张榜下令道：谁把它搬到北门，就可以赏10镒（每镒20两）黄金。大家都闹哄哄过来围观，看哪个傻子相信。

果然没人干。

加赏金，再加赏金，已经加到了50镒，人越聚越多。

有一个年轻人决定试试，万一是真的呢。他扛起这根木头，在人群簇拥尾随中穿过秦的都城，竟真的赚到了50镒黄金。

这件事像闪电一样迅速传开，秦政府的信用巍然矗立起来。公孙鞅顺势将法律公布，新法很快家喻户晓。民众摩拳擦掌，盼望政府设立新任务。

公布法律是一种巨大的革命②。商鞅明确表示法律要通俗易懂、公布天下，便于全国人民学习，这样人人遵守法律，官员也不敢非法欺负人民。

2000多年前能有这种卓识实属不易，梁启超赞叹说：“欧洲之法律公开，率皆经人民几许流血仅乃得之。我国法家对于此一点，其主张如此诚恳而坚决，且用种种手段以求法律知识普及于一般人民，真可谓能正其本，能贯彻主义之精神也已。”

新法逐渐开始发挥作用，经过10年的运行，秦国已经日益富强。

公孙鞅亲自带领所练就的新军出征魏国。他少年时代学习过军事——春秋战国时期的贵族，都是“通才教育”培养出的文武全才，外交宴会时他们赋《诗经》，战争爆发时他们亲自上阵。前有高额赏金利诱，后有严

---

① 何炳棣指出，连坐法自墨者辅佐秦献公时便已经开始。
② 春秋时期郑国的子产第一个公布成文法，比商鞅早，性质与商鞅相同。

酷法律惩戒，内部有严整的作战法则，平时有系统的训练体系，法治化的秦国新军，不再是刚放下锄头的农民，他们犹如洪水猛兽，令敌军肝胆俱裂。

大军接战，秦军击败魏军，收复河西之地。魏国被迫迁都到大梁，以躲避秦军的锋芒。此时，魏惠王回想起当年公叔痤的话，后悔莫及。

魏国身处中原四战之地，腹背受敌。其间，还发生了著名的"围魏救赵"之战。这一大战，齐军按照孙膑的奇谋，在魏军远征回国的途中设下埋伏，大破魏军主力魏武卒，魏军名将庞涓战败自杀、太子申被俘虏。魏武卒的培养，耗资巨大、周期极长，魏国一旦失去这一作战主力，便很难恢复元气。战胜后的齐、秦两国由此崛起，而魏国在魏惠王手中，完成了从强到弱的转折。

魏国的衰落过程很漫长。魏惠王有长寿之福，执政时间长达半个世纪，在整个战国时期首屈一指。但魏惠王才能中等，他的长寿对处于四战之地的国家来说却不是件好事。他以后还会跟秦相张仪打交道，被张仪牵着鼻子走，他还让儒家名人孟子帮着想办法，但这些都没能改变魏国的命运。老年魏惠王兢兢业业却无可奈何地看着自己的国家一步步被打垮。

《吕氏春秋·不屈》描述魏国的艰难，称：

> 当惠王之时，五十战而二十败，所杀者不可胜数，大将、爱子有禽（擒）者也。……围邯郸三年而弗能取，士民罢潞，国家空虚，天下之兵四至，众庶诽谤，诸侯不誉。……名宝散出，土地四削，魏国从此衰矣。

公元前350年，秦国迁都至咸阳，这是公孙鞅亲自规划督建的一座气势恢宏的城市。在咸阳，公孙鞅又推出了变法2.0升级版。

一是推行县制。合并乡村城镇为县，全国统一划分为31县，县设令和丞，由国君任免，代替了以往的分封采邑制（封建制）。历史悠久的封建制度直接被废除了，帝国制度的雏形已经建立起来。

"封建制"原是一种从"部落主义"（tribalism）演化出来的职责不

分、组织松散、以封君个人为中心的一种原始性的部落制度。而"帝国－文官制度"则是具有严密组织、职责分明、效率卓越、法则灿然的高级文明的政治制度。它和落伍、原始的封建制是不可同日而语的。

二是废井田，开阡陌。平毁井田中的纵横疆界。奖励垦荒，承认土地私有，允许买卖土地，按土地多少纳税。这以法律形式废除了封建制度所依赖的经济基础——井田制。

三是统一度量衡。

四是制定系统的秦律。现在出土的秦简显示，秦国的法律规定非常细致，对判例有精深的见解。岳麓书院藏秦简所见司法案例中，刑事侦查的缜密、审讯与判决相分离的制度，以及疑难案件的奏谳制度，无不透露出秦刑事诉讼程序的成熟与发达。秦律甚至对刑讯逼供都做了严格的限制和使用规定。

五是焚诗书，禁游学。打击儒家复古思想，以确立法家意识的主导地位。

司马迁在《史记》里描述这场变法的最终成就，说道：

> （新法）行之十年，秦民大悦，道不拾遗，山无盗贼，家给人足。民勇于公战，怯于私斗，乡邑大治。
>
> ……于是以鞅为大良造，将兵围魏安邑，降之……居五年，秦人富强，天子致胙（腊肉）于孝公，诸侯毕贺。

周天子致胙于孝公，孝公后来又派公子会合、率领诸侯前往答谢，标志着秦孝公正式称霸天下。

公元前338年，秦孝公死，太子嬴驷[①]继位。初称惠文君，后来自封为"王"，即秦惠文王。

此时的公孙鞅功成名就，受封于商地，故后人称之商鞅。但他后来的结局跟吴起一样：公子虔等人诬告商鞅"欲反"，已经50岁出头的商鞅被迫逃

---

① 嬴驷，旧史书往往误作"嬴驷"，上海博物馆馆藏一件铜配件，上书清晰的"嬴驷"。

亡，最后在自己的封邑武力抵抗失败，全家被杀。商鞅的尸体被带回首都咸阳车裂，即"五马分尸"。

商鞅虽死，他设计和建立的法治体系却继续发挥作用。商鞅死后七八十年，赵国的大儒荀卿游秦，据他所记，这时商鞅变法的成绩还历历在目，秦国地势险要、物产丰富，国家治理更是可圈可点："入境观其风俗；其百姓朴，其声乐不流（淫荡）汙（猥亵），其服不挑（佻），甚畏有司而顺。……及都邑官府；其百吏肃然，莫不恭俭、敦敬、忠信而不楛，古之吏也。入其国（首都），观其士大夫……不比周，不朋党，偶然莫不明通而公也，古之士大夫也。观其朝廷，其闲听决，百吏不留，恬然如无治者，古之朝也。"人民淳朴守法，官吏忠信廉洁，一派秩序井然的气象。荀卿发现，秦国风清气正，连音乐和服装都很正派，绝不轻浮浪荡。

荀卿又曾比较齐、魏和秦的军事制度，结论是："故齐之技击不可以遇魏氏之武卒；魏氏之武卒不可遇秦之锐士。"魏武卒固然强悍，但商鞅的兵制，是一套以赏罚为核心的体制化的力量，技术装备优势在制度优势面前，只能折戟沉沙。

制度，是一国长期兴衰的根源。商鞅所代表的法治派，终极理想是"无为而治"，即社会治理不依赖于个人的能力，而靠一套制度体系。制度体系建立之后，社会运转就像一根车轴，自身不动而能前行。商鞅之后，秦国依赖他所创设的一套制度体系，实现了长期兴盛。遗憾的是，在汉代以后，商鞅的法治思想并没有成为中国历史的主流。汉代以后所谓"外儒内法"，那个"法"却不是商鞅的法。

商鞅变法后，秦国强势崛起，对诸侯列强虎视眈眈：向西，秦国称霸西戎；向南，秦国灭蜀；向东，秦军出函谷关，耀武中原，迫使魏国迁都躲避。

吞灭六国：秦国武力统一天下

商鞅变法后，秦国崛起，先后经历了秦惠文王（在位27年）、秦武王

（在位4年）、秦昭襄王（在位56年）、秦孝文王（在位3天）而至秦庄襄王，随着国力强大而攻伐诸侯，其间发生了合纵连横的复杂博弈，持续近百年。庄襄王在位3年，在公元前247年去世，同年他13岁的儿子嬴政即位。

此时，辅佐秦庄襄王获得王位的丞相吕不韦独揽大权。嬴政母亲的情夫、假太监嫪毐也掌握一支私人武装，伺机政变。

秦王嬴政亲政之后，派军队以迅雷之势扫除嫪毐叛乱集团，又逼死了吕不韦。

此时的青年秦王，继承秦国历代的雄心，对时局抱有高远的理想。

其实自从周天子失势，华夏就有两大患始终难以解决：一是对内，诸夏秩序混乱。战国时代总共250年左右，各国间的战争有330多次，当时人们普遍认为，武力一统天下才是终极和平方案。二是夷狄交侵，需要抵御。直到战国时，中原周边蛮族环伺，其中北方的夷狄危害最大。所以战国时代，北方诸国或者跟他们讲和，或者筑长城以自卫，但是因为内部分裂，始终不能一致对外，蛮族为祸始终不断。

齐桓公开启以霸政体系，勉强维系了春秋两百年，这个体系到战国时代早已失灵。而嬴政决意推出新的解决方案。

秦王嬴政个性勤奋、强势、霸气。他极其刻苦，每天要批示120石重的竹简文件，不批完决不休息。即便是面对鬼神的挑衅，他也毫不畏缩，坚决镇压。他后来南巡时在湘水上遭遇大风恶浪，疑是湘水之神作怪，大怒，下令尽伐湘山之树以示惩戒。东巡期间，他又乘船入海亲自射杀巨鱼。

自公元前230年起，秦开始发动灭六国的最后决战。

首先进攻三晋。秦不断攻赵使其不能救援韩、魏，三晋中最弱的韩国被先灭，在攻打赵国过程中，秦军又使计令赵王处死大将李牧，令赵军心涣散，公元前228年，秦攻克邯郸，擒赵王迁，赵公子嘉逃往代郡称代王，赵基本灭亡。

在攻打赵国时，秦已兵临燕境，燕太子丹派刺客前去刺杀秦王。行刺失败，秦命王翦、辛胜挥师攻燕，在易水以西歼灭燕军主力。公元前226年攻克燕都蓟（今北京城西南），燕王喜逃往辽东。

伐燕的同时，大将王翦之子王贲奉命率兵南下伐楚，攻占楚十余城后回军伐魏，魏军困守大梁（今开封），王贲引黄河、鸿沟水灌城，同年三月大梁城破，魏王假被杀，魏国灭亡。

公元前224年，老将王翦率60万秦兵攻楚，次年攻破楚都，楚国灭亡，继而渡江作战，于公元前222年平定楚国江南各地。灭楚以后，秦派王贲出兵扫除燕、赵残余，燕、赵彻底灭亡。公元前221年，王贲率军由燕南下攻齐，昔日大国齐没做什么有效抵抗便投降了。

至此，在商鞅变法130年之后，秦兼并六国，一统天下。春秋战国500多年来的分裂混战局面，归于和平。秦王嬴政命李斯选取长安附近的蓝田玉，用鸟篆文撰写"受命于天，既寿永昌"八个字，并由玉工孙寿精雕细刻，由此制成传国玉玺，后来便成为天下政权的象征。在以后漫长的朝代更迭中，这块玉玺充分见证了历朝国运的跌宕起伏。

后来秦在峄山立了一块记功石刻，上刻有赞颂秦始皇的铭文：

> 追念乱世，分土建邦，以开争理。攻战日作，流血于野。自泰古始。世无万数，陁及五帝，莫能禁止。乃今皇帝，壹家天下，兵不复起。灾害灭除，黔首康定，利泽长久。

大致意思是，自古以来，天下战祸不断，古往今来，只有皇帝一人彻底平定了天下，实现真正和平，人民康定，利泽长久。

此时，秦王嬴政已经即位26年。在睥睨古今、踌躇满志之余，嬴政觉得一切旧有的君主称号都不适用了。战国以前，人主最高的尊号是王，天神最高的尊号是帝。李斯取法上古，取有广大之义的"皇"字，建议称"泰皇"。但嬴政别出心裁，把泰字除去，添上帝字，合成"皇帝"；又废除周代通行的谥法，自称"始皇帝"，预定后世计数为二世皇帝、三世皇帝，"至千万世，传之无穷"——当然，他所想不到的是，大秦江山没有传万世，而只传了15年便被彻底推翻。

邹衍的学说，此时已经流行于天下。秦始皇也接受了他的学说，以为周属火德，秦代周，应当属克火的水德；因为五色中和水相配的是黑色，于是礼服和旌旗皆用黑色；又因四时中和水相配的是冬季，而冬季始自十月，于是改以十月为岁首。邹衍是相信政治的精神也随着五德而转移的。他的信徒认为与水德相配的应当是猛烈严酷的铁血政治，这正合秦始皇的心意。

秦自变法以来，攻下的土地，直接隶属中央，大的置郡，小的置县，郡县的长官都有任期，不能世袭。秦始皇每灭一国，便分置若干郡。秦国成为一个纯粹郡县式的大帝国。

秦始皇分全国为三十六郡，每郡设郡守，掌民政；设郡尉，掌兵事；设监御史，掌监察。这种制度也是中央政府的复制版。郡县下面又设乡，乡有管理教育事宜的"三老"，管理司法和税赋的"啬夫"，维护治安的"游徼"。

统一中国之外，秦始皇的第二大目标是肃清外患。

自从战国中期以来，为燕、赵、秦三国北方边患的有两个游牧民族，东胡和匈奴——总名为胡。东胡出没于今河北的北边、辽宁一带，时常寇略燕、赵。匈奴出没于今内蒙古、山西、陕西、甘肃的北边一带，燕、赵、秦都受其害。这两个民族各包含若干散漫的部落，还没有统一的政治组织。他们和春秋时代各个戎狄似属于同一族类，但其和各个戎狄间的亲谊关系到底如何，现在无从稽考。

战国时期武力肃清边患的，有三个著名的人物：第一个是和楚怀王同时代的赵武灵王，他"胡服骑射"的改革，在本书战国部分已经详述。第二个是秦舞阳（随荆轲入秦行刺的副使）的祖父秦开，他曾在东胡当人质，甚得胡人的信任。回到燕国后，他率兵袭击东胡，把他们驱逐到千里之外（这时大致是乐毅破齐前后）。第三个是李牧，秦开破东胡后三四十年，赵国名将李牧守卫雁门、代郡。他经了长期敛兵坚守，养精蓄锐，然后在匈奴稍有懈怠时突然出战，斩匈奴十多万骑，此后十几年间，匈奴不敢靠近。

当燕、赵对秦作最后挣扎时，胡虏得以短暂喘息，又来抢掠。

秦始皇后来派蒙恬领兵三十万北征。蒙恬不久收复河套，并推进至更北边，秦始皇在那里设立九原郡。为求一劳永逸，秦始皇又启动一项宏大工程：把燕、赵北界的长城结合整修，最终建成万里长城。综合历史所记录的多次战争细节来看，长城确实使游牧民族的相对优势转化为相对劣势，加强了中原防御。

秦大军北击匈奴、南征南越，所向披靡。由于中国的东面是茫茫大海，西面是浩瀚沙漠，秦国大军几乎是击败了他们当时已知世界上所有的敌人。而秦国的统一，也是当时东亚文明世界的统一。

大一统建设：万世太平了吗？

天下迎来连年大战后的休整，从上到下都感觉到太平盛世可能降临，始皇帝本人想象着自己的帝国可以万世相传，永垂不朽。

于是，始皇帝以大刀阔斧的风格，用一系列措施来巩固和平、建设统一国家。

首先是统一文字和交通，建设重大工程。

我国的文字在周朝以前原有一种古文，叫作"籀文"。到了战国时期因为各国分裂，各国所使用的文字各不相同，秦国所用的是籀文大篆，六国所用的是东方古文。秦始皇统一中国之后，李斯等人创造出一种小篆，程邈又创造出一种便于书吏书写的隶书，从此全国都呈现"书同文"的局面，原来的大篆和东方古文都废止了，代之以小篆和隶书，这在全国国民的精神统一上极其重要。

秦始皇又发起宏大的帝国建设工程，例如秦直道、都江堰工程、灵渠等。其中最重要的是道路交通体系。秦所建设的"驰道"，是古代版的高速公路。"驰道"分两条干线，皆从咸阳出发，一条东达燕、齐，一条南到吴、楚。这些驰道实用而又美观：道宽五十步，道旁每隔三丈种一株青松，路身筑得坚固厚重，容易崩坏的地段还打下铜桩。四方有事，军队可以沿着驰道快速到达。将军蒙恬为了便利行军，又修通了一条1800里的直道。此外，还开通了五尺道，连接西南，后来形成了陆上南方丝绸之路。

秦始皇把全国的文字统一、道路体系建成之后，中国才第一次成为一个真正统一的多民族国家。

其次是收缴民间武器，旨在消灭天下武力，企图实现永久和平。

秦法平时禁止三人以上聚饮，但为了庆祝帝国成立，始皇下令：全国民众可以酒宴狂欢。当众人还在醉梦中时，他突然宣布没收民间全部武器。武器被运到咸阳铸成无数大钟和12个巨型铜人，铜人小的重约30吨，高8米；大的重约80吨，高13米，恢宏地陈列在大秦宫殿之前，那宫殿可以容纳万人，气势压倒一切，犹如大秦的国力。

最后是统一思想文化。

秦始皇焚诗书，坑术士，实行"以法为教，以吏为师"的教育制度，试图以此统一民间思想。

此时的大秦帝国，几乎在所有方面都领先于当时的人类世界。如果把眼光投向历史深处，诸夏从西周至此这八九百年之间，发展成就更加令人瞩目。

在领土和人口方面，周朝初期华夷混杂、领土狭小，至大秦开国之初，国土扩张了数十倍，新的领土北至今辽宁的南部，西边包括甘肃和四川两省的大部分，南边包括湖南、江西和福建，东至大海。从前臣服于燕的朝鲜，也成为秦的藩属。此外，西北和西南边外的夷君长称臣于秦的还不少。春秋战国几百年间，人口繁殖增加，耕地日益开辟，诸夏各邦国之间原来都是莽莽荒原，现在则人烟密集。

政治组织方面，由封建制度转型到帝国制度。列国竞争，本质上是思想的竞争。回顾这数百年的大国竞争过程，商鞅的思想最终胜出，他设计的国家模式，由此复制到当时的全天下。

军事方面，秦的军事能力天下无敌。战争技术快速发展，春秋以前战争模式主要是车战，只适合平原，行动迟缓；战国时则发展起骑兵、步兵。大型的攻城器械和防守器械也纷纷涌现。军事专门化之另一表征是兵书的撰著，如吴起的《吴子》、孙武的《孙子》、司马穰苴的《司马法》、墨家的《备城门》和尉缭的《尉缭子》全是春秋战国时期的作品。到大秦帝国建国之初，秦军的武力对任何对手都是碾压性的。

农业方面，牛耕技术日益普及，耕地效率大幅提升。这种先进的生产方式在春秋晚期已出现，如孔子有个弟子名叫司马耕，字伯牛，将耕地与牛联系起来。到了战国，牛耕逐渐普及。同时，冶铁技术发展起来，战国时期的孟子曾说："许子以铁耕乎？"说明已经出现了铁制的犁，以铁耕地比单人劳动力耕田效率大幅提高。另有多人因掌握冶铁技术而发家致富。

交通方面，道路修筑越来越多，远途旅行逐渐普及。在孔子生活的年代，从吴都往邾国最快的行军要走三个月。但在战国初年，从鲁都往楚都郢，十昼夜便可抵达。

水利方面，灌溉事业已经高度发达，涌现出众多水利工程大师，如魏有西门豹（魏文侯时期）、白圭（魏惠王时期）、史起（魏襄王时期），秦有李冰（秦孝文王时期）、郑国（秦始皇时期）。秦时所修的四川都江堰工程，引江水浇灌土地，从此四川盆地一片富饶，被称为"天府之国"，都江堰工程历经2000多年，至今仍在发挥作用。

商业方面，随着技术、交通的进步，渐渐出现了工商业大都市和大企业家，商业大都市也陆续兴起，临淄、邯郸、大梁、郢、陶等都是有名的大都会。同时，货币使用越来越广泛。《左传》所记春秋时列国君臣之间的往来，大抵为输送车马、锦璧、钟鼎、宝器，乃至美女、乐师之类，没有用黄金货币的记录。但战国始历史记录中出现了大量黄金。

如此伟大的一个国度，有着辉煌的经济技术成就、强大的军事力量保驾护航，国家治理秩序井然，人民生产生活有条不紊，人们确实可以像始皇帝那样憧憬万事太平，永享文明了。

然而，万万没想到，在一片繁荣的背后，竟然有一个历史的大坑。

人民掉进了帝制的陷阱

秦始皇做梦也没想到，自己强大的帝国只存在了15年。

秦帝国模型可以大致这样简化：金字塔尖是依托于武力的最高权力，中间是受其雇佣的文官集团，庞大的金字塔底是数千万没有保障的平民百姓，"强国家、弱社会"的格局越来越突出，统治者掌管的国家政府有驾驭人民的绝对权力。秦始皇坐在塔尖，政府权力越来越膨胀，直到没有边界，可以役使天下所有民众。

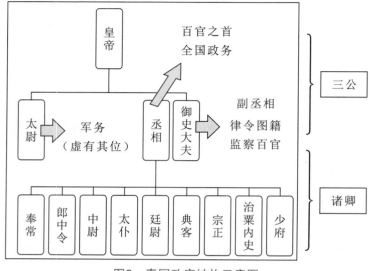

图2 秦国政府结构示意图

于是到秦始皇执政后期，天下民众的生存状况极为悲惨。

原因在于政府的压榨。

所以到后期，秦朝徭役十分繁重，服役人员群体不断扩大，最初被征发的是犯罪的官吏和商人，后来推广到曾经做过商人的人，最后又推广到"闾左"——居住在里门左侧的穷人。修筑阿房宫和骊山陵墓，动用了70万名工人。将军蒙恬带去北征的有30万人，将军屠睢带去南征的有50万人，后来添派的援兵和戍卒，及前后担任运输和其他力役的工人，当在两军的总数以上。仅这两面的军事行动，秦至少摧残了200万户家庭。赴北部边境的，据说死亡率达到六七成，有的半途不堪虐待，自缢于路边大树，死尸沿路不断陈列。当时秦总人数也不过3000万，按每户5人计算，总计约600万户，可见天下近三分之一家庭都遭到了摧残。

秦的立国哲学立意那么高远，怎么会导致如此结果？国家治理的目标怎么会扭曲走形如此严重？

后世的人们对秦存在普遍的误解。自汉代的董仲舒开始，多数学者认为，秦始皇大幅提高了税率，自夏商周以来什一税（10%的税率）的老传统至此被打破。

其实随着出土秦简等考古资料越来越丰富，新的研究发现秦的税率其实并不高，真正原因是秦法苛刻严密，动辄触犯，人民被罚服役极其严重，形成了另一种形式的压榨和汲取。

秦朝的真实税率是多少？

从里耶秦简中一条简文，我们可以推算出在秦始皇三十五年，启、都、贰三个乡的税田面积与垦田面积比例（即税率）均低于史学界所认为的十分之一的比例，分别为7.15%、9.18%、8.59%，也就是说真实的税率并不高[①]。实际上到了战国后期，牛耕和铁器等技术的发明，大大促进了农业生产技术的进步和粮食产量的提高，秦朝政府一贯很重视、爱惜农民和农业，为帮助普通百姓进行日常的粮食生产，往往会借给他们铁器和耕牛，在云梦秦简《秦律十八种·厩苑律》中有："段（假）铁器，销敝不胜而毁者，为用书，受勿责。"也就是说老百姓从官府借用铁制的农具如果是因太破旧而在使用时损坏，只需要以书面形式报告官府就不用赔偿；如果春耕没有种子，也可以向政府借用。

所以，真实的原因在于秦法繁密严苛的副作用。

秦朝的法律过于繁密，百姓触禁犯科时有发生，当时的法律允许老百姓通过罚款（赀赎）的方式来免除惩罚，但罚款数较高，老百姓没有粮食变卖入钱赎罪，不得已以劳役的方式赎罪。政府本来是靠人民缴税养活的，而此时秦政府竟成了人民的头号大债主，于是才有了大量的民力可供驱使，才出现了"男子疾耕不足于粮饷，女子纺绩不足于帷幕。百姓靡敝，孤寡老弱不能相养，道路死者相望"的现象。

秦法有多么繁密严苛呢？

虽然人类学家指出，在人类早期文明社会中制订的法律多较近现代严酷，但法家之严刑，仍令人瞠目。秦法的情况可以从汉代推知。汉沿秦律，虽有修改，仍非常严苛。据《汉书·刑法志》，汉武帝时可判死刑的犯罪事项多达1882条，而可以附比死刑的事项竟多达13472条！

秦朝的"赀赎刑"规定允许老百姓通过罚款的方式来免除惩罚，但是这

---

① 王战阔：《由"訾粟而税"看秦代粮食税征收》，《商丘师范学院学报》2013年第10期。

种经济惩罚手段对老百姓是一种沉重的负担，即使是最轻的"赀一盾"的处罚，其罚金计算下来大概也相当于一个成年男子半年的口粮。赎刑就更重了，即使是最轻的赎刑——赎迁，也要用粟179.2石或者米105.52石才能赎罪，这些粮食比一个五口之家全家一年的口粮还要多。因此秦朝很多人就负担不起，只好以劳役来抵偿债务，这应该是秦朝政府能役使大量民力的重要原因[①]。

秦朝统治下，老百姓被严格按照规定连坐成什伍，为官府服更戍徭役需自费食宿，没钱随时可向官府借贷，债务还不上就成为居赀，通过劳役抵债，许多人最后沦为隶婢。

秦朝《徭律》规定，农民每年必须给官府服一定时间的无偿劳役，不得逃避或延误，逃避或拖延则加倍惩罚。《敦表律》中还规定，服兵役期满后回家的农民，如无文券证明，就要"赀日四月居边"，即罚戍边四个月。

岳麓秦简2009记载，逃走的城旦舂被抓回来，脸上刺字，即便回来自首，也要鞭笞一百。尚在怀孕的女舂，则用大铁刑具束缚。岳麓秦简1997记载，牧马的城旦逃走被抓回，要砍掉左腿，继续当城旦。男女百姓逃亡，其家人要被判处迁徙，基层干部里典、里老不报告也要被罚款甲和盾。

岳麓秦简中甚至还记载，秦国的徒隶城旦舂中，甚至有很多还在蹒跚学步的婴幼儿，而且这些婴幼儿也全部要"衣傅城旦舂具"，必须穿奴隶衣服和佩戴刑具。

里耶秦简7-304记载，始皇二十八年，一个总编户人口只有一两千人的迁陵县，隶臣妾居赀就有189人，其中151个隶臣妾当年就死了28人。死亡率如此之高，可见暴秦之酷烈。

在秦始皇陵旁的赵背户刑徒墓地，发掘了大量非正常死亡的徒隶和居赀，其中还有妇女和儿童。M35出土的儿童骨架，下肢残断；M41遗骨头上有刀伤，腰部被斩断；M34出土五具骨架，全部是被肢解的；M33的骨架有

---

① 王战阔：《再论秦代赋役负担过重问题：以秦人家庭余粮为中心》，郑州大学硕士学位论文，2014年。

刀伤，俯身作挣扎状。①

公元前213年，秦始皇颁布臭名昭著的《焚书令》中："有敢偶语诗书者弃市。以古非今者族。吏见知不举者与同罪。令下三十日不烧，黥为城旦。"诵读《诗经》《尚书》等儒家经典，敢非议时政的，要么灭九族，要么被处以死刑。知情不报者同罪，等等。又因为一些方士、儒生非议和批评朝政制度和皇帝本人，结果秦始皇大怒，下令在京城搜查审讯，抓获460人，并在咸阳全部活埋。

在秦制一系列严法、赋役与暴政下，无数的百姓只有奋起反抗，也注定秦帝国的国祚不会长久。

再深一步追问，秦何以形成了这样的法律制度框架呢？

这就涉及秦制的巨大缺陷：最高权力没有制衡，皇权越来越膨胀，直到吞噬全社会。

制定秦法的法家，不是现代的法治家。法家也希望君主守法，却缺乏有效的制约办法。因此，君主可超然法律之上，随意变更法律，其余人等只有服从的义务，所谓"立法者，君也；守法者，臣也；法于法者，民也"。这与现代法治精神有所不同，因为在后者看来，所有人都应当遵守法律，包括统治者在内，而这法律的合法性又来自民众的同意与授权。

以今日眼光识之，古代法家的"依法治国"有其进步成分，比如确立法律应该公开、罪刑相等、不追溯既往等标准。而且至少在理论上，君主本人也应该遵守法律，其余各色人等，无论贵族还是庶民，都应无差别地接受法律约束。但是，由于缺乏对最高权力（国君）的制衡力量，使得法律最终成为统治者意志和国家利益实现的工具。法家的"依法治国"，只是以法律维持专制统治而已。

这样的政府，要它何用？推翻它，才能有活路。民众在隐忍中等待爆发，一场掀天揭地的大变革即将到来。

---

① 李竟恒：《楚人逃往秦，还是秦人逃往楚？从秦简看秦人的真实生活》，《南方周末》2020年12月20日。

帝国的崩塌：开启两千年"西西弗模式"

公元前210年，连续发生了几件怪事，如陨石坠落、星象变化。此外，多年前始皇帝亲手扔进江水中镇压风浪的玉璧，竟被一个神秘人物送还人间，并被迅速上报到朝廷。始皇帝披览相关报奏之后心神不宁，遂决定巡视天下以求攘除灾祸。

始皇帝的车队逶迤而行，周游了大半个中国。回程途中，经过河北沙丘时，始皇帝突然病重，很快去世。

国家机器的最高驾驭者突然没了，政治秩序开始出现紊乱迹象。

秦始皇死前，写给长子扶苏的遗书已封缄，尚未交给使者。秦始皇一死，近臣赵高、李斯联手发动突然政变，扣留诏书，控制随行车队，同时扶持秦始皇次子胡亥夺权。为了使阴谋顺利进行，他们暂时秘不发丧。时值夏天，秦始皇尸体腐烂变臭，赵高、李斯命令载上一车鲍鱼随行，以图蒙混，对外只说皇帝喜欢吃鲍鱼。

公子扶苏被用假诏赐死，次子胡亥继位，是为秦二世。秦始皇有30多个子女，胡亥继位后，为保住权力，伙同赵高等人陆续将秦始皇的其他子女残杀——近年来秦始皇陵附近出土了若干秦宗室墓葬，墓主死相惨烈，很可能就是他们。宗室大臣也大批受牵连，一时间秦廷中弥漫着恐怖气氛。

第二代接班很关键，因为这是权力传承规则的确立期。秦、隋都是二世而亡，即便是汉、唐、明等朝代，二代接班时也经历了血腥的武装斗争。胡亥本人倒颇奋发有为，他上任后就巡行天下，不到半年时间便走过了上万公里的路程，不可谓不高效，不可谓不辛苦。而历史也给了他一个机会：他即位之初，天下人十分期待、观望，当时并没打算造反。但胡亥的治理思路不是缓和社会矛盾，而是加强领导。他"用法益深刻"，对始皇的苛政变本加厉。

秦二世元年（公元前209年）九月，即秦始皇去世后一年多，在南方去往渔阳（今北京密云）的路上，九百名农民被绵绵秋雨和满地烂泥困住了，误了报到期限，按律当斩①。这群人已经被逼到了生死线，反正是死，于是他们的队长陈胜、吴广二人决定造反。

此时社会，早已"天下共苦秦久矣"。陈胜、吴广揭竿而起，天下群起响应，纷纷造反，向秦朝设在各地的政府机关进攻。

陈胜、吴广建立了张楚政权，陈胜自封为王，吴广为副，一度声势颇盛。秦廷则立即赦免骊山刑徒，组建临时军队，并从边疆调集大军，以资镇压。仅仅过了半年多，陈胜、吴广军就被秦军击破。陈胜被他的车夫杀死，首级送给秦军。

反秦的各路军马中，战斗力最强的是项羽的军队。项羽是楚国名将后裔，在吴地（今苏州）集结楚地武士八千人起兵，一路北上进攻，队伍也随之而壮大。在巨鹿与秦军形成战略决战之势。

项羽率全军渡河，然后凿沉船只，破毁灶具、焚烧房舍，令士卒每人只带三日粮，示以决死无归还之心。到巨鹿，反围秦军，绝其粮道，九战而大破之，秦将王离被虏，其部下诸将或战死，或自杀，秦军主力自此被摧毁。项羽也成为各路起义军的统帅，诸侯军将领皆甘愿隶属于他的麾下。

巨鹿之战后，项羽又大破秦将章邯的军队，章邯遂投降。秦军主力由此被消灭殆尽。秦二世三年（公元前211年）七月，章邯与项羽相会于洹水南殷虚（即今河南安阳殷墟），立盟定约。章邯对项羽说起赵高往事，为之泪下。

在此期间，沛县人刘邦也在快速向咸阳进军。

刘邦，字季，泗川郡沛县（今属江苏徐州）人，是兄弟四个中的老三。他只比秦始皇小三岁，不过秦始皇从来不知道他卑微的存在。秦始皇挥师统一六国时期，刘邦在家乡当农民；秦帝国成立之后，刘邦当了沛县泗水亭长，秦时十亭为一乡，刘邦的级别仅相当于今天的"片长"，比乡长低一级。刘邦是个底层官油子，他酗酒好色、疏财乐施，县署的属吏常跟他嘻嘻哈哈。

---

① "失期当斩"是《史记》的记录，但很可能是反军的宣传，现在出土的秦简写明，因天气延误在秦朝不受责罚，类似现在的"不可抗力"规定。即陈胜吴广起义的导火索未必如《史记》所记，但秦政对百姓的压榨是的确存在的。

陈胜起兵后，已经47岁的刘邦率领一帮刑徒、社会混子，与县吏萧何、曹参一道造反。造反有风险，谁都不愿意当头领，刘邦在半推半就中被父老乡亲推举为"沛公"，陆续聚集到两三千人。此后七个月内，他们转战于今独山湖以西苏、鲁两省相接之境，先后取沛、丰、砀（皆江苏省今县）做根据地。在留县，刘邦遇到了张良。张良原是韩国的贵公子，其先人五世辅佐韩王，亡国后散家财谋报国仇。秦始皇曾在博浪沙遇刺，就是张良策划，不过这次行刺并未成功。张良此时有百来号人，遇到刘邦，情投意合，便以众相从。刘邦往见项梁，项梁给他补充五千人。他攻下丰县，从此归附项梁。

项羽在巨鹿力战时，刘邦避开正面战场，从洛阳南下向西，一路用张良计策，躲避劲敌，打游击，迂回向秦的首都咸阳前进，同时收拢各路人马发展自己的实力。

刘邦军逐渐逼近关中，向秦的首都咸阳挺进，形成压迫之势。

权臣赵高弑秦二世，扶立胡亥的侄子（扶苏之子）子婴即位，使人来约降，刘邦等认为有诈，继续前进。九月攻陷峣关。当月与秦军再战于蓝田南，秦军又大败。子婴于是自动贬去帝号，称秦王，继而袭杀赵高。刘邦兵压咸阳。大势已去，子婴只好以绳系着脖子，乘着素车白马，捧着玉玺，在霸上的帜道旁迎候刘邦，正式投降。强大的秦帝国，就在这素车白马的画面中，灭亡了。

此后不久，项羽带大军入咸阳，屠城，杀子婴，烧毁阿房宫，号令天下。

项羽的基本思路为恢复封建，分封对象一是六国后代，二是革命功臣。最后封立了十八个王国，其中项羽为西楚霸王，占旧楚魏地九郡，定都于彭城（今江苏徐州）。刘邦为汉王，管辖南郑、汉中、巴蜀一带。另外分封秦朝投降的将军章邯为雍王、董翳为翟王、司马欣为塞王，号称"三秦"，以牵制刘邦。其他十几路人马，各有归属。

项羽主导局势，楚怀王被尊为义帝，却只得到湘江上游弹丸之地，都于郴（今湖南郴州），跟没落的周天子并无差别。他后来在就国途中，被项羽派人刺杀。

项羽出身楚国贵族，对国家治理的天然印象仍是楚国遗留的封建制度，但他又不尊奉天子，肆意妄为，如此怎能保持天下长久和平稳定？可见他对于国家治理模式并无深入的思考。

汉元年（公元前206）四月，在咸阳新受封的诸王分别就国。张良辞别刘邦，往佐韩王。临别，劝刘邦烧掉所过栈道，表示无北还之心，以韬光养晦，刘依计而行。此时，表面上天下初定，但实际上所封的诸王心里都不满足，各怀怨念，暗流汹涌。

不久，齐赵地尽反，天下复归于战乱，刘邦也伺机而动，从陈仓出兵北上，开始争夺天下。最终刘邦部战胜项羽统领的楚军，建立了汉朝。

此时的欧洲，希腊文明时代已经进入晚期，而罗马正在崛起。希腊神话中，西西弗斯触犯了众神，诸神为了惩罚他，便要求他把一块巨石推上山顶，而由于那巨石太重了，快到山顶就又滚下山去，前功尽弃，于是他就不断重复，永无休止。中国历史演化至此，进入了往复循环的困境，上演了两千年西西弗斯式的重复。

第八章

汉朝：打开国际通道的东方王朝

公元前200年冬，山西大同白登山，朔风暴雪中，厮杀呼啸之声阵阵传来，如大海潮音。此时，汉高祖刘邦及其先锋部队，被40万匈奴骑兵包围。30万汉军步兵主力，还在数百里之外逶迤前行，7天之前，就已经与统帅部失去联系。

此前，在楚汉相争之时，北方草原上的冒顿单于逐渐崛起。冒顿本是匈奴部落首领头曼之子，个性凶狠强悍，后率领亲兵发动政变，以箭阵射杀父亲头曼，自立为匈奴单于，此后率领骑兵东征西战，统一了千年来部落林立的北方草原。东胡的乌桓等部落，以及西域数十个小国家，此后皆向总人口不过200万的匈奴俯首称臣。匈奴强大后，便南下压迫中原。刚当了两年皇帝的汉高祖刘邦，在白登山已经变成了匈奴大军的瓮中之鳖。

汉朝的历史，就在这种重大的国运竞争中开场了。

前传：楚汉争霸的经过

项羽所封的诸王，心态错综复杂。造反的潮流暗中涌动。不久，北方的齐赵地尽反。刘邦乘齐变，用"明修栈道，暗度陈仓"的计策出川，于汉元年（公元前206年）八月突入关中，楚汉争霸自此开始。

项羽权衡各方敌人的轻重，决定首先击齐，很快取得胜利。刘邦则趁机联合诸侯出兵，从背后直攻入项羽的都城彭城（今江苏徐州）。项羽以精兵三万人长途奔袭还战，汉军大败。再战于灵璧之东，汉军又溃，睢水几乎都被死尸填塞了。楚军围困刘邦，碰巧有飓风从西北方向而起，飞沙走石，阴霾蔽天，白昼昏黑。楚军因飓风散乱，刘邦带了几十人狼狈逃跑。

此后战争的发展，可分为三个阶段。

第一阶段为汉正面大败，而侧面猛进。在正面，汉失荥阳、成皋（都在今河南省成皋县境）。刘邦再一次狼狈逃走，又捡了一条命。在侧面，汉将军韩信攻取赵地。其间，项羽中了汉的反间计，对首席谋臣范增起了疑心，范增愤而告退，回乡路途中病死。

第二阶段为相持阶段。韩信南下攻取齐地，楚军救援，两军在潍水（今山东诸城境内）会战，楚军大败，韩信遂定齐地——汉军此战得胜，颇受益于战略家李左车的方略。至今犹有李左车祠，他在民间很受爱戴，被老百姓敬为雹神，据说分管降冰雹相关业务。

潍水之战后，楚汉对峙于广武。项羽以前方粮绌而后方又受韩信的威胁，想和汉决一死战，而汉按兵不出，只得与汉约和。楚汉约定中分天下，以鸿沟为界，其东属楚，其西属汉；楚放还先前所掳汉王之父及妻。约成，项羽便罢兵东归。

第三阶段为汉灭楚。初时刘邦也打算罢兵西归，张良等力劝他乘势灭楚。汉五年（公元前202年）十月，汉追击项羽军于固陵（今河南淮阳县西北），大胜。十二月，项羽行军至垓下（今安徽灵璧县东南），兵力损耗殆尽，被汉军包围。

当夜，项羽在帐中听到四面楚歌，吃惊道："难道汉军已经攻破楚地了吗？为什么楚人这么多？"感慨往事，乃唱道："力拔山兮气盖世，时不利兮骓不逝。骓不逝兮可奈何，虞兮虞兮奈若何！"慷慨悲歌，美人虞姬和之。左右闻之，无不落泪。

夜色浓时，项羽率八百余骑突围。次日，被数千汉军追及。经历了渡河、战斗后，仅剩二十八骑。项羽认为败局是因天时不利、天命不在我，愿坦然面对这个悲剧。他勒马说："我年少从军，至今七十余战，百战百胜，从未失败，今天被困，是天要亡我，非战之祸。若不信，我为你们亲自表演快战，杀汉将、夺军旗，领你们突围，三战三胜，然后在山的东侧会合。让你们知道，只要我战斗就一定能胜，只是天要亡我！"言毕，令大家分路突围，自己纵马冲锋。

项羽催马奔腾，汉军望风披靡败退，项羽斩一汉将。汉赤泉侯纵马追项羽，项羽怒目大喝，赤泉侯人马俱惊败退。汉军追及合围，项羽再度冲刺，杀一名汉都尉，又连杀数十人突围。众人成功突围，到既定会合点聚拢时，清点人数，仅损失两骑。项羽问："如何？"众人拜服："果然如大王言。"

二十六骑奔驰到了长江西岸的乌江（今安徽和县东北乌江浦）。长江在此处拐了个大弯，呈南北走向，故东南方向古称"江东"。乌江浦渡口单摆着一只小船。乌江亭长请项羽立即下渡，说："江东虽小，也有几千里地，几十万人；现在只有这一只船，汉兵即使追来，也无法飞渡。"面对最后的逃生，以及可能东山再起的机会，项羽却放弃了，从容道："我当初领八千江东子弟渡江出征，如今无一人归还，我太惭愧了，就算江东父老继续奉我为王，我也无颜以对啊！"

世代为贵族的项羽，灵魂中还保留着一种春秋时遗留下来的贵族精神。面对生死抉择，项羽想的不是自己这个小我的生死，而是一个贵族应有的责任、担当、风度，不苟且偷生、慨然面对死亡，这种勇武的风范是贵族的自我修养，不是常人所能为，当然，更不是刘邦会选择的。

项羽把所乘的乌骓马赏给亭长，令他先走。自己与剩余人马步行，持短兵接战。他接连杀了几百人，身受十几处伤。混战之中，项羽一眼看见了故人吕马童，现任职汉骑司马。项羽高喊："听说汉重金买我人头，今天我就送你这个人情！"遂趋近吕马童，然后自刎。

胜利后，各路诸侯向汉王刘邦上了一封献进书，劝他当皇帝。刘邦经过一番逊让之后，在汜水之南即皇帝位。初定都洛阳，后迁都于咸阳以东，称为"长安"，取长治久安之意。

中国第一个庶民王朝

汉朝是中国历史上第一个由庶民建立的王朝，领导集团的刘邦、萧何、曹参、陈平、韩信、英布、彭越等核心人物，都曾是社会底层的边缘人群，这与六国贵族迥然不同。

一定程度上，秦朝代表的是有传统政治经验与政治习惯的古国，战国时代的人承认，秦国的政治在七国中最为优越。而汉室出身底层，汉高祖本人几乎是个地痞流氓，下属也多为无政治经验的小吏出身。

如果说项羽代表的是恢复封建制路线，刘邦则继承秦所开创的帝国制度。不过汉朝在初期，还是一个帝国体制和封建体制的混合体。秦朝本来有39个郡，刘邦留下15个作为汉直辖，剩余24个分封给韩信、彭越等人，各自成一国。刘邦称皇帝，其余国君称王，受皇帝羁縻。这个体系有点像英国古代的七国时代（中国历史上南北朝之际），如果能够长期持续，说不定中国历史会有另外的演化路径。

后来刘邦用武力把分封的异姓诸侯王一一翦除，中央集权的帝国体制逐渐固定，权力结构上与秦无异。

刘邦登基时已经50多岁，他人生的最后7年，性格日益猜忌，主要的心思也在于怎样巩固皇位和皇帝制度。

据《史记》载，在汉初，高祖刘邦将秦朝的礼制一概简化，本意是简政养民，后来发现这不利于维持等级秩序，在庆功酒宴上，群臣饮酒争功、拔剑击柱。刘邦由此意识到礼节森严的重要性。

先后侍奉过秦二世、楚怀王和项羽的儒生叔孙通得知，便自荐为汉王制定朝仪，采用古礼并参照秦的仪法而制礼。经过几个月的努力，在公元前200年，值长乐宫新建成，诸侯群臣朝贺之际，开始实行朝贺大礼。秩序井然，汉高祖大悦，开始以礼入政、入法，确立皇帝至高无上的地位和尊卑上下等级关系，强化皇帝的权威。

同时，还大量杜撰各种离奇的神话故事粉饰。司马迁所著的《史记》中，刘邦的父母都没有名字，只称之为"刘太公、刘媪"，即刘老爹、刘大妈，而刘邦真实的父亲却被描述为天上神龙，即刘媪在大泽中遇神龙而生刘邦。后来的斩蛇起义等故事，也都是这一套路。司马迁本人作为历史学家，未必真的相信刘邦是神龙所生，但他仍然笔之于书，其实反映的是汉朝廷的官方宣传。

直至西汉末年，经过西汉二百年的训练，一般人民对于皇帝的态度真与敬鬼神的心理相同，皇帝崇拜已经根深蒂固。

社会结构方面，上古以来的多权力中心社会变成了单一权力中心社会。封建社会中的贵族都是小股东，所以国君不得不尊重、以礼相待，皇帝制度巩固之后，股东只有皇帝一人，其他权力全都消灭。

以君权天授学说为理论基础，用严格的名位等级、礼乐制度和皇位继承等各种规定和措施，集中突出皇帝个人的权威地位，保证皇帝高踞于国家机器之上，拥有至高无上的权力，皇帝制度在西汉得到了固化。

汉初的经济繁荣

刘邦死后，经历了汉惠帝（母亲吕后实际掌权）、文帝、景帝而到汉武帝。

文帝、景帝奉行无为而治、休养生息的黄老学派哲学，对社会放任自由，经济一度繁荣，史称"文景之治"。

在中国历史上，只要有安定的秩序和自由宽松、不过多干预的环境，经济一般都能获得较好的增长。

中国历史上几次经济大繁荣，原因基本都可归结为：放松管制，经商自由。汉文帝时期、隋文帝时期、宋代皆然。隋朝尤其一反重农抑商的传统，鼓励工商业，创造出了空前绝后的繁荣。秦皇汉武等摧残工商，想以举国之力建立万世功业，身后却是民生残破、民众号哭。只是历史记录了舞台中央的修长城、破匈奴，对普通百姓的血泪却着墨不多。

文景年间，经济政策自由，轻徭薄赋，旧日关口和桥梁的通过税多数被废除，商旅往来十分便利。农业方面，随着牛耕逐渐推广，生产效率大幅提升。汉朝建立六七十年后，经济便繁荣起来。

这时期工商界的盛况，司马迁在《史记·货殖列传》里有很好的描写，据他估计，当时的大都市里，有三十几种企业，规模巨大，企业家每年的收入比得上食邑千户的封君（每户年收二百钱）。据贾谊描述，"白谷之表，薄纨之里"的丝织黼绣，古时天子用来做衣服，到了文景年间，大户人家竟用来当墙纸、做窗帘——"今富人大贾，嘉会召客者，以被墙"。

汉朝建国之初，是战乱后的烂摊子，天下马匹奇缺，官员大部分都坐牛车。经过几十年的积蓄，国家富厚，牛马遍野。这是后来卫青、霍去病建立骑兵部队的基础。到了景帝之后的汉武帝初年，国力已经非常雄厚，而正巧汉武帝是一个奋发有为的君主，于是，武帝年间成为影响中国历史走向的枢纽时段。

破匈奴，通西域，拓疆土

如同商周时期的鬼方、春秋时期的戎狄一样，到了汉代，匈奴成了华夏最大的威胁。匈奴人没有文字，他们的起源无法准确稽考。到战国末期，匈奴已经成为中原的祸患。

秦始皇时，出兵北击匈奴，匈奴远遁。秦汉之际，乘着中国内乱，匈奴又来骚扰。冒顿单于统一北方后，对中原压力更大。当时，南越等地也趁中原内乱独立，但不构成严重威胁。汉代国防的重点在于匈奴。

刘邦曾亲率大军北击匈奴，却在平城白登山被冒顿单于围困。七昼七夜后，汉军妥协求和，冒顿考虑到得了汉地也无用，又顾虑到汉的援军，遂允许刘邦撤出。匈奴军队让开一条通道，汉军持弓拉满指向匈奴人墙，仓皇撤退出围。

谋士娄敬献计：把嫡长公主嫁给单于，并每年奉送财宝、特产，谋求两国修好。刘邦愿意贿买平安，只是舍不得公主，于是用同宗一个女儿去替代。从高祖初年到武帝初年间共修了七次"和亲"，而遣"公主"的只有三次，其他以别的女子假冒。和亲并不能使单于满足，每次和亲大抵只维持几年的和平，便又纵兵来洗劫。

刘邦死后，冒顿单于遣使送来国书，言辞之间竟然调戏吕太后。汉朝廷内多次讨论，终觉得底气不足，只好忍辱作罢，也曾出兵防卫，但往往大军还没到，匈奴骑兵早已远遁，根本无法构成决战。

汉武帝亲政后，匈奴大肆入边侵略，武帝便派重兵去屯驻北部边境；又设定计策，派人诈降引诱单于带兵入塞，同时在马邑伏兵三十万骑，要把单于军队一举歼灭。这个计谋被单于察觉，没有成功，但一场大对抗从此开始。

匈奴人在马背上往来如风，占据很大的机动性优势，因此，其总人口虽然只有一两百万，战斗力却不亚于人口数千万的汉朝。

在对匈奴作战中，汉朝边打边学，边学边改，骑、车、步各兵种不断调整，重新组编。从汉武帝时代起，骑兵发展迅速，公元前119年春漠北之战时，仅卫青、霍去病两军的战马数量就达到了14万匹。最终汉军骑兵完成了向战略军种的转变，成为军中的第一主力兵种，从而使汉军能够以机动对付敌之机动，既可远程奔袭，也能迂回、包抄、分割、围歼，赢得了战场上的主动地位。

而且汉军特别注重将骑、车、步兵联合作战。汉武帝时卫青出塞作战，就曾以武刚车（有皮革防护的战车）环绕为营，以作防御，同时纵精骑5000出击匈奴。在实战经验不断积累的基础上，汉军形成了一套以骑兵野战、步兵攻坚、车兵防御的克敌制胜战法，协同作战方式渐渐炉火纯青。此外，汉军组织管理严密，长短兵器装备十分精良，这些都远非游牧民族可比。

武帝征匈奴，涌现出许多传奇故事。

李广是充满传奇色彩的一代名将，被匈奴人称为"飞将军"。李广的先祖李信是秦朝名将，曾率军击败燕太子丹，李广家族世代传习射箭。李广少年从军，有军功。景帝年间，与匈奴对阵，李广转战多地，都以力战闻名。

一次，一队30人左右的汉军在草原上遇到3个步行的匈奴人，发生冲突。匈奴人开弓射箭，竟连伤数十名汉军。逃生者向李广报告，李广断言这一定是匈奴射雕手，即带骑兵追赶。射雕手没有马，几十里之后被汉军追及。李广一马当先，射死其中两人，活捉一人——果然是匈奴射雕手。

李广的军队曾不幸被匈奴左贤王的4万大军包围，匈奴军队箭如雨下，汉军死伤过半，箭也即将射尽。李广命令汉军围成圆圈向外，持弓引而不发，又令儿子李敢率轻骑兵冲击匈奴阵线，自己拿"大黄弩"射死数名匈奴副将，匈奴军惊扰。天色将晚，匈奴军散去，汉军吓得面无血色，而李广镇定自若，整军收兵。

有一次李广出猎，见草丛中一块大石头，以为是虎，竟一箭射进石头。后来听说驻地有虎，便亲自去猎杀，与老虎搏杀中为虎所伤，但最终李广亲手把虎射死。不过李广带兵只凭着天赋、个人能力和个人经验，缺乏章法，军纪散漫，组织很不严密。所以李广个人虽然赫赫有名，但一生无大功。

霍去病则是更加传奇的一代战神，他一生四次领兵正式出击匈奴，都以大胜回师，战功于整个中国军事史来说，都是彪炳千秋的传奇。

《史记》对李广的描述像一部美国西部片，男主角是一位孤胆英雄，而对霍去病的描述却像是一本枯燥的会计账簿，只是罗列数字，没有精彩的文笔。但霍去病彪悍的人生不需要解释，仅仅是一组组数字，足以令人震撼。

霍去病17岁时首次跟随舅舅大将军卫青出击匈奴（这两人因功勋卓著，被后世并称为"帝国双璧"）。霍去病率领八百轻勇骑奔袭数百里，斩获敌人2028人，其中包括匈奴单于的叔叔等匈奴高层人物，因功受封"冠军侯"。25岁那年，于春、夏两次率兵出击大破河西（今河西走廊及湟水流域）地区匈奴浑邪王、休屠王部，歼敌4万余人，俘虏匈奴王5人及王母、王子、相国、将军等120多人，同年秋，奉命迎接率众降汉的匈奴浑邪王，在部分降众变乱的紧急关头，率部驰入匈奴军中，斩杀变乱者，稳定了局势，浑邪王得以率4万余众归汉。

元狩四年（公元前19年），霍去病27岁，他率骑兵5万及大队步兵深入漠北，寻歼匈奴主力。霍去病率军北进两千多里，越过离侯山，渡过弓闾河，与匈奴左贤王部接战，歼敌70400人，俘虏匈奴屯头王、韩王等3人及将军、相国、当户、都尉等83人，乘胜追杀至狼居胥山，并举行了祭天封礼，在姑衍山（今肯特山以北）举行了祭地禅礼，兵锋一直逼至瀚海。经此一战，匈奴在漠南的势力被荡涤殆尽，单于逃到漠北，即"匈奴远遁，而漠南无王庭"。此战为汉朝进击匈奴最远的一次，"封狼居胥"成为流传千古的强国符号。

霍去病少年英雄，深受汉武帝喜爱。汉武帝曾为霍去病修建一座豪华府第，霍去病却拒绝了，说："匈奴未灭，何以家为？"然而天妒英才，霍去病年仅29岁（虚岁）便因病去世了[①]。

汉武帝非常悲伤。他调来铁甲军，列成阵沿长安一直排到茂陵东的霍去病墓。他还下令将霍去病的坟墓修成祁连山的模样，追思他力克匈奴的奇功。

霍去病墓在今陕西兴平，墓前有"马踏匈奴"等多件石雕。

遗憾的是，霍去病虽如此传奇，如此显赫，史书对他的记载却不详细。一千多年之后，明朝名将戚继光镇守北方，很想学习霍去病的战争智慧，却发现历史记载十分稀少，只写道汉武帝欲教授霍去病孙吴兵法，霍去病却说，古人之法不必学，看我现在的方略怎么样？

经历过多年大战，汉军大伤匈奴元气。

---

① 《史记》等书籍只记录了霍去病去世之年，没载明他出生之年，对他生平的介绍也语焉不详（描述年龄的话，有几种断句方式都说得通），因此霍去病的年龄难以准确断定，一说他23岁去世。本书采纳钱穆观点，认为他29岁去世。

人口方面，汉初匈奴有控弦之士30万（估算其总人口200万左右），汉兵共9次出塞征伐匈奴，前后斩虏总计在15万人以上，浑邪王败于霍去病之后，怕被单于斩杀而带领4万多军士投降汉朝。如此算来，匈奴壮年折损大半。

在土地方面，匈奴也损失惨重。霍去病大破匈奴后，匈奴有一首歌谣，哭诉道：

> 失我焉耆（燕支）山，使我妇女无颜色！
> 失我祁连山，使我六畜不蕃息！

秦末沦陷于匈奴的河套一带，被将军卫青光复。武帝用《诗经》中赞美周宣王征伐狁的典故"出车彭彭，旗旐央央。天子命我，城彼朔方"，把收复的河套地置为"朔方郡"。

在元狩四年的大战中，匈奴远遁到瀚海以北，汉把自朔方渡河以西至武威一带地（今宁夏南部，介于绥远和甘肃间地）也占领了，并且在这里开渠屯田，驻吏卒五六万人，逐渐向北蚕食。

大破匈奴之后，汉武帝把眼光投向了西南、西北等更远的地方。

在秦汉时的世界观中，西域是世界的终点，遥远得成为神话。战国时的著作，往往描述西边昆仑山是日月的居所，并有仙人居住往来。

武帝从匈奴将卒口中听说西域有一个月氏国，同样与匈奴为敌，便募人去和它通使，以求左右夹击。汉中人张骞应募。当时从长安去西域，要经过千里匈奴控制带，显然十分冒险。张骞带领一百多人出发，在匈奴被扣押，十年后才趁机逃跑，最终成功到达西域。月氏国果然找到了，但他们已被匈奴逼得西迁到今乌兹别克斯坦一带。新的土地富饶平安，月氏国的父老已经不想再回去报仇了。

西域当时有36个国家，张骞详细考察了各国国情，然后返回长安复命。东归之路又是九死一生。出发时139个人，只剩下了两个活着。13年过去了，几乎被人遗忘的张骞，从西域回来了，朝野轰动。他带来了另外一个世界的宝贵信息，因功受封"博望侯"。

元狩四年，匈奴兵败后，武帝命张骞第二次出使西域。此次目的地是乌孙国，为的是"断匈奴右臂"，并结交西域诸国为外藩。

第二次出使场面十分盛大。受张骞统率的副使和将士共有三百多人，每人两匹马，队伍还带着上万匹牛羊，以及价值巨万的金币。

张骞至乌孙，未达到目的，于元鼎二年（公元前115年）返回，过了年余便去世。但乌孙也派了一行数十人跟他前往汉朝报谢。这是西域人第一次来到汉朝，瞻仰到京都的宏大（跟汉朝相比，这些国家都很小，如楼兰总人口仅1万多人）。

张骞死后不久，他派往别国的副使也陆续领着报聘的夷人回来。汉朝和西域各国之间的联系由此加强，官方使者往来频繁，民间商业贸易也得到发展，西域各国接受汉帝国的封赠，佩戴汉家印绶的王侯和官员多达376人。更远的国家，如安息（今伊朗）、乌戈（今阿富汗境内）也有使者前来。

武帝继续派往西域的使者络绎不绝，都携带着丰盛的礼品。此后，长安的时髦青年纷纷请求出使西域或应募前往西域。西域的土产如葡萄、苜蓿、石榴等植物，音乐如摩诃、兜勒等曲调，也成了长安的时尚。

公元前108年至公元前102年间对西域两次用兵以后，汉在西域的影响力更加确立。楼兰、姑师、大宛都被征服。大宛以东的小国纷纷遣派子弟随凯旋军入汉朝贡，并留下作为人质。

汉武帝的事业可以大致分两个阶段，第一阶段为专心击破匈奴的时期，第二阶段则为征服南越、西南夷、朝鲜时期，国威远播至当时已知的全天下。

在西南方面，汉派使者前往晓谕，令其归顺，设置长官管理。

西南方面群山密集，民族众多，在秦汉之前，有些被楚国征服，有些则从来没听说过中原。滇国国王、夜郎国国王都问汉的使者："汉大还是我大？"传到长安，成了笑谈。然而他们贪图汉赠赐丝帛礼品，又觉得道路不通汉朝廷不能实际控制，便答应汉设置行政机构，表面归附。汉朝廷于是大举动员巴蜀劳工修路，又从水旱两路出军，对军事挑衅者予以摧毁，西南夷数百小国方才知道大汉天威。经过多年镇抚、征战，汉朝的控制力到达今日云贵川一带。

在东北方向，汉军到达朝鲜半岛，并在那里设置郡县。

最终，在汉武帝领导下，帝国疆土扩张了一倍有余。他先后辟置了二十五个新郡；此外征服而未列郡的土地，还有一大片。总体来看，经过自秦始皇到汉武帝百余年的时间，中国的疆域大幅扩展了。

独尊儒术：意识形态的确立与巩固皇权的尝试

刘邦建立汉朝之后，实行无为而治、休养生息的执政理念，在中国思想史中被称为"黄老之术"。无为而治的理念一直持续了七八十年，到文帝、景帝年间，经济社会迎来普遍繁荣，史称"文景之治"，此时人民安康，牛马遍野；国家财政富裕，太仓囤粮满溢，钱库的铜钱堆积如山，连串钱的绳子都因长期积压而朽坏。

汉景帝去世后，刘彻即位，是为汉武帝。"彻"字是开辟之意，刘彻一生所为跟他的名字倒颇为相符。

武帝年幼时，窦太后实际掌权，对内对外温和维持。窦太后去世，黄老之术伴着她埋入地下，积极有为的执政理念则跟着青年皇帝隆重登台，汉朝的执政理念，中国历史的关键方向，由此开始转折。

武帝亲政后，除了败匈奴，征服朝鲜和西南夷等，大幅扩张了国土面积外，他对中国历史做出最为深远影响的行为是发展完善了帝国制度。帝国制度开启于商鞅，经手于秦始皇，最终完成于汉武帝。

帝国制度之巩固，在意识形态方面主要是采纳儒家思想，在行政方面主要是开创出足以支撑庞大国家机器的财政系统。

先说意识形态。

自孔子以来，历代儒者一直积极谋求跟政权合作，但一直很受冷落。到了汉武帝时，大儒董仲舒终于迎来了机会。

二人联手合作之后两千年，"罢黜百家，独尊儒术"的政策在学术思想领域占据了绝对的统治地位，以至于后世普通中国人只知有儒家，不知有诸子，儒家文化几乎等同于中国文化。

董仲舒能够获得如此成功，主要是他写的"天人三策"系列论文。这些论文用庞大的理论，论证了汉朝取得政权实施统治的合法性。董仲舒以儒家学说为基础，吸收糅合了战国以来许多其他流派的思想，如已经流行的阴阳五行学说，构建了一个从宇宙模型到人事兴衰的庞大体系，成为集大成者。董仲舒用五行相生相克的理论来论证朝代更替，得出的结论是，汉朝推翻秦朝是继承了"天命"，秦是水，汉是土，汉灭秦，乃是五行相生相克的直接体现。

五行学说看上去逻辑完整、解释力强大、很有说服力。在论述了汉朝取得政权的合法性之后，董仲舒还为天下一统量身订制了思想和意识形态基础。

儒家本来是复古思想的渊薮，封建制度和周礼体系是他们的理论根基，"公天下"思想是他们最珍爱的古老记忆。董仲舒顺应时代新潮进行理论修改：拥护中央集权大一统制度，拥护一家一姓的私有朝廷权力体系，并为之作神学上的美化。显然，他是一个"修正主义"的儒家。

在"天人三策"的策尾，董仲舒总结道："臣愚以为诸不在六艺之科，孔子之术者，皆绝其道，勿使并进。邪辟之说灭息，然后统纪可一而法度可明，民知所从矣。"这就是"罢黜百家，独尊儒术"的理论阐述。

在董仲舒之前，学术界仍然十分活跃，虽然秦曾烧书，但这些学问的流传并没有断绝。《汉书·武帝纪》记载："丞相绾奏：'所举贤良，或治申、商、韩非、苏秦、张仪之言，乱国政，请皆罢。'"据卫绾所奏可以看出，当时苏张纵横之术仍属热门学问。各地举荐的贤良，也分属于不同的学术流派。

儒家本是法家的死对头，罢黜百家之后，中国历代王朝不管是制度上，还是思想上，都废弃偏离了法派的法治思想内核，而走上了儒家这一条以仁义道德为核心旗帜的道路。

统治集团与被统治集团的矛盾关系，是儒家学说所希望协调的核心内容。对被统治集团（不掌握政治权力的人，包括农民，也包括许多地主、商人），董仲舒修正后的新儒学以"天命"理论论述政权合法性，进行人心控制，削弱他们反抗的意愿；对统治集团，儒家学说进行道德规劝，劝他们以低税负、提供公共福利等方式实施"仁政"。儒家通过总结历史，设想出一个包含"十一而税"等内容的统治集团和被统治集团的均衡关系，并在理论上加以描绘，希图实现社会的长治久安。

对被统治集团，儒家学说是有效的：在国家政治层面，某种程度上确有减少造反的功能。在社会伦理层面，则能提升知识分子的个人修养，同时也有利于促进整体人际和谐的功能。

但是儒家对统治集团的道德规劝却收效甚微。追求自身利益最大化的帝国官僚集团，不懈地追求和扩张利益，越来越偏离儒家所设想的"王道"，统治集团和被统治集团的关系逐渐走向失衡。平衡被彻底打破之后，便开始了王朝的循环。

就以汉武帝来说，他虽然采用了儒家学说体系，自己却不是一个儒家的信徒。他所任命的得力助手，例如公孙弘、桑弘羊等人，都不是儒生。他的战略思路也不受儒家影响。儒家说，"远人不服，则修文德以来之"，他却深知外患只能以武力对待（他对匈奴的政策，董仲舒曾予以婉谏，而汉武帝不采）。

汉朝政权对于儒家学说，主要是利用，并非真心信奉。汉武帝的曾孙汉宣帝对此也曾有直白的说明。

汉武帝去世后，汉昭帝刘弗陵继位，但7年后便以弱冠之年去世，其后是汉武帝曾孙刘询继位，就是颇有才略的汉宣帝。《汉书·元帝本纪》记载，"柔仁好儒"的汉元帝还在当太子时，曾向父亲汉宣帝提建议，说："陛下持刑太深，宜用儒生。"汉宣帝怒道："汉家自有制度，本以霸王道杂之，奈何纯任德教、用周政乎？"然后批评儒家说："且俗儒不达时宜，好是古非今，使人眩于名实，不知所守，何足委任！"遂叹曰："乱我家者，太子也！"——西汉去古未远，汉宣帝对各个学术流派的性质，心里还是清楚的。

清朝末年的谭嗣同评论秦制度与儒家学说的结合道："二千年来之政，秦政也，皆大盗也；二千年来之学，荀学也，皆乡愿也。惟大盗利用乡愿，惟乡愿工媚大盗。"

秦制旧病复发：周期性衰亡的阴影

汉武帝的赫赫武功并非没有代价，代价很沉重——榨干了全国人民。

汉朝初年实行黄老之术，社会近乎自由放任，所以才能做到轻徭薄赋，汉文帝甚至一连13年免除了全国的农业税，这在后世看来，几乎是个无法企及的镀金时代。

汉武帝启动对匈奴的战争后，首要的问题就是要大量烧钱。实际上文景时期富厚的财政积蓄，只需要几场战争就可以全部烧光。

《史记·平准书》记载，公元前124年，车骑将军卫青率领公孙贺、苏建和李沮等兵分四路进攻匈奴右贤王部，出塞六七百里，斩获15000人。次年，卫青又率领公孙敖、公孙贺、李广等从定襄出发，北进数百里，歼敌19000人。这两场战役中，汉军共损失兵马10余万，为了安抚活着的士兵，汉政府又拿出了20多万斤黄金进行赏赐。4年之后的公元前119年，卫青、霍去病率领联军直捣漠北，取得对匈奴的重大胜利，霍去病在狼居胥山祭天，两位将军斩杀的匈奴合计八九万人，然而此次战役战死的马匹多达10万匹，为了奖励战士，皇帝赏赐多达50万斤黄金。

钱从哪里来？

汉朝廷方面先后发明了多种手段，加强对社会的盘剥汲取。

手段一：卖官鬻爵。

曾经，一波官爵促销活动就给汉廷带来了30多万斤黄金的收入。

手段二：强制征税。

元狩四年（公元前119年），汉武帝颁布了被称为"算缗令"的财产税，要商家按二缗的财产上缴一算的税率交税；一千文钱串在一起称为一缗，缗是绳子的意思。而"算"是一百二十文钱。等于是6%的税率（一说约10%的税率）。

"算缗令"颁布后，有产者大多不愿主动申报，出现了"富豪皆争匿财"的景象，于是，武帝使出了最强硬的招数，两年后颁布的"告缗令"鼓励举报，有敢于告发的人，政府赏给他没收财产的一半。此令一出，中产以上的家庭几乎都被举报，社会秩序顿时大乱。据《汉书·食货志》的记述，告缗令颁布后，中产以上商贾大抵被告破产破家，朝廷"得民财物以亿计，奴婢以千万数；田，大县数百顷，小县百余顷；宅亦如之"。

手段三，也是最终极的聚敛利器：搞国营垄断商业。

在汉朝，国家开始以政权为依托，垄断商业、手工业、矿业、交通运输等重要行业，其形式包括官工、专卖、禁榷、屯田、平准、均输等，兼收利、税之益。

最朴素的征税方式实际上是派人挨家挨户征收粮食，但这个交易成本太高，是严重不划算、不可行的。

垄断商业就容易得多。汉廷发明的首要方式即垄断盐和铁的经营，这两种商品必须从政府购买，否则违法犯禁。

盐铁垄断的后果是老百姓被征收了高额税负，生活成本急剧上升，生活质量急剧下降。汉朝没有细节数据，我们可以参考唐朝的数据来说明，《新唐书·食货志四》中记载，唐玄宗天宝年间，一斗盐的价格为10钱左右，到了唐肃宗乾元元年（公元758年），开始实行盐业专卖，每斗盐涨价到110钱，到唐德宗贞元四年（公元798年），盐价已暴涨到每斗370钱。于是很多家庭甚至长期吃不起盐。

《汉书·食货志》记载："功费愈甚，天下虚耗，人复相食。"——和平年代出现了人吃人，而在战争频仍的春秋时代，都没有这种惨象。

汉武帝开辟的财源模式，是帝国这头饕餮巨兽真正的刚需，所以为以后历朝历代所继承。在多个朝代，曾经有高达一半的财政收入来自国营盐业收入[①]。

汉武帝何以有能力开展如此大规模的汲取和动员？因为祖先帮他继承了秦朝的基本盘。在商鞅变法之前的封建社会，国君没有这样的榨取能力，如此剧烈征收一定引发武力反抗，就像英国在1215年《大宪章》之前所经历的那样。商鞅变法之后，封建组织全部摧毁，国家面对散沙百姓，可以生杀予

---

① 张锦鹏、冯娟：《干涉主义成为中国古代主流经济思想和政策的原因》，载《经济史论丛》，中国经济出版社，2005年，第1—19页。

夺，更何况征税。

欧洲也有类似的历程。封建时代的欧洲，都是税负低廉、自治自足的社会，国君权力孱弱，中世纪晚期才开始出现分化。法国率先完成了由封建制度到帝国制度（绝对主义国家）的转化，很快也出现了盘剥过重导致民众不堪忍受的现象。路易十四（中国清朝中早期）有了军队、官僚体系、税收体系，顾盼自雄傲视天下，敢于宣称"朕即国家"，并日渐强化对农民的盘剥，直接导致后来法国爆发大革命。

法国大革命的基本目标就是限制政府无限膨胀的权力，不过陈胜、吴广的目标并不是这样，刘邦、汉武帝的目标当然更不是这样（相反，汉武帝的目标是强化政府权力），所以，陈胜、吴广一直到汉代帝王，都没有纠正秦制的根本缺陷。

秦统一天下之时，秦朝统治者普遍认为这将是"历史的终结"，一个整齐划一的权力秩序，将带来万事和平。然而情况不是这么简单。我们很难从一个制度治理绩效的某个"横切面"去理解和比较不同的制度形态，而必须加入时间维度。唯有在长时间跨度中，我们才能算得清一个制度运行的"总成本"与"总收益"。如果一个制度某个"历史横切面"的辉煌是以过去的与未来的惨痛代价实现的，那么其价值就要大打折扣；同样，如果某个制度暂时性遭遇危机，但它能够以一种相对温和的方式自我纠偏，那么它仍然具有强大的生命力。从这个角度看帝国制度，它的代价无疑是巨大的。

具体来分析帝国制度，正如吴稼祥先生在《公天下》一书中所言，帝国政治容易带来社会癌变，它会生长出七种其他制度所没有的毒瘤：第一，平庸之主驾驭国家机器；第二，外戚干政窃权；第三，太监，如刘瑾、魏忠贤；第四，术士和妖僧；第五，佞幸之臣，如董贤；第六，酷吏，例如汉武帝时的张汤、武则天时的来俊臣等；第七，贪官，不胜枚举，遍布社会。这七大肿瘤，寄生在皇室身上，但抽取的却是民脂民膏民血，消耗的是整个社会的能量和活力。等到王朝和社会的生命力耗竭，前来为王朝送终收尸的，不是入侵的蛮族，就是起义的农民。自汉朝以后，所有的王朝，重复的都是这些故事类型和情节。

秦政恶果很快就出现了，武帝年间，各地都出现了流民起义。当时的破产农民，成群结队地逃亡各地。据元封四年（公元前107年）统计，当时的关东流民多达二百万人。流民无法生活，只有铤而走险，各地相继发生农民起义。南阳一带，以梅免、百政为首；楚一带以段中（jiǎ zhòng，假仲）、杜少为首；齐一带以徐勃为首；燕、赵之间以坚卢、范主为首。多者数千人，少者数百人，自立名号，攻城夺邑，释放囚犯，捕杀守、令，社会秩序动荡。

汉武帝一再派中央重要官吏，衣绣衣，持节和虎符，发兵镇压农民起义，都未成功。武帝制定"沉命法"，自郡太守以下大小官吏，对辖区内的农民起义不及时发觉、镇压者，处死。可是农民起义已有燎原之势，郡守、县令无力镇压，就欺瞒不报，起义更加发展。

汉武帝担心汉家皇帝会落得与秦二世同样的下场。他曾对卫青说："汉家庶事草创，加四夷侵陵中国，朕不变更制度，后世无法；不出师征伐，天下不安；为此者不得不劳民。若后世又如朕所为，是袭亡秦之迹也。"

征和四年（公元前89年），桑弘羊建议汉武帝在轮台以东扩大屯田，加派屯田卒，增置校尉领护。汉武帝开始反思、拒绝了。他认为这"是扰劳天下，非所以优民也"，并下罪己诏，批评自己说："朕即位以来，所为狂悖，使天下愁苦，不可追悔。自今事有伤害百姓，靡费天下者，悉罢之。"又说："当今务在禁苛暴，止擅赋，力本农，修马复令，以补缺，毋乏武备而已。"

从此，汉武帝停止了对外的征伐，转向对内政的整顿，主要是实行"息民重农"政策。他任命田千秋为丞相，封富民侯。田千秋和桑弘羊不同，是一个老成持重的人，在政治上不愿有所兴革，只想平安无事。汉武帝又以赵过为搜粟都尉，推行代田法，改进耕作技术，发展生产。汉武帝的政策的改变，使社会逐步安定下来，生产有所恢复发展。

汉武帝晚年，诸事不顺。又因听信谣言导致宫廷政变，太子冤死。汉武帝临终前的心情很低落，以一道忏悔诏书为自己半个世纪的执政生涯书写了结尾。

汉武帝去世后，汉昭帝刘弗陵继位，但7年后便以弱冠之年去世，其后是汉武帝曾孙刘询继位，就是颇有才略的汉宣帝，昭帝和宣帝两朝和平无事，共历经44年，然后传至元帝。

元帝即位，皇后是王政君，而西汉朝将在王氏家族手里终结。

短命的新朝：乌托邦终成大败局

汉武帝死后，又经历了昭帝、宣帝两朝44年，然后传至元帝、哀帝，西汉至此接近尾声。

此时的西汉社会，贫富分化加剧，社会危机已经此起彼伏。《汉书·贡禹传》描述："农夫父子暴露中野，不避寒暑……已奉谷租，又出槁税；乡部私求，不可胜供……穷则起为盗贼。"当时起义的，有农民，也有铁官徒。如从成帝建始四年（公元前29年）至永始三年（公元前14年）的15年间，在今陕西、河南、山东、四川等广大地区多次发生农民或铁官徒起义。汉哀帝时的鲍宣说人民有"七亡七死"，主要原因是"县官重责更赋租税""贪吏并公，受取不已""豪强大姓蚕食亡厌""苛吏徭役，失农桑时""酷吏殴杀""治狱深刻"等。

汉元帝的皇后是王政君。因为皇后的关系，王氏家族逐渐占据核心位置，枝繁叶茂，政治势力日益强大，时人称"尚书九卿，刺史郡守，皆出其门"。

汉元帝死，成帝立，舅舅王凤四兄弟相继以"大司马"（最高军政长官）的资格辅政。王氏家族的公子们个个骄奢淫逸，唯独一个名叫王莽的，生活俭朴、学习刻苦（尤其是《礼经》），长相又英俊，待人接物十分谦虚好礼。

王莽入朝为官后，爵位愈尊，待人愈恭谨。又不贪恋钱财，散财产车马衣裘，以赠送宾客、赡养名士，以至于"家无所余"，赢得知名人物交口称赞。很快，王莽在京城社交圈中声望鹊起。

成帝绥和元年（公元前8年），王莽的叔父大司马王根因病辞职，推荐年轻的王莽继任，38岁的王莽此时位极人臣，但他一直保持着艰苦朴素的作风和严格的家风。有一次老母亲生病，公卿列侯的夫人们前来慰问，王莽的夫人穿着不拖地的粗布衣服（当时贵妇的衣服是拖地的）出来迎接，来宾还以为是个婢仆，问知是大司马夫人，无不吃惊。王莽的二儿子王获曾因故杀死一个奴婢，王莽大怒，责令王获自杀以偿命。

几年后，汉成帝死，绝后，19岁的侄子刘欣立，是为汉哀帝。

此时不少人认为时局已无法挽救，有些方士和儒生就用秦汉以来深入人心的"五德终始"的理论来附会这一政治形势，并编造出了"汉运将终，当再受命"的说法，即要改朝换代。起初，刘邦的子孙们对这一说法非常仇视，斥之为"邪说"，并把这些"妖人"关押或处死。但到哀帝时，连哀帝本人也越来越感到刘家的江山已岌岌可危，一度把希望寄托在"再受命"巫术上。

汉哀帝还是一个同性恋者，他宠爱董贤，二人常同卧同坐。曾有一次白天睡觉，董贤头偏枕了汉哀帝的衣袖，哀帝想起床却不想惊动他，于是用剑截断衣袖后才起来，由此衍生出一个成语典故"断袖之癖"。

董贤刚22岁，便被册封为大司马。不仅如此，哀帝有次宴请董贤父子及其亲属，酒酣时竟然说道："吾欲法尧禅舜，何如？"

次年六月，汉哀帝还没来得及将帝位禅让给董贤，便突然病死了。

哀帝在位这几年间，因有新的外戚（哀帝祖母、母亲家）专权，王莽称病引退，闭门韬晦了三年。在这期间，吏民上书替他说情的有一百多次。后来应举到朝廷考试的士人又在考卷里歌颂王莽的贤德。哀帝于是召他还京，陪侍太皇太后。王莽还京年余，哀帝死。哀帝又是绝后，他的母后及祖母又皆已先死，大权又重新回到太皇太后王政君之手，这时她已72岁。

哀帝死后，全朝几乎一致推举王莽复大司马职，王政君诏令许可。王莽复职后立即罢免董贤，并选立中山孝王九岁的儿子即位，是为汉平帝。

王莽命令平帝的亲属一律不许进入京城，以杜绝新的外戚之患。接着，他把傅、丁两氏外戚全部赶出京城。王莽复出执政，全社会欢欣鼓舞。公元元年，王政君封王莽为安汉公，实际总理国政。

公元2年（平帝元始二年），发生旱灾、蝗灾。王莽实施了一系列赈济政策：自己带头捐款100万钱，捐地30顷，救助穷人，230个贵族跟进；又下令民众捕蝗虫，按数量多少给钱；全国无灾地区凡是财产不满两万钱、受灾地区财产不满一万钱的贫民，免缴租税；在疾病区腾出大房子专供病人医治；一家死六人以上给葬钱五千，四人以上给三千，两人以上给两千。

儒学家族出身的王莽特别重视教育事业，他下令在长安城中投资建设五个里共二百个廉租房小区，供贫民居住，并扩大太学招生规模，太学生数量破纪录地超过一万人。他还下令各地兴建学校，让更多的孩子读书增长知识。

公元5年（平帝元始五年），汉王朝为王莽加封九锡。一场推举王莽代替刘氏当皇帝的运动兴起，禅让理念被越来越频繁地提及：为什么无能的刘氏后人永远坐江山，而王莽这样的圣人却不能当皇帝呢？人们认定，只有王莽才能让弊病丛生的国家重新振作起来。

不久平帝病死，又是绝后。王莽经占卜和看相之后，选了两岁的刘婴立为皇太子，王莽实行"居摄"，即代理皇帝。

公元8年，宣示天意要王莽做皇帝的"符命"接连而起。王莽却是一个劲儿地推辞。形势演变到了非常迫人的地步：他越推辞，臣民就越急；他越展示出无私，臣民就越狂热。全国推举他做皇帝的势头已经汇成汹涌大潮，"祥瑞"和"神迹"每天都大量出现，一会儿山东突然出现一口新井，一会儿四川忽然出现一头石牛。臣民们也每天都在议论和催促，不容王莽后退。

是年十一月，王莽奏上太皇太后，请许莽号令天下，参照周公的往事代理皇帝，待子婴长大后再把帝位还给他。

次月某日黄昏时，有个名叫哀章的人，穿着黄衣，拿了一个铜盒送到汉高祖庙。盒里装着两卷东西：一卷题为"天帝行玺金匮图"，一卷题为"赤帝行玺刘邦传子黄帝金策书"。策书的大意是说王莽应为真天子，太皇太后应从天命。守庙的人奏闻王莽。次日一早王莽便到高祖庙拜受这铜盒，即所谓"金匮"，然后谒见太皇太后，还坐殿廷，下书称听从天命，建立"新"朝，即位天子。

王莽废掉刘婴的皇太子名号，封他为定安公，赐给他一块方圆百里的地方，把汉朝的宗庙放在那里。西汉214年的历史，就此画上了句号。

王莽即位之前，虽然舆论制造出各种太平盛世的表象，但王莽心里对社会的弊病还是有所了解的。他即位后，先走完了"改正朔，易服色"等礼仪程序，很快，就打算按照儒家的仁政理想，依据《周礼》的记载，对社会进行一番大改革，以挽救时弊。

此时汉朝建立已经有200年之久，秦以前的国家治理经验早已丧失殆尽，王莽看到了帝制社会的弊病和危机，但以他的世界观和知识储备，所能提出的解决方案只能是"恢复周礼"，他以后的岁月主要在按照儒家经典中的教条来打造乌托邦。孔子活着的时候未能实现的举措，王莽都替他实行了。他兢兢业业，要打造一个儒家梦想中的乌托邦。

公元9年，王莽下诏，诏书批评社会弊端，其中最主要的是土地问题和奴婢问题。诏令指出，权势之家占田无数，而穷人无立锥之地；丧失土地的贫民沦为奴婢，在奴婢市场上竟然被同牛马关在一起，这太不人道了。

针对当时土地和奴婢的情况，王莽给出的解决方案十分大胆：恢复上古的井田制：天下土地，一律改称王田；天下奴婢，一律改称私属，都不许买卖。男口不足8人而土地超过1井（900亩）的人家，把多出的土地分给九族、邻里、乡党。无田者按一夫百亩的制度受田。有敢表示违抗者，流放。

土地制度是农业社会第一大问题。儒家的政治理想是复古，而井田制曾经被孟子推崇为最理想的土地制度，王莽真的动手落实了。自从商鞅下令废除井田制到此时已经有300多年，王莽想把已经生出来的孩子塞回娘肚子，这个历史倒车开得很大。

王莽也痛恨商人对农民的过度盘剥，于是在大城市设立行政机关，决定各种商品价格。老百姓因祭祀或丧葬需钱，可向政府借贷，不取利息；欲经营生产而缺乏本钱的，也可低利借贷。一个物价体系，一个融资体系，这是市场经济的两大核心要素，王莽都好心地一手操办了。此外，他还改革币制，一方面铸新钱，同时不忘初心、坚决复古，把人类早期曾使用过的龟甲、贝壳也作为货币。

改革效果怎样呢？

没想到，大败局来得这么快。

王田诏令其实根本无法扭转局面，结果仅仅是冻结了土地和奴婢的买卖，很快引发全社会的普遍抗议。王莽后来不得不改变这个诏令，宣布王田皆可买卖，买卖奴婢者也不治罪。这样，王莽解决当前最主要的社会矛盾的尝试，很快就失败了。人民对王莽发行的新钱币毫无信心，都私用汉朝原来的五铢钱，王莽又严加禁止，人民反抗不已。货币变革闹剧引起了经济混乱，加速了财政的崩溃和社会经济的破产。

国内矛盾越来越激化，王莽为了转移视线，主动挑起与周边各族的斗争。他故意贬低附属国的地位，加以侮辱，如把匈奴单于改名为"降奴服于"，改高句丽为"下句丽"。其后，又连续发动对东北、西南各族和匈奴的战争。先是派10余万人镇压西南的钩町族，其中有十分之六七死于饥饿病困之中；又从各地征发30万人进攻匈奴。沉重的徭役、兵役负担，给人民带来了极大的痛苦与灾难。当时广大农民"摇手触禁，不得耕桑"，谷价翔贵，百姓流离。到王莽末年，"流民入关者数十万人""饥死者什七八"（《汉书·食货志》）。

社会要乱了。

天凤四年（公元17年），荆州一带发生饥荒，饥民数百人共推新市（今湖北京山）人王匡、王凤为领袖，发动起义。起义军以绿林山为根据地，称"绿林军"。

西汉宗室、南阳大地主刘縯、刘秀兄弟，以"复高祖之业"相号召，联络附近各县地主豪强，并且把宗族、宾客组成一支七八千人的军队，称为"舂陵军"，加入到反对王莽的行列。

绿林军连败莽军，发展到十余万人。绿林军领袖为了扩大影响，于宛城南面的淯水上拥立刘玄做皇帝，恢复汉的国号，年号更始（公元23年）。

舂陵军、绿林军联军后与王莽军在昆阳发生大战，莽兵大溃，士卒相践踏，奔走百余里。政府军与起义部队的力量对比在发生逆转。消息所播，四方豪杰，风起云涌地举兵响应，他们纷纷杀掉州牧郡守，自称将军，用更始的年号，等候着新主的诏命。有一支绿林军直奔长安，关中震动。长安城中市民亦起暴动响应，王莽在暴乱中被杀，手刃他的是一个商人。他的尸体被碎裂，首级被传送到绿林军。

王莽从摄政到灭亡，总共不到20年。

东汉：以小市民的心态立国

王莽怀揣乌托邦梦想开展社会大实验，所建立的新朝（公元9—23年），仅仅强撑了14年便告破产，最终被证明是一个代价巨大的试错。

代价有多大？死掉全国三分之一的人。

有当代学者估算，至西汉末的公元2年，中国人口已经增长到6000万；王莽时到东汉初，战乱使得总人口剧烈下降到3500万；到东汉后期的永寿三年（公元157年）稍后，才重新突破6000万[①]。

王莽的新朝倒塌后，各种军事力量分化和冲突不断，分裂和内战持续了14年，最终统一于刘秀之手。

刘秀即皇帝位后，改元建武，仍以汉为国号，因为他光复了汉高祖所建立的汉朝，所以被称为光武帝。刘秀以后的汉朝，史家称为后汉或东汉，而别称刘秀以前的汉朝为西汉。

刘秀起兵并不是抱着什么政治理想，没想到做了皇帝。以后，他心目中最大的政治问题也只是怎样巩固自己和子孙的权位，为万世开太平之类的理想对他来说太遥远了。

以小市民心态立国，这就是东汉的立国哲学。

刘秀在制度上的少数变革，最重要的改革是兵制的变革。刘秀在建武七年（公元31年）三月下了一道重要的诏令，废除"轻车、骑士、材官、楼船士及军假吏"这些地方民兵。原来，西汉时从平民中选拔"材力武猛者"，任命组建为"轻车、骑士、材官、楼船"兵种，分别对应平原战（轻车、骑士）、山地战（材官）、水战（楼船）。他们在每年秋后，集中讲课、

---

① 人口数据为当代学者估算。

训练。

这道废除的诏令，使得此后东汉的普通人民不再有受军事训练的机会。全国武备与对外征讨，由京师卫军担当。人民由此脱离军事，日渐孱弱，东汉的士大夫已经观察到，汉民在胡虏面前，犹如羔羊。

这是华夏尚武精神丧失的重要时点。早在春秋时期，封建制度下的贵族男子，都以当兵为职务、为荣誉、为乐趣，不能当兵是莫大的羞耻。

《左传》《国语》中的人物，由上到下没有一个不上阵的，没有一个不能上阵的，没有一个不乐意上阵的，国君往往亲自出战，国君的弟兄子侄也都习武，并且从小就开始练习。一般而言，当时的人毫无怕死的心理，整个《左传》当中，我们找不到一个因胆怯而临阵脱逃的人。到西汉时期，尚武精神已经弱化，军队人员混杂，但古代的遗风尚存。

东汉后期，因郡国兵虚弱，边疆有事，每倚靠雇佣的外籍兵即所谓胡兵；而胡兵凶暴，蹂躏边民，又需索犒赏，费用巨大。后来推翻汉朝的董卓，就是胡兵的领袖。

郡国材官、骑士等之罢，刘秀在诏书里明说的理由是中央军队已够强大，用不着他们。这显然不是真正的理由。刘秀真正的目的是保护自己的政权，以防被颠覆——他当初起兵，就是计划借立秋后本郡"都试"即壮丁齐集受训的机会发难的。

这是专制权力对尚武精神的阉割。它为东汉的灭亡埋下了后患。

在这种小市民的心态之下，刘秀对于匈奴和西域的事务均不感兴趣。他放弃了汉武帝和汉宣帝花费百年时间在西域建立起的霸权，闭起玉门关，但求省事省钱。这个策略也有其合理性，可是西域形势分化，莎车国和匈奴壮大，不久以后就再次成为华夏的威胁。

外强内弱：东汉体制落下的"病根"

东汉共有12帝，历经196年。

东汉时期，中央政府的运行一直比较混乱。皇帝专制权力更加集中。朝廷机构中设尚书台，总揽行政权柄，丞相一职变成徒具其名的空衔。在正常情况下，皇帝裁决政事，然而一旦皇帝早逝太子年幼，这时由谁来辅政，便出现了新的问题。

太子年幼即位，年轻的太后临朝，不便直接接触大臣，不得不重用她娘家父兄来协助处理政事，这就为外戚窃取大权制造了机会。外戚自恃亲贵，骄横擅权，无视幼主，朝中大臣均仰承他的鼻息行事。皇帝成年后，不甘忍受外戚胁持，为了把大权夺回，就结纳在自己身边的心腹宦官，发动政变，除掉外戚。

皇帝亲政后，自然重用夺权有功的宦官，于是又演成宦官掌权的局面。可是，皇帝死后，宦官政治身份卑贱不能辅政，接着又有新的外戚上台。这种外戚、宦官的交替专权，成为东汉后期政权运行的一个特点。

东汉朝是一个典型的人治社会，其特点：一是有法不依，游戏规则随人事而变化；二是善治局面不能持续、长久，随时可能人亡政息。光武帝刘秀在波诡云谲的竞争中胜出，自然有他超群的能力。此后的明、章二帝，虽谈不上雄才大略，倒也比较稳当老成，政策决断也算得上明智。故光武帝、明帝、章帝年间，社会还颇有振兴的气象。其后便局面朽坏、政治黑暗，国势如江河日下。

汉明帝是光武帝的继任者。明帝眼光稍远，他看到了外面的威胁，知道仅靠闭关锁国是不行的。当时匈奴又分裂为南北两部分，南面部分依附于东汉，后逐渐与华夏同化，北面部分与东汉为敌。明帝命窦固、耿秉征伐北匈奴，大破之。

匈奴之祸，东汉时期基本结束。匈奴自此在中国历史舞台上越来越黯淡。他们最后一次演出是西晋末年"五胡乱华"，匈奴人一度建立了两个割据政权，还取了国号。但南北朝分裂的局面结束之后，匈奴就消失在中国历史中了。匈奴后裔进入中原之后，逐渐改为汉姓，如独孤（刘）、贺赖（贺兰、贺）、郎、宇文等。

十九年后，窦固的侄孙窦宪再度率军北征，穷追北单于直至远离边塞三千余里的燕然山（今蒙古杭爱山脉），窦宪与副将等登山望远，并由大学者、历史学家班固撰写《封燕然山铭》文，刻石纪功。

　　窦固最大的政绩在于派遣班超（班固的弟弟）出使西域。自王莽始建国元年（公元9年）至此，西域与中原断绝关系65年后又恢复交往。后汉室又设立行政机构西域都护府，统管着大宛以东、乌孙以南的50多个国家，各国王公大臣均佩戴汉朝印绶，确认为汉朝官员。

　　班超是东汉时期一个杰出的人物，他在西域工作30多年，只领着一支外交小分队，全靠临机应变、文韬武略，竟击败敌对军力，最终使得西域51个国家臣服。起初，他出使几个小国，适逢北匈奴的使者也在那里活动。他以奇谋袭击北匈奴使者，将他们全部斩杀，所在国国王大为震骇而慑服。

　　此后，他用"以夷制夷"的策略，率领这些国家的军队，在西域立君定乱，西域各国最终完全听从汉朝的号召。班超在西域极有威望，汉朝曾打算召他回国，结果当地人民抱住他的马腿不放，甚至有将领自杀以挽留，说："汉使如父母，诚不可去！"班超乃决意留在西域，年老临终前才回到了洛阳。

　　班超又曾经派甘英出使大秦（罗马帝国），甘英到了黑海，在茫茫大海前止步，东西方两大帝国未能握手，这是一个历史性遗憾。

　　然而班超虽可以在外立功，却无力阻止国内政治的腐化。他也没有考虑过如何设立一个长效机制和体系，可以在自己离任后确保汉室在西域的影响力——当然，这本来应该是皇帝操心的问题，可是皇帝更没有考虑到这一层。不过话说回来，班超的成功靠个人天赋，并没有系统性的方法和政策，因此他也未必有能力对自己的成功经验进行正确总结，所以他的继任者向他请教心得时，得到的只是一些笼统的空谈。班超去世之后，他在西域建立的以汉为圆心的体系便烟消云散了。

　　章帝的儿子是和帝。从汉和帝开始，东汉王朝的气数便十分低迷，连续九个皇帝都是短命，平均寿命不到20岁。皇帝都是年幼即位，于是外戚势力与宦官横行朝堂，朝政日益衰败。汉灵帝即位之后，沉迷酒色，重用宦官，甚至公开标价卖官。终于，在公元184年爆发了黄巾之乱，朝廷调集重兵才将这场声势浩大的变乱镇压下去。

　　在农民军的蹂躏下，东汉逐渐名存实亡，公元190年，权臣董卓又把持政权，皇帝大权旁落，而地方豪强也趁势崛起，揭开了东汉末年军阀混战的大幕，导致三国局面的形成。

如果把国家机构体系比作一台机器，那么这台机器是有使用寿命的。从历史经验来看，一台机器有效期在100年左右，100年后就进入腐蚀、朽坏、报废阶段，两个阶段相加一般不超过200年。这就是中国古代历史上的兴衰周期率。

组成这个兴衰周期率的关键部分，主要是政治腐败，此外，还有残酷的"马尔萨斯定律"。地处东亚大陆的古代中华文明，是典型的以农业为主导的文明。农业文明赖以存在的基础是土地。在历史上，中华文明垦殖的区域逐步扩展，中国人口的数量也有很大增加。

但相对而言，土地资源的增长要受到自然和社会条件的限制，人口增长的幅度则常常超过土地的承载量。每当社会财富被新增人口稀释，社会就趋向贫困化，人们对生存资源的争夺就会加剧。

曹操统一北方之后，积蓄力量准备南征，打算一统天下。公元220年，曹操之子曹丕逼迫汉献帝禅让帝位，在洛阳登基，国号"魏"，史称曹魏，东汉正式结束。

三国在长达60年的时间里，相互对峙，相互战争，随着接班的君主的强弱变化，致使三国的势力和局面不断刷新。运筹帷幄的诸葛亮死后，西蜀最先灭亡。离奇的是，实力最强的魏国并没有最终看到胜利的果实，内部却出现了萧墙之祸，曹魏政权内部的权臣司马懿父子此时已经坐大，遂重演前朝"禅让"的一幕，司马家族狡猾地篡夺了曹魏政权，致使魏国在正式统一全国之前，便悄然改换了旗帜——晋。

公元280年，司马氏灭东吴，正式统一全国。至此，三家归晋。这个局面，似乎与当初春秋战国时期三家分晋的故事，形成一种历史的前后呼应。

辉煌一时的科技：科学为什么长不大

东汉大兴儒学，太学林立，学术气氛浓厚。西汉时建立了世界上最早的大学——太学，到了东汉，天下士子踊跃参加考试，在一个总共5000多万人口的国度，太学生竟然有3万多人，几乎每2000人中就有一个太学生。2000人大约是一个村庄的规模。

因此，东汉在中国历史上的科技和文化发展中占有非常突出的地位，取得了前所未有的巨大成就，如蔡伦改进造纸术、张衡发明地动仪和浑天仪。

汉代所培养的太学生中，张衡是一个杰出的例子。张衡，字平子。"衡"这个字，造字原理非常优美、有趣，值得一说。"衡"是"鱼""行"结合：一条鱼在游动前行时，左右两侧必须保持平衡。张衡出生于累世高官家庭，自幼好学上进，后来又入太学求学。

在那个只能靠肉眼观测的年代，张衡一生记录了一万多颗恒星的资料。他根据天文观测提出了新的宇宙观：宇宙无边无际，地球就像蛋黄漂浮在宇宙中（请想一下被烧死的布鲁诺），不过他认为地球是半球体，下半部分是水（这是受当时的观测条件所限）。张衡还提出月亮只是反射日光而自身并不发光，并正确解释了月食的成因：月亮围绕地球转动时，太阳照过来的光线被地球遮挡。[1]

张衡对地震的原理有深入的研究，并制作了地动仪。有一天，地动仪中的一个铜球从龙嘴中掉落进铜制蟾蜍的嘴中，表示西北方向发生地震。但是大家都没有感觉到，于是纷纷议论地动仪不管用。但是几天之后，陇西果然派人来报告发生了地震。《后汉书·张衡传》所记载的这一地震事件，经现代科学推算，确证真实发生过。

张衡还是个机械大师。他亲手制作了模拟恒星运转的浑天仪，复杂而精密；又制作了有趣的自动日历，名叫"瑞轮蓂荚"。这个日历参照神话奇树蓂荚的特征，靠流水作动力，从每月初一开始，一天出现一片叶子，到满月出齐15片，然后每天再收起一片，到月末为止，循环开合。张衡还利用差速齿轮原理，制作了指南车、计算行车里程的"记里鼓车"，该原理的发现比欧洲早了1800年。

---

[1] 相关天文知识，参见张衡本人所著《灵宪》。

张衡太有才了。他还计算过球体的体积、圆周率，写过数学方面的专著《算罔论》，可惜原书已经失传。他的文学作品《二京赋》《思玄赋》《归田赋》，将汉朝大赋推向高潮，同时掀开了抒情小赋的创作时代。但是在帝国体制之下、在人治的微妙叵测的政治环境中，张衡生活得很不容易。他在汉顺帝朝中任侍中时，有一天汉顺帝问他，天下百姓最痛恨哪些人——当然是弄权的宦官，这还用问。宦官们就站在两侧，两眼直盯着他，张衡只好云山雾罩地绕了一通。但宦官们怀着警惕，最后还是把他排挤出朝廷。

张衡晚年很郁闷，不愿意再写作，以至于"著述多不典详，时人追恨（遗憾）之"。他的宝贵智慧当时就没有传播开来，所著的寥寥几本书，后来也大部分亡佚了。他制作的地动仪也已经失传，现在的地动仪只是效果粗劣的仿制品。能制作地动仪，必然要求对地球物理学、地震波有深入的研究，可惜地动仪的理论部分也亡佚了。相比之下，受到政府支持的董仲舒则"所著十万言，皆传之后世"，天壤之别矣！

东汉影响了欧洲历史

大约与汉代同时代稍晚，在欧洲，罗马帝国已经在地中海一带崛起、征战。东西方两个大帝国，中间隔着中亚大沙漠。

公元1世纪以前，罗马帝国和中国之间并没有直接的人员往来。商业往来主要靠中亚地区的中间人。但中国人和罗马人相互都很关注对方的存在。中国人对罗马人的印象不错，听说他们身材高大长得很像中国人，所以给罗马帝国取名"大秦"——比起视其他民族为蛮夷，这待遇不低。

甘英出使大秦失败，最终未能渡海。直到汉桓帝延熹九年（公元166年），大汉与罗马帝国才有正式接触。《后汉书·西域传》记载，大秦王安敦遣使献象牙、犀角、玳瑁（大海龟），"安敦"正是马可·奥勒留（公元161—180年在位），罗马皇帝安东尼·庇护的继子。近年来，洛阳市北郊还出土了几枚古罗马金币，乃是当时罗马商人在中国生活的写照。

中国人早已发明了丝绸，这种西方人从未见过的华美面料，令他们如痴如狂。今天我们在油画中看到的罗马元老院元老们身着的丝绸，正是来自中国的进口货，这在当时的罗马是奢侈品。

如今罗马所在地为意大利，该国古驰（GUCCI）、杰尼亚（ZEGNA）之类"奢侈品"在中国大受追捧，其实这些奢侈品相比当年的丝绸地位可是差得远了。直到公元552年左右，罗马才获取了取卵养蚕的技术，向阿拉伯人炫耀，阿拉伯人十分吃惊。今天，意大利跟中国并称丝绸业强国，而意大利的设计水平略胜。

不幸的是，罗马帝国的两次灭亡，都跟中国有间接关系。

东汉大破北匈奴后，北匈奴在中国的历史书中就消失了，"不知所之"。后世欧洲学者考证，北匈奴残部一路向西溃逃、迁移、侵略，经历了一两百年之久，进入了欧洲，把欧洲搅得天翻地覆。他们先是侵占日耳曼蛮族的土地，日耳曼蛮族被驱赶继续向西向南，一部分（盎格鲁-撒克逊人）征服了英格兰当地人，演变成日后的英国；一部分进入罗马帝国腹心，并最终蚕食掉罗马帝国，罗马帝国剩余的东半部分，被称为东罗马帝国。匈奴人在欧洲历史书中被称为匈人（Huns），他们在匈牙利草原逐渐定居，最著名的领袖是匈奴王阿提拉（Attila）。匈奴人与马扎尔人混血后，变成今天的匈牙利人。上述过程历时数百年。①

隋唐时，中国大破突厥，突厥西遁，杀入东罗马帝国腹心之地，建立土耳其（Turkey），突厥人后来攻破君士坦丁堡，东罗马帝国陷落。上述过程亦历时数百年。

东汉具有崇高的国际威望，被周边的朝鲜（高句丽、百济）、越南、缅甸等东南亚多个国家尊为宗主国。在日本列岛上，东汉时有一百多个小国。公元57年，日本国王遣使入汉都洛阳进贡，愿为汉臣藩，求汉皇赐名。汉以其人矮，遂赐"倭国"。其王又求汉皇赐封，光武帝又赐其为"倭

---

① 中外史学界有许多历史学者认同此说，并有详细的论证。但也有不少人反对。北匈奴消失，到匈人在欧洲史书中出现，中间隔了280年，过程不容易准确考证。有兴趣的读者可以参考方毓强《匈牙利人与匈奴关系的历史之谜》、蒲彩军《匈奴与匈牙利人的渊源》等文章。笔者综合参阅多篇学术论文后，认为匈奴即欧洲人所谓"Huns"一说值得采信。

奴王"，并赐封"汉倭奴国王印"金印（《后汉书·东夷列传》）。这颗金印已于1784年在日本九州志贺岛出土，成了日本国宝，现藏于福冈市博物馆。

第九章

魏晋南北朝：碰撞中的民族大融合

中国古代史上的魏晋南北朝时期，是一段风雨暝晦、血腥黑暗的历史。如果从公元196年曹操迎汉献帝都许（今河南许昌）算起，到公元589年隋文帝杨坚灭陈，共有393年。这一时期，大体上可以分为三国、西晋、东晋十六国和南北朝四个阶段，其中西晋曾经在全国实现短期统一，其余则都处于分裂割据和战争状态。

东汉末年，饥民四起造反，中央部署军队镇压。随着起义军被消灭，各路军队羽翼丰满，而中央朝廷的实力却日薄西山，军阀割据混战的局面由此逐渐形成。经过数十年的战乱，社会元气大伤。

考察东汉盛时，全国有接近6000万人口，到三国末期，只剩700多万，正所谓十室九空。社会经济极度萧条，商业活动几乎消失，商品买卖已经很少使用五铢钱等货币，而退化为使用布帛。

昔日繁华大都市长安、洛阳，成为荆棘狐鼠之乡：旅者行路数百里不见人烟，唯见白骨缠草根；入夜苍茫，时闻沉沉大野唱荒鸡①。

西晋统一全国之后，社会秩序有所恢复。西晋统治者好几代都是富家子弟，一旦安稳了，便开始奢靡腐败的竞赛。皇室司马氏家族内部又爆发了争夺政权的"八王之乱"，社会再度动荡。国必自伐，而后人伐之。国家衰弱，遂有外族入侵，匈奴、鲜卑、羯、羌、氐（狱）乘机举兵，屠杀民众，抢夺财货，建立割据政权。

从民族的角度看，这是一个丛林法则横行的时代，充满了原始而残酷的生存竞争。当五胡在中原相互残杀混战之际，北方的鲜卑、柔然、突厥乃至契丹等族又渐次崛起，加入了民族生存竞争的混战。有史以来，中原政权第一次如此赢弱不堪。

从文明的角度看，这又是一个中华文明单向扩张、各民族之间相互融合的时代。华夏文明通过同化②其他族群，从而在文化边界上逐渐扩张。

危机前夜

考察古来中国的立国砥柱，是天下为公的立国精神、士族集团的领导、尚武重教的民风。自东汉中后期开始，这几根立国砥柱逐渐坍塌了。

僭主上台，首先面临的是法统来源和立国哲学无法正面阐释。曹魏篡汉已经臭不可闻，乘隙而起的司马氏再来篡窃曹氏的天下，更是没有任何光明正大的理由可说。对此，连蛮族和晋王室自己人都看不下去。几十年后五胡时期羯族的领袖石勒，原是个目不识丁的奴隶，曾鄙夷地评论道："曹孟德、司马仲达以狐媚取人天下于孤儿寡妇之手，大丈夫不为。"

至于晋王室自己，则有这么一件事：东晋时，大臣王导对晋明帝陈述其祖上篡权建国等过程，明帝听后羞愧难当，一头扎在座位上，愧道："这样的政权哪能长久啊！"

---

① 夜间鸡叫，称为荒鸡，因天还没亮、未到天时，在古代荒鸡被视为不祥之音。
② 这个时期也偶有一些"逆向同化"，例如高欢、高洋父子的鲜卑化，但这一现象不构成主流。

僭主政权靠的是偷偷摸摸，司马氏无法公开探讨法统来源，只能以阴谋毒计来摧残、控制社会。同时大力提倡名教，试图以此来凝聚曹氏所不能凝聚的人心。然而，他们也只能提倡"孝"，而不敢提倡"忠"，效果是只能为私门张目而已（后来，多个名士以"不孝"的可笑罪名被屠杀）。

跟西汉时期相比，东汉和魏晋时期社会风气已经大变。这个时代官僚们的生活方式奢侈腐化，盛产各种奇葩的纨绔子弟。

东汉政治风气尚文抑武，那时还没发明相对公平的科举制度，政府官职逐渐被门第大族垄断。士子们入官和晋升，不靠能力才学，而靠权贵门下、名利场中的社交知名度。流风所及，士子们从那时开始便逐渐形成了修饰容貌、涂脂抹粉、崇尚玄谈的风气。

到了曹魏时期，出现有一个著名的美男子，名叫何晏，因肌肤洁白犹如擦了粉，人称"傅粉何郎"。何晏常年酒色伤身，大量服用含毒性的丹药"寒食散"，服用之后精神亢奋，如同现代人吸大麻。何晏官至吏部尚书，负责全国的官员选拔，影响力可想而知。在他的影响之下，贵族纷纷服药，然后穿着宽袍大袖散热，一时间竟成为社会风尚。据后世研究，此后百年间服药者可能有百万人之多，中毒死者也有十万以上。

晋武帝的继任者是惠帝司马衷，他是个天生白痴，听见蛤蟆叫，就问左右，这蛤蟆叫是为官还是为私啊？又听说天下有百姓饿死，他就问，他们为什么不吃肉糜？

晋代大臣们主要兴趣在于近乎变态的生活享受。例如名士王济（又名王武子），以人奶蒸乳猪，以钱铺地；大臣王颙令妓吹笛，小失声韵便杀，又令美女敬酒，客饮不尽亦杀。再如大司马石苞之子、卫尉石崇，与晋武帝舅父王恺斗富，王恺用麦糖洗锅，他用蜡当柴；王恺用紫丝布作步障四十里，他作锦布障五十里；他用椒泥涂屋，王恺则用赤石脂。石崇每次宴客，让美女劝酒，客人不喝，便杀美女。有一次石崇的朋友、大臣王敦故意不喝，看石崇杀美女取乐。[1]

在穷奢极欲之外，晋代的贵族们"尚于玄虚，贵为放诞"，沉醉于清

---

[1] 参见《晋书·王恺传》（卷九十三），《晋书·王浑传》附文（卷四十二）及《资治通鉴·晋纪三》。

谈、侃大山，视政务为可耻的俗务。他们既不学武，又不学文，考试雇人作弊，宴会找人代为写诗。为维持奢侈的生活方式，则千方百计地聚敛财富，广占园田土地，收受贿赂。更有甚者，如石崇在荆州任上竟派人抢劫过往的使者和客商。

后世所倾慕的魏晋名士，不乏不畏强权、旷世豁达之人，但也有一些其实是知识分子精神苦闷却又不敢正面表达的产物，如阮籍、嵇康终日醉酒、作庄老玄谈。阮、嵇其实是有苦难言，他们之后的一部分所谓名士，照猫画虎，对社会毫无担当，对于世务漠不关心，却也忝居"名士"之列，实在是有辱"名士"二字。

居于金字塔顶端的王室、上层的贵族集团糜烂腐败，整个民族也随之下沉。构成整个国家的社会图景的是：一群醉生梦死的统治者、一批痛苦的士大夫和一千多万挣扎在生存线上的苦难农民。

当时农业社会的生产力本来就很低下，这一群敲骨吸髓的统治者掌管这片土地，普通民众生活的艰辛可想而知。国家本是民族所组织的治理机构，对内实施社会治理职能，对外实施安全防御职能。几乎整个晋朝，国家领导集团腐化，对内只有统治和剥削，而无从实施有效的治理，对外则文弱怯懦不足以御敌。神州陆沉、国家毁灭，乃是势所必至了。等待着腐朽帝国的，便是周边的蛮族征服。

五胡乱华：永嘉之乱与中原分裂

自两汉以来，中原不断与西北蛮族作战，战后基于"怀柔远人"的观念，把投降的部落迁入塞内，与中原民众杂居。魏晋之际，北方又有一些少数民族内迁，他们在中原居住，大多成了国家的编户民，但仍保持聚族而居，与汉族有许多往来。这一多民族杂处的局面，是春秋之后首次出现的，很像欧洲社会的情形。

长城以外，还有柔然、契丹等民族，伺机南窥。

中原经过汉末战乱，人口剧减至不到一千万。诸胡与汉族的人口比例，已经有很大变化：汉族的比重大为降低了。西晋江统说："西北诸郡，皆为戎居"，"关中之人，百余万口，率其少多，戎狄居半"。

此时汉族统治集团已经极为腐化，加之连年大旱，百姓饿殍遍野。晋建政后，用王室成员镇守边疆，各自封地建政，实质上倒退到秦以前的封建制度，这导致了武力争夺政权的"八王之乱"，诸王带兵相互残杀长达十六年。

天灾人祸交加，华夏民族已虚弱不堪。主体民族既然衰弱，乱局自然发生，于是有五胡乱华。五胡，指的是匈奴、鲜卑、羯、羌、氐（羝）。

鲜卑源于东胡，当南匈奴内迁、北匈奴西遁之后，鲜卑人于是占有了匈奴故地。中、东部鲜卑的慕容氏、宇文氏、段氏渐强，都卷入了西晋末年的动乱。羯人高鼻、深目、多须，实行火葬，信奉祆教，可能源于西域胡人。他们原是依附于匈奴的部落，随匈奴进入中原定居。氐族是一个世代生长在青藏高原边缘的山地部族，东汉时开始陆续内迁。对西晋首先发难的是氐族——李特流民起义和羯、羌的小规模反抗，然后是匈奴贵族的起兵。公元304年，匈奴人刘渊趁西晋社会混乱之际，举兵而起，建国号名"汉"，兵锋指向首都洛阳。

匈奴在西汉、东汉军队四百年来的不断打击之下，已经分化。一部分向西溃逃，逐渐经中亚进入（杀入）欧洲。剩余的部分归降汉朝，在中原附近划定的区域居住。此时的西半球，西迁的匈奴人部落，正在亚欧大草原上驱赶着日耳曼人向西，后者像滚滚波浪一样冲向罗马帝国，并将罗马帝国逐步蚕食。

而居住在中原的匈奴人，此时已部分汉化，例如刘渊父子就粗通儒学，刘渊的侄子刘曜还擅长书法，同时又很会带兵打仗。北方的匈奴兵一起，中原的士大夫纷纷变成缩头乌龟，"衣冠之士无不变节，未有能以大义进取者"。

公元311年，汉赵皇帝刘曜领兵攻陷了洛阳，掳走晋怀帝，杀太子司马诠、宗室、官员及士兵百姓三万余人，并挖掘陵墓焚毁宫殿，这一年正是晋怀帝永嘉五年，史称"永嘉之乱"。

永嘉之乱后，北方多个地区又爆发了蝗灾，蝗虫所到之处，"草木及牛马毛皆尽"。随后盗寇四起，"百姓又为寇所杀，流尸满河，白骨蔽野"。

饥荒、瘟疫流行，老百姓甚至卖儿卖女。

建兴四年（公元316年），刘曜进而攻陷长安，愍帝出降，西晋政权宣告灭亡。由此，中国开始出现了长达近两百年的分裂局面。

从公元304年匈奴贵族刘渊称汉王起，整个北方地区开始进入政权不断更迭的阶段，史称"十六国"。尽管史称"十六国"，而实际上存在过的大小割据政权有23个，此处罗列其中18个主要政权（见表1）。这一期间，战乱相继，屠戮酷烈，社会经济文化又遭到严重的破坏，人民苦不堪言。长安、洛阳两大帝都，几乎成为布满荆棘的荒土。

表1 十六国主要政权简表

朝代名	起讫年	创建者	民族	国都	灭于何朝何国
汉（前赵）	304—329	刘渊、刘曜	匈奴	左国城（山西离石北），长安（西安）	后赵
成汉	306—347	李雄	巴氐	成都	东晋
前凉	317—376	张轨、张寔	汉	姑臧（甘肃武威）	前秦
后赵	319—351	石勒	羯	襄国（河北邢台），邺（河南安阳北）	冉魏
前燕	337—370	慕容皝	鲜卑	邺（河南安阳北）	前秦
前秦	351—394	苻坚	氐	长安（西安）	后秦
后秦	384—417	姚苌	羌	长安（西安）	东晋
西秦	385—431	乞伏国仁	鲜卑	苑川（甘肃榆中东北）	夏
后凉	386—403	吕光	氐	姑臧（甘肃武威）	后秦
南凉	397—414	秃发乌孤	鲜卑	乐都（属青海）	西秦
南燕	398—410	慕容德	鲜卑	广固（山东益都）	东晋
西凉	400—421	李暠	汉	酒泉（属甘肃）	北凉
北凉	401—439	沮渠蒙逊	卢水胡	张掖（属甘肃）	北魏
夏	407—431	赫连勃勃	匈奴	统万城（陕西横山西）	吐谷浑
北燕	409—436	冯跋	汉	龙城（辽宁朝阳）	北魏
代	338—376	拓跋什翼犍	鲜卑	盛乐（内蒙古和林格尔）	前秦
冉魏	350—352	冉闵	汉	邺（河南安阳北）	前燕
西燕	384—394	慕容泓	鲜卑	长子（山西长治）	后燕

其中，羯族石勒、氐族苻坚以及鲜卑拓跋部所建立的政权都曾经基本上统一北方地区，但最终又复归于瓦解。

东晋的苟安：衣冠南渡与流弊乱象

西晋统一不到12年，朝政即乱。共历4帝、52年便覆灭。

北方政权被诸胡摧毁后，陷入分裂和互相争战；晋王室的遗老遗少、门阀士族们纷纷逃亡，南渡长江，在建康（今南京）组建东晋政权，史称"衣冠南渡"。

此时距离班超经营西域不过200年，为什么这短短一两百年间，社会会发生如此大的变化呢？

除了魏晋僭主政权的"功劳"外，还有一部分责任可以追溯到东汉时期。东汉政治风气尚文抑武，那时还没发明相对公平的科举制度，政府官职逐渐被门第大族所垄断。士子们入官和晋升，不靠能力才学，而靠权贵门下、名利场中的社交知名度。

东晋王室，依赖豪门大族支撑，最终气数奄奄，权臣篡权，各建国号，演化出宋、齐、梁、陈小朝廷相继替代的局面。这几个小朝廷，除了刘宋略出彩外，苟安偷生、奢靡浮华、腐败弄权的气质一脉相承。

晋朝的统治集团当了俘虏之后，其惨状与丑态，令读史者唏嘘。

晋怀帝被俘后，刘聪（刘渊第四子）封他为"会稽郡公"。刘聪想起年少时曾前往拜见的事，从容说道："昔日你还当豫章王时，朕与王武子（王济）曾经一起前来造访，还记得否？"晋怀帝回答："臣安敢忘？恨当时不早识龙颜。"刘聪问："卿家为何骨肉相残（指八王之乱）？"晋怀帝回答："为了给陛下您扫除障碍，这应该是天意。"

另外，刘聪命令怀、愍二帝在正月朝会上穿青衣，作仆人，负责为来宾斟酒，有晋朝旧臣当场失声号哭。刘聪出猎，令愍帝戎服执戟为先导，百姓围观指点说："此故长安天子也。"家国之痛浮起，百姓多有痛哭者。

曾在晋朝被五度废立的皇后羊献容被俘后，刘曜强纳为妾，问："我跟司马家儿相比，怎么样？"羊皇后答："怎能相提并论？陛下是开基之主；

司马氏是亡国之暗夫，连家人都不能保护。妾还有何不知足？妾生于高门（尚书右仆射羊瑾孙女、尚书郎羊玄之女儿），原以为世间男子皆然。自侍奉陛下，才知道天下有大丈夫。"

再看"名教"教育出来的大臣。

刘渊部将、羯族领袖石勒俘虏了晋大臣王衍，问晋往事。王衍陈述晋政权祸败原因，并为自己开脱说国家政策不由他制定，又表示未参与国家核心机要，随机劝石勒称帝。王衍本是晋朝重臣，石勒怒斥他推卸责任，下令处决。王衍成俘虏后，又曾后悔当年不努力，否则不至于如此下场，然而悔之晚矣。

庾敳、胡母辅之、郭象、阮修、谢鲲等人都是当代名士，曾与王衍同在晋东海王司马越军中。他们皆崇尚玄虚，不理政务，纵酒放诞。司马越军败，一同被俘虏。石勒道"此辈不可加以锋刃"，遂夜间使人推墙杀之。

衣冠南渡后，北方各部族继续混战，而南方的东晋秩序基本稳定。逃亡而来的遗老遗少们，又继续醉生梦死。江南此时的风气与西晋时无异。

北军压至长江边，南朝将领褚湛之让儿子穿草鞋跑步锻炼，竟然受到全社会讥笑嘲讽，儿子感到抬不起头；武将张世兴的儿子张欣泰，喜欢隶书、爱好文史，害怕骑马、无力拉弓，有朝中大臣闻之惊喜。

后来"侯景之乱"时，羯族人侯景（此公自封"宇宙大将军"）纵兵抢掠建康，士族们"肤脆骨柔，不堪行步，体羸气弱，不耐寒暑"，连逃跑的能力都没有，死者相枕藉。侯景以区区万把兵马蹂躏富庶的江南，竟至于"千里绝烟，人迹罕至，白骨成聚，如丘陇焉"。①

建康令王复，性格儒雅，从未骑过马，逃亡时，见马喷嘶跳跃，大为震骇，说："正是虎，何故名为马乎？"②

豪门大族如此，皇室也不例外，有嗜钱如命的，有纠集贵族恶少黄昏时上街抢劫的，如此等等，不一而足。在这种风气下，有个别杰出的将领（祖逖、桓温、刘裕等）想收复北方，并一度取得战果，但是无法获得苟安小朝

① 王利器：《颜氏家训集解》（增补本），中华书局，1993年，第322、675页。
② 王利器：《颜氏家训集解》（增补本），中华书局，1993年，第322页。

廷和享乐大家族们的战略支持，最终不能成功。

移民的流动，带着原有的文化一起流动。所以中国历史上南逃的小朝廷，都完整地继承了原来的种种流弊，无法自我改革那致败的基因，最终免不了灭亡的命运。后世的南宋、南明皆然。

审视魏晋政治与文化，狭隘的门阀制度、腐化的贵族集团和畸形的文化风气，这一切导致和构成了魏晋政治与社会乱象，以及风雨欲来风满楼的重重危机。神州陆沉，国家毁灭，乃是势所必至了。

前秦崛起：北方混战与短暂统一

中原的衣冠士族们南渡逃亡之后，整个北方陷入了混战。

首先匈奴、鲜卑、羯、羌、氐（羝）在中原地带乘机举兵而起，在相互屠杀中争夺生路。

当五胡在中原相互残杀混战之际，北方的鲜卑、柔然、突厥乃至契丹等族又渐次崛起，随之加入了民族生存竞争的混战。几乎北方所有人都被卷入了争夺统治权的相互厮杀。

在匈奴之后起兵的是羯族，其领袖名石勒。石勒出身于社会最底层，在战争中逐渐出头，成为匈奴刘渊的部将，在与晋、刘汉叛军、北方鲜卑部落的经年血战中，实力愈发壮大，后杀刘曜自立，建国号"赵"，在辖区内实行"胡汉分治"。

石勒南北征战，胜多败少。对他威胁最大的是"闻鸡起舞""击楫中流"的东晋名将祖逖。祖逖艰苦经营，一度牢固占据黄河以南地盘。石勒被迫与之修好。但祖逖无法获得苟安的东晋政权支持，不久忧愤而死。石勒遂继续壮大，在北方公开挑战匈奴政权，最终在匈奴人起兵25年后将匈奴族全数歼灭，一度统一北方。

数十年后，羯赵政权发生内乱。

冉闵（汉族）本是羯赵政权下一员猛将，因受疑忌，国恨家仇交织，于是索性自立。冉闵在邺城下令：愿听令者留下，不愿者自行离去。结果羯族人纷纷离去，致道路堵塞；而方圆百里之外的汉族人纷纷汇聚而来。冉闵见民族间的仇恨竟如此深刻，不禁倒吸一口冷气。

冉闵决意以武力铲除胡羯，涤荡胡乱。又打算联合东晋政权，以汉族人组成联军驱除胡虏，对冉闵发出的"民族统一战线"的呼吁，江南的东晋政权打着争夺"皇权正统"的小算盘，不予响应，只作壁上观，坐等拾取胜利果实。

冉闵独立作战，下"杀胡令"，经惨烈战斗，胡羯死者二十余万，石虎三十八孙全部被杀，羯族基本整体灭亡。公元352年冉闵灭后赵时，令汉人、胡人各归本土，"青、雍、幽、荆州徙户及诸氐、羌、胡、蛮数百余万，各还本土，道路交错，互相掠杀"，结果回到家乡的只有十之二三。

冉闵作战从不退缩，十分惨烈，连年作战虽不断获胜，但军力消耗严重。

此时，东北的鲜卑、西北的氐族，都悄然崛起，南下进犯中原，一路扫荡前进。鲜卑慕容氏（鲜卑分支之一）大军南下，与冉闵部队遭遇，冉闵部被包围。冉闵单枪匹马突围，奔驰二十多里之后，他所骑的千里马突然死亡，冉闵被俘。

永和八年（公元352年）五月初三日，鲜卑首领慕容儁把冉闵送到龙城，并在遏陉山将其斩杀，据《晋书》记载，杀冉闵后，山左右七里草木全部枯萎，蝗虫大起，自五月起天旱不雨，直至十二月。慕容儁后派使者前往祭祀冉闵，谥号为武悼天王，当天降大雪。这种天象灾异是巧合还是感应，我们无从得知。但慕容氏之所以祭祀冉闵，主要是考虑到他当时极受汉族人拥戴。

来年就是永和九年，那年春天，王羲之写下了不朽作品《兰亭集序》。王羲之在文章当中描述的是一派惠风和畅的景象，对比北方的腥风血雨，真有天渊之别。

在北方，氐族军队已经横行中原。公元370年，氐族大军摧毁了鲜卑慕容氏的"燕"政权，然后荡平"凉"等小型政权，逐渐统一了北方，建立了新的政权"秦"，史称"前秦"。此后整顿兵马，准备南下统一中国。

政权更迭：南北朝的对峙

强盛的氐族入中原既久，逐渐接受了中华文明影响。首领苻坚自幼生长在中原，此时已经是一个虔诚的儒家文化信徒。他相信用圣人所提倡的仁德能感化一切人，因此对异族军马无不好意安抚，很少加以防范。真诚的他没有料到，这将会给他带来灾难。

公元383年，苻坚亲自率领各族联军，浩浩荡荡南下，准备渡江消灭东晋政权，武力统一中国。南方东晋王朝此时正是谢玄执政，几年来重新练就了一支新军。

双方的战役就是著名的淝水之战。淝水之战在历史上很关键，如果北方打胜了，苻坚的氐族政权就能一统中国，类似于后世元朝征服南宋；如果南方打胜了，南北对峙的局面就可以稳固。

东晋军队进至淝水，要求北方军队后退，以便渡河决战。苻坚企图乘晋军渡河时攻其不备，便下令后撤。不料他的多民族联军是一群典型的乌合之众，一退竟然无法收场，各自趁机大溃逃，兵败如山倒。

淝水战败，氐族前秦政权威望丧失，北方政治秩序顿时土崩瓦解，鲜卑、羌族举兵而起，汉人也不断发生小规模起义（但都达不到之前冉闵所组织的规模）。南北对峙的局面由此形成，此后的一百多年中，南方北方谁也没有能力把对方彻底吞并。

不过在这期间，南方与北方的内部却各自进行着政权分化与更迭。

首先，南方的东晋帝国内部出现了萧墙之祸，公元420年，东晋权臣刘裕在与东晋四大家族的较量中获得胜利后，进而逼迫晋恭帝司马德文禅位于他，登上帝位，国号"宋"，史称"刘宋"，东晋灭亡，南朝开始。其后的萧齐、萧梁、南陈三朝，效仿前朝，如法炮制，都是通过篡权夺位的方式，废掉皇帝，相继而立。

东晋南渡，自元帝至恭帝共103年。其后宋60年，齐24年，梁56年，陈33年，共170年为"南朝"。北方的诸政权则相应地被统称为"北朝"。

至于北方，最终，实力较强的鲜卑拓跋部灭西夏、北燕、北凉，荡平各方，于公元439年建立北魏政权，统一了北方——花木兰的故事，应该就发生在这一时期鲜卑征伐柔然的战役中，所以《木兰辞》中有"可汗"之类称谓。

在江南发生小朝廷相继篡权更替的时候，北方的鲜卑北魏政权却岿然不动约一百年。直到隋朝统一前的这个阶段，史学家们统称之为"南北朝"。

北魏在当时的世界上很有影响力，几乎成了中国的唯一合法代表，令西域、中亚乃至天竺（印度）诸国闻风而拜。北魏使臣去西域、中亚、天竺出访，所到之处如果国王不下跪，往往当面斥责[①]，其国际地位可见一斑。北魏朝在文化上也颇有自己的特色，今天我们看到的龙门石窟、魏碑体书法，都是北魏文化的遗存。

鲜卑拓跋政权汉化程度很深。根据《洛阳伽蓝记》中的描述，他们的诗词歌赋衣冠礼仪，甚至比江南还要讲究——除了统治者姓拓跋以外，几乎是一个纯正的中原文化政权了。到后来鲜卑统治者索性连"拓跋"的姓都改了，改姓汉姓"元"。

一百余年后，北魏政权发生内部分裂，分裂为东西两部分相互敌对。而此时的更北方，突厥已经崛起为一个很有作战能力的大部族。西部（北周）最终灭掉东部（北齐）后，北击突厥、南灭陈国，即将一统天下。而隋朝已经孕育在强大的北周政权之中，一个统一的盛世即将诞生。

民族融合与中华文明的扩张

北方诸胡进入中原并与汉族混居后，便迅速汉化。

氐族领袖苻坚是一个虔诚的儒家文化信徒，他按照儒家的理想推行了不

---

① 　《洛阳伽蓝记》记载天竺某国王接北魏国书不跪拜，北魏使者大为诧异，予以质问，可见跪拜是常规。

少仁政。在如何治理一个混杂的多民族国家问题上，他相信用圣人所说的仁德，可以感化一切对手，实现天下大同（不过最终酿成失败）。

《资治通鉴》载：魏人中国以来，虽颇用古礼祀天地、宗庙、百神，而犹循其旧俗，所祀胡神甚众。（司徒）崔浩请存合于祀典者57所，其余复重及小神悉罢之，魏主从之。由此可见鲜卑拓跋部汉化程度之深。

北魏政权还曾有元宏（拓跋宏）全盘汉化的改革：禁止使用鲜卑族的语言文字，一律改说汉语；禁止穿鲜卑族的服装，一律改穿华服；鲜卑姓氏一律改为汉姓，自己以身作则，首先将拓跋姓改为元姓，如此等等。

也有一些汉族"胡化"的现象，例如北魏分裂为东西两部后，两边的执政者高氏以及宇文氏，都推行了一些鲜卑化的政策（高欢在血统上是汉族人，但自视为鲜卑人，在他看来，汉儿是懦弱无能的代名词）。当时的北方，学习鲜卑语一度掀起热潮。但总体来看，"胡化"现象不构成主流。鲜卑语这一官方语言，在隋朝之后就彻底消亡了。

根据历史书描述，华夏族与周边的游牧民族，经过历史上几次大的民族融合，形成现代中华民族。魏晋南北朝时期正是这样一次典型的民族大融合时期。但民族融合的程度如何，传统史书无法定量描述。但随着科学的发展，现在基于对线粒体DNA的生物统计学分析，可能会颠覆人们的原有印象。现代人类遗传学学者通过对古代墓穴骨骼采样进行研究，获得了许多新发现。有一些研究表明，当代汉族与3000年前的汉族人口，遗传基因基本完全一致，而匈奴、鲜卑等族对遗传基因的影响，却微乎其微。鲜卑曾长期统治中国北方，但民族血统混合的程度看来并不像以前想象中的那么大[①]。

公元581年，北周国戚、重臣杨坚替代北周皇帝自立，建国号"隋"。这虽然也是篡权，但在人们心中，跟司马氏的篡权性质却大不相同：这次帝位更迭，标志着正统的恢复。

杨坚本人是文武双全的一代英主，他很快整顿秩序，然后挥师消灭陈

① 赵永斌、于长春、周慧：《汉族起源与发展的遗传学探索》，《吉林大学学报》（自然科学版）2012年第4期。

朝，一统天下。陈后主陈叔宝所写的《玉树后庭花》，成了有名的亡国
之音。

在杨坚的领导之下，中原华夏古来的立国精神一一恢复，一个盛世即将
来临。

第十章

隋唐：王朝的正午

自南北朝结束后的300余年，是中国历史上的隋唐时代。隋唐在制度、经济、文化各方面几乎完全一致，故后世常常合称。这一时期，国家重新统一，王朝步入了辉煌的正午。隋唐共历326年，以安史之乱为界，前期一百多年强盛繁荣，后期逐渐衰落。

在整个中国史上，隋唐的地位无疑是十分重要的。两代以自身的强盛书写了一部大国崛起的传奇，而此时开创的一整套体制设计、文化思想，也大多流传后世，为近世千年发展奠定了基础。

隋唐时代，南北经济社会一体化发展。隋朝立国短短20年，人口已达4500万，耕地5500万顷，"资储遍于天下"。而唐经战火而立，经过贞观、开元两次盛世，人口亦达5000多万，富庶繁华冠绝世界。

此时，长安、洛阳已是国际化的大都市，商品流通频繁，外贸发达，经济社会繁荣带动了科技进步，四大发明中的印刷术和火药也出现在这时。

唐朝承继周隋传统，时人也一改南朝萎靡之气，变得自由奔放，积极昂扬，文化艺术上遂成光辉灿烂的盛唐气象。而在尚武精神的驱动下，隋唐先后北逐突厥，东进朝鲜，西征中亚，连续百年保持对外优势。

从当时的世界来看，文明古国埃及、印度早已湮没无闻，强盛的罗马帝国也已毁灭，中世纪的欧洲暗淡无光，只有西亚阿拉伯帝国堪与大唐抗衡。唐朝是文明先进的超级大国，于是万邦纷纷来朝，大唐的国际威望达到新的高度。

杨坚代周灭陈：其兴也勃焉

三国末期，全国人口不到1000万，经过魏晋南北朝400年时增时减的波折起伏，迄隋时全国人口约为2000万。历经血火淬炼、弱肉强食的考验，北方迎来新生，而南朝依旧萎靡消沉，北强南弱成为定式。

西魏时代，宇文泰依靠武川（今内蒙古武川县，北魏为防柔然在此设军镇）军人，融合关陇豪强组成了胡汉杂糅的关陇军事集团，这是门阀社会后期一股著名的贵族势力，它构筑了周、隋、唐三朝的根基。北周宇文氏借助这一集团，统一北部中国，而统一的隋王朝也即将在此基础上诞生。

南北朝末期，一天，西魏丞相宇文泰率军狩猎于龙门。正寻猎之时，林中突然蹿出一头猛兽，众军士张弓欲射，只见一个黑影窜上去与猛兽肉搏。经过一番惨烈搏斗，此兽竟然被牢牢制服，众人定睛看时，发现这名勇士正是将军杨忠。宇文泰拍掌叫好，当即赐他字"揜于"（鲜卑语"猛兽"之意）。

不仅是杨忠，连同他身后这支军队，他们威武的阵形弥漫着浓烈的尚武之气，那是一种自东汉以来便几乎耗散殆尽的精神。数十年后，他们的后人正是凭着这股精神开创了一个极盛的时代。

杨忠的儿子名杨坚——那时还叫"普六茹·坚"，"普六茹"是鲜卑姓氏，长辈则称呼他的鲜卑语小名"那罗延（金刚不坏）"——他少年时便沉静肃穆，成年后气场极大，连北周的鲜卑族皇帝都觉得在他面前无法自安。

北周皇帝宇文邕在防范权臣坐大，而杨坚要积攒力量自保。气运站在杨坚这边，他不但数次涉险过关，还在这一场博弈中最终胜出，竟有实力取代北周皇帝而自立。

公元581年二月甲子日，北周静帝最终下诏宣布禅让，杨坚三让而受天命，即皇帝位于临光殿，定国号为"大隋"，改元"开皇"。

杨坚称帝标志着华夏再次进入大一统时代。普六茹·坚掌权后恢复汉姓"杨"，并让宇文泰鲜卑化政策中改姓的汉人恢复汉姓，连宫廷音乐都加以改革。

隋朝初立，南存陈国，北有突厥。南陈较为弱小，而突厥占据草原，不时南窥，成为隋朝首要大患。

突厥姓阿史那氏，有自己的文字。由于早期的史料太少，史学界至今也无法弄清它的来源。仅有的史料表明，在南北朝后期，其部族已迁居金山（今阿尔泰山）为柔然族锻铁，被称为"锻奴"，总人数不过几万人。此后，其首领阿史那土门在一次遭遇战中击败并吞并高车（铁勒）部落 5 万余帐共计 20 多万人，然后将这些人马收归己用，势力陡然壮大。北方各游牧民族中，突厥最为凶悍善战，遂雄踞漠北而成北方盟主。隋的前身北周、北齐均向它低头纳贡。

突厥不时寇边，令隋文帝杨坚颇为忧虑。这时，长孙晟（唐朝重臣长孙无忌、太宗长孙皇后之父）提出一个制服突厥的策略。他因多次出使北方，深谙突厥虚实，遂建议"远交而近攻，离强而合弱"。大意是用和亲拉拢分化突厥贵族，继而各个击破。隋朝坚定推行这一政策，果然逐渐挫败突厥，而后使之分裂。

北方稳定后，隋朝兵锋转向南陈。

开皇八年（公元 589 年）冬，隋文帝倾52万军队南征，大军势如破竹，一举攻下建康。城破之时南陈末代皇帝陈叔宝携妃躲入枯井。隋军搜寻未果，听闻井里有声，叫喊几声却无人应答，遂威胁向下投石。此时，井下断断续续地传出求饶声。士兵投下绳索，拉上来的除了陈叔宝以外，还有其皇后和贵妃二人——后主就这样戏剧性地被活捉了。

全国统一后，新国家建设随即展开。隋文帝先后整理户籍，均分土地，发展生产，隋朝很快强盛。汉朝经高、惠、文、景四帝六十年，到武帝才达到繁盛，但是隋朝统一之后很快即已富足。隋文帝执政期间，人口数量快速增长，达到4500万。

隋朝政府在洛阳附近建设了几个巨型粮仓，里面堆满了可供百万人长期食用的粮食。到隋文帝去世之时，政府的储备多到难以计量；到了唐朝贞观年间，马周还曾对唐太宗李世民谈道："隋家西京府库，为国家之用，至今未尽。"

隋文帝又综合秦汉以来官吏选拔和中枢体制，创设了科举和三省六部制。

科举以考试选拔人才。魏晋以来实行九品中正制，但在世家大族的权力垄断下其机制早已失灵。科举的实行促进了各个阶层的人口流动，让底层的人更多地参与到政权中，统治基础得到扩大，门阀亦被削弱。科举绵延千余年，到清末才被取消，影响甚至流及国外（如英国 19 世纪的文官制度亦参考此制）。

三省六部是在中央设立中书、门下、尚书三机构，分管起草、审核、执行诸事，再在尚书省下设吏、户、礼、兵、刑、工六部负责实施。三省六部因为分工明确，施政效率提高，成为历代中枢设计的模板。

这一时代，经济社会重回轨道，史称"开皇之治"。

短命的隋王朝：其亡也忽焉

隋文帝在位23年而死。此后，次子杨广继位，也就是著名的隋炀帝。

隋炀帝雄心高迈却又暴虐无常，和秦始皇有几分相似。秦王东征六国适逢而立，而他领军伐陈，年方二十。隋炀帝好大喜功，也严重透支了全国人力。

他役使天下民力的程度，从以下数字可见一斑：

当时全国人口总计4000多万，男的占一半。大业元年（公元 605 年），他刚上台便下令营造洛阳作为东都，每月征发丁夫高达200多万。东都完工之后，开凿大运河又被提上日程。这一工程耗时6年，征集民工又是数百万，其间男丁不足，连妇女都被役使。待运河凿通，又建造巨型龙舟巡游，拉船的船夫就有8万人之多，锦帆浩荡如云，其奢华程度令人震撼。

而每年外商、使者聚集洛阳之时，为了炫富，隋炀帝下令招歌姬三万，在端门外摆场唱戏，戏场绵延数里。嘉年华通宵达旦足足搞了一个月，花费巨万。又下令首都酒店统一装修，对胡客殷勤招待，并宣传：中国富有，酒食免费供应。大街小巷，更以绸缎缠树。胡客感到很震撼。不过也有个别胡客感到纳闷："中国也有穷人，人尚且穿不暖，为什么不把这些丝绸拿去给他们做衣服，却用来缠在树上呢？"接待人员"惭不能答"。

隋炀帝为了征高句丽，下令在山东打造300艘巨型战船。督促急迫，工匠昼夜站在水中赶工，以至于造船工人腰部以下都腐烂生蛆，死的人有十之三四。

如此繁重的徭役逼迫之下，百姓纷纷自残，残肢竟然被称为"福手""福足"。

然而，隋炀帝依然无视民怨。大业八年（公元612年），他率领水陆113万大军东征高句丽，但劳师远征却落得大败，数十万陆军仅有不到 3000 人生还。辽阳丧师之后，国内反抗力量蜂起，帝国根基动摇。绝望的炀帝却掩耳盗铃，转而巡游四方，图个一时痛快。

公元618年，炀帝游至江都，局势更加恶化。自知时日无多的他醉生梦死，终日沉沦。随行卫士久客羁旅，思乡情切，共推宇文化及为首，发动兵变。炀帝被弑，短暂的隋帝国宣告灭亡。

炀帝死后由萧后草草埋葬，葬地几经迁移，破败荒芜竟不为人知（后世屡有考证，均系错认）。2013年人们在扬州西湖镇发现一处古墓，学者据其墓志和随葬品判断墓主正是杨广，这才还原真相。一代帝王生前好大喜功，死后仅葬于无名寒酸之地，令人唏嘘。

其实隋炀帝本人并非一无是处，他出身贵族，既具有贵族的严重缺陷（视民众为草芥），也具有贵族的一些优点。他本人极具才华，少时即"好学，善属文"，常与虞世南等同游，"以师友处之"。后坐镇江都，又"置学士至百人，常令修撰，成书万七千余卷"。他深沐南方文学之风，40多首诗作被录入《全隋诗》，自己还曾豪言："设令朕与士大夫高选，亦当为天子矣。"

另外，作为古今第一包工头，他开凿运河的做法历来为人诟病。但京杭大运河实具有巨大价值。千余年后，运河申遗成功，也算是对炀帝的一种肯定了。

贞观政治：重振士的精神

隋末，全国陷于四分五裂。中原有李渊、李密、杜伏威、窦建德、王世充等数支势力相互竞争；塞北，突厥虎视眈眈，时有南下之意。20年的动乱之后，黄河下游已是"人烟断绝，鸡犬不闻"，人口由4500万锐减到1000多万。

公元 618 年，隋旧将李渊袭据长安，称帝建唐。此后，经过数次兼并战，中原大小势力全被荡平。

唐定鼎中原后，李世民在玄武门之变中射杀自己的哥哥太子和弟弟齐王，同年继位为帝，是为太宗。

太宗本人虽是夺位称制，但继位以来文治天下，优待士人。在他执政期间，古老的士族集团复兴了，并成为大唐繁盛的中坚力量。比如魏徵曾在太子李建成府中担任参谋，政变以前力劝太子除掉太宗。但是太宗上任，惜才如故，并没反攻倒算，反而予以重用，魏徵倒也不负所托，成为有名的谏臣，这一时期的名臣还有房玄龄、杜如晦、王珪等。

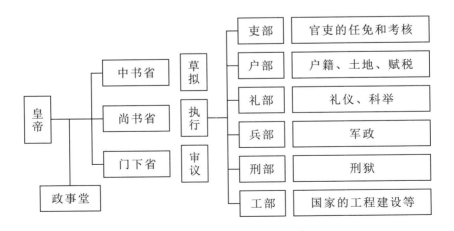

图3 唐朝中央集权下的三省六部制

此时，以天下为己任的士的精神也复活了。太宗有意让皇族与勋臣官职世袭，"非有大故，无得黜免"。长孙无忌被封为赵州刺史，改封赵国公。但他却将国家利益置于家族利益之上，和房玄龄一起上表陈述世袭刺史制度之大弊，太宗顿时醒悟，遂停止分封。

纵观太宗朝，中央官员最少时仅有 643 人，而全国也就 7000 余人，几乎成为历代最精简的政府。太宗将小政府的治理模式发挥到极致，既考量了行政成本，又兼顾施政效率，适应了建国初期民生凋敝的国情。

贞观君臣齐心协力，"善治"局面逐渐形成。

当时政治清明，"官吏多自清谨"，贪腐现象很少。"制驭王公、妃主之家，大姓豪猾之伍，皆畏威屏迹，无敢侵欺细人"，豪强地主不敢欺压百姓，人民安居乐业，犯罪率很低。贞观三年，全国被判死刑的也就29人。太宗特恩，准许囚犯回家处理后事，次年秋天再回来，结果犯人全都如约而至，无一逃跑。

这一时期经济恢复，物价低廉，一斗米不过三四钱①，一斗米价值万钱的战乱时代，已经恍如隔世。平时盗贼罕见，家家夜不闭户，旅行之人不用带太多干粮，一切供给都可以在路途中获取。

对唐初的百姓来说，这是一个充满希望和梦想的时代，即便偶有灾害和困难，他们也"未尝嗟怨"。不过从财政角度来说，太宗朝未必有隋朝富裕。隋末中原大乱，唐初的人口还不及隋盛时的一半，民户凋残，"百不存一"，高昌国使者入贡时"见秦陇之北，城邑萧条，非复有隋之比"，故言盛世不免夸大。另外，太宗初期留心治国，但后期骄奢起来，"行游""修造"不断，还远征高句丽不遂，可见贞观之治也是虎头蛇尾的。

玄奘的高僧之路：推进中土佛教

南北朝以来，社会动荡，佛教成为下层民众的寄托，故而快速盛行。入

---

① 贞观年间经济是否繁荣，学界有争议，有学者认为所谓贞观经济繁荣纯属粉饰。此处篇幅所限，简单援引《旧唐书》，未加考辨。

唐以来，中外佛学交流愈加密切。

武德九年（公元626年），印度僧人波颇来到长安，传播大师戒贤（传为印度第一高僧）的学说。当时长安的一名叫玄奘的和尚，听其讲座后对天竺（印度）圣地心生向往，又听说那里藏有宏富的佛经典藏，于是决定不远万里去求法。

当时唐朝初立，法令禁止国民私自出关，但玄奘毅然决定偷渡出境[①]。果然，政府得知消息，沿途关卡遍贴缉捕令。几经磨难后他终于出国，到达高昌时，国主麴文泰对他颇为礼遇，欲强留国内宣扬佛法，其计划差点再次夭折。玄奘无奈，绝食明志才得以西行。

辛苦跋涉了四年，玄奘终于到达佛教圣地天竺。他的大致路线是由长安往西北方向行走，绕经中亚腹地，然后自北向南进入天竺。在天竺，玄奘走访了很多寺院，最后在当时最高级别的研究院——那烂陀寺师从戒贤大师。他谦虚、开明，追求广博渊深。后终于得到大师真传，功业日益精进，留寺担任首席教授。

经过数年的刻苦学习，玄奘终于成为名震四方的大学者。

有一次，两个国家都邀请他去开讲座，为了争先后次序，竟然差点开战。结果，鸠摩罗王、戒日王出来调停，让二者同时加入，将大会地点定在两国边境。

当时与会的有各国国王18位，大小乘佛教徒，那烂陀、婆罗门及其他外道各3000余人，合计6000多人。玄奘讲解了他原创的《真唯识量颂》，宣扬大成，并承诺，若里面有一字没有道理，请斩他以谢罪。讲座进行了18天，各地听众无不敬服。

玄奘留学19年回国，唐太宗亲自接见，并为他开坛讲学提供支持。玄奘自回国起就开始译经，直到死前20余天方才停笔，这一译便是1600余卷。他还创办了法相宗。这一派虽不如禅宗、天台宗那般强势光鲜，但却是翻译外来经典最多最好，宣扬佛教最积极的。

其实，在玄奘之前去印度留学的还有东晋的法显，他们都为佛教文化传

---

① 玄奘《自于阗归国表》有云："遂以贞观三年四月，冒越宪章，私往天竺。"

入中国做出了杰出贡献。不过玄奘的成绩更加斐然，空前绝后。

佛教的传入是中西文明的第一次大交流，自汉末2000年来，它深刻地影响了中国的传统思想和文化。盛唐时代，佛学在中国达到最高峰，一切都预示着华夏文明将于此时走向一个新的鼎盛时代。

唐初拓边：廓清丝路，安定岛国

唐王朝初立，天下疲敝、国力虚弱，四夷见此情形无不轻慢。这时，东北有高句丽，漠北活跃着东突厥，西域则为西突厥。和隋朝一样，唐的北境不时被突厥袭扰，所以唐初的对外战争首征突厥。

突厥尽管在隋初就已分裂，但此时仍控弦百万，时谓"戎狄之盛，近代未有"。当年高祖起兵时曾修好，但太宗刚即位，突厥即毁约寇边。此次，突厥20万人马在颉利可汗率领下攻到渭水北岸，唐朝举国震动。但京畿兵力有限，远不足以御敌，太宗思前想后，只能布下疑兵之计，令全军广插旌旗，虚张声势。接着，太宗亲率六骑，隔着渭水怒斥颉利背约。颉利师出无名，又见唐军行伍严整，无隙可乘，便与太宗在便桥上杀马盟誓，敲诈了一大堆金帛、粮食后退去。

政局稍稳，唐廷决定强势回应。贞观三年（公元629年），突厥抢掠河西，太宗认为时机已到，这年秋便令李靖、李勣等统10万大军分道反击。此役直插汗廷，俘其人口牲畜无数。颉利败降，东突厥遂亡。突厥既败，漠北出现权力真空，四夷纷纷内附，尊称唐太宗为"天可汗"。当日，太上皇于凌霄阁置酒庆贺，并亲自弹奏琵琶，太宗则当众起舞（唐朝的风气如此，宴会时大家都跳舞），满朝沉浸在胜利的欢乐之中。

击败突厥的胜利是隋唐两朝共同的成果。唐代民族同化取得相当成果，实际上是以强盛的国力和武力为后盾的，再加上强大的文化向心力，华夏同四夷才能长期和平共处。

北部忧患既除，大唐乘胜经营西域。

西域之地，自汉末丧失已有四五百年。贞观年间，高昌入贡，见秦陇萧条，遂起轻唐之念，不仅勾结西突厥，而且频频在商路上抢劫唐朝的使者、商人，为祸一方。贞观十四年（公元640年），唐朝派兵一举平定高昌，将其地改为西州。此后西域各国慑服，纷纷遣使交好。唐朝在此设置安西都护府，统龟兹、于阗、疏勒、碎叶四镇，疆域扩至今天的南疆。

西北暂定，太宗把目光投向东北高句丽，但东征事业不太顺利。几年后太宗病死，李治继位，是为高宗。高宗继承太宗事业，将拓边事业推进到第二期：先击垮西突厥，向西蚕食至咸海，又于庭州设北庭都护府，将整个西域都囊括进来。

西突厥败后，部众从此西迁至西亚阿拉伯帝国，成为雇佣兵。但后来他们又灭阿拉伯，建立了塞尔柱帝国。后世蒙古人西征之时，突厥再次西遁，并于1453年攻入君士坦丁堡，建立奥斯曼帝国，直到1922年才灭亡。故今天的土耳其和突厥渊源很深。西迁的过程伴随的是信仰的变化，原先信奉萨满教的突厥人最终皈依了伊斯兰教。

突厥势力退出后，丝绸之路重新通畅繁荣，而大唐的声威也沿着这条路向西传播。

与此同时，朝鲜半岛问题诱发了中日首次军事冲突。

自汉到唐，朝鲜半岛处于三国时代，即在唐朝初年存有高句丽、百济与新罗三个"国家"。其中，高句丽名声最大，军力最强，对中央王朝一直是时降时叛，时慕时倨。隋炀帝亡国，最主要原因之一就是征高句丽。

当时高句丽、百济勾结日本（倭国）侵略新罗，新罗求援于唐。高宗派出使团仲裁无果，遂令大军东征。

公元663年，中日在白江口发生遭遇战，此战唐军以少胜多，日军死伤数万。日本于是龟缩回本土，再不敢窥视外界。天智天皇恐惧唐军进攻本土，还在国内修筑了四道防线以自卫。之后，日本认识到中国的强大，遂称臣拜师，学习中华文化。此役之后，日本再次向中国叫板已是明万历年间的事了，白江口一战也算是打出了千年的和平。

高宗晚年体弱多病，作为不多。死后皇位先后传至中宗、睿宗，但权力为皇后武则天所掌握。公元690年，武则天建周代唐，成为中国历史上唯一的女皇。她在位共十五年，虽阴毒残酷，政绩倒也斐然。

武后退位后，中宗、睿宗相继复位，宫廷内部却又先后出现韦后、太平公主意欲夺权事件，在帝位争夺中，李隆基最终胜出，是为唐玄宗。

于是，乱局告终，唐朝历史掀开了崭新的一页。

历史华章：开元盛世

公元725年12月的一天，一支队伍从长安城浩荡开出，逶迤奔赴遥远的山东地带。

恢宏开阔的长安城大街上，音乐声缭绕回荡。长安百姓万人空巷，群拥着观看这一盛大游行。黄罗伞盖之下，有一人不停地向百姓挥手致意，此人正是唐玄宗。

这支华美盛大的队伍，此去乃为封禅泰山。

十余年来的安宁祥和造就了国家的富庶，帝国的盛世光景让谦逊的皇帝也难掩自豪之情。队伍历经数月到达泰山，玄宗在山顶举行了仪式，并撰写了《纪泰山铭》，今日还可以在山顶的大观峰看到。

自武后去位，八年之间，唐朝内部历经五次政变，江山易主五人，波诡云谲的政治斗争，多次让政权摇摇欲坠。玄宗亲历了这一切，故而深谙稳定的重要性。于是登台以来，他就以复"贞观故事"相号召，启用一批名臣，广开言路、鼓励进谏，形成开明进取之势。

玄宗从财政经济着手改革，先后检田括户，打击豪强，劝课农桑。那时长安位于关中，人口百万，远离产粮地，加上隋末运河淤塞，后勤供应很是问题，高宗以来，皇帝们总是在洛阳和长安来回奔波以就食。为此，他命人用陆路拉纤的方式改造河道，终于解决了漕运难题。

玄宗也延续前代重文的传统，收典籍，办学校，兴文教，礼乐文化渐至隆盛。体制的改革也同时进行。此时三省首脑不再全任宰相，皇帝不用事必躬亲，宰相被赋予较大的自由度，决策更加开明有效。他和众臣创设了一套"使职差遣"制度（使职是临时的，完成君命随即解职），官吏选拔也增加铨选程序（考试只是第一关，能否做官还得通过资格审查）。

玄宗是那个时代最杰出的设计师，他的理想和情怀为国家的强盛注入了希望。经过十余年的治理，大唐迎来太平盛世。此时海内安宁，财富殷实。杜甫写道："忆昔开元全盛日，小邑犹藏万家室。稻米流脂粟米白，公私仓廪俱丰实。"一时物价低廉，斗米不过数文，几乎达到了百姓路不拾遗、夜不闭户的社会风貌。

在大唐的疆域范围内，每乡都会设置学校一所，国家图书馆整理的藏书多达 53915 卷。史书记载，开元之时，"垂髫之倪，皆知礼让"。玄宗指令御医编纂《开元广济方》，分发各州医药学校。

这亦是一个奔放热烈的时代。每年的正月十五日上元佳节，五万盏灯轮如万花开放的巨树，数千名丽人在灯轮下踏歌，三天三夜没有间断。这是古代中国非常罕见的集体狂欢。整个开元年间，帝国官员和百姓都在歌舞升平中度过。

在这个黄金时代，大唐以中国文化为主流，吸纳外部文化的精粹，形成一种开放、融合、富有生命力和创造力的文化。据《唐六典》记载，是时与唐通使的国家多达300个。日本遣唐使到达长安15次，东罗马帝国先后7次遣使至长安，阿拉伯帝国曾36次派使节，西域各国"入居长安者近万家"。

佛教的高僧大德居住在长安的佛寺中，景教、摩尼教、祆教在长安都有自己的寺庙。而大唐则把木版印刷术、城市规划、服装样式和诗歌传给它的邻人，尤其是日本、朝鲜、吐蕃和安南。

奇珍异宝跨越大海，翻过大山而来。波斯的商邸珠宝、石国的宝石琴瑟、西域的胡姬酒肆，在长安城随处可见。西方的宝刀良马、香料药材每天都在运往长安，长安的丝绸、瓷器、技术和茶叶也在源源不断地输往西方。国际性大都市长安奇货云集、人文荟萃。《唐新语》中说，长安城里，胡人戴着汉人的帽子，汉人穿着胡人的衣衫，谁是胡谁是汉，连官府也无法分辨。外国人可以在唐朝谋求官职，亦可以长期居住，胡人几乎融进了城市生活的各个方面。中亚的舞女和琴师在长安受到热烈欢迎。

唐初，波斯为大食颠覆，其王子卑路斯遣使赴唐，诉求援兵。唐朝帮助他建立波斯都督府保存复国力量。而后大食侵逼，卑路斯一族最后迁居长安，唐政府礼遇如初，末代王子遂终老大唐。

总体而言，盛世加速了华夏文明向外扩展的进程。通过经济文化纽带，中国的制度文化深刻地影响了当时的世界。而唐朝对外的优势一直保持到玄宗后期，在西域遇到了东进的阿拉伯帝国（时称大食）才告终止。

怛罗斯之战：两大文明初次碰撞

政教合一的阿拉伯帝国源起于西亚，自建立以来不断扩张，8世纪以来已逐渐形成地跨亚、欧、非的庞大帝国。盛唐时，大食进至中亚，兵锋直指西域。

公元751年7月，此时已到玄宗执政中期。中亚怛罗斯城外（今哈萨克斯坦境内），旌旗蔽空、战云密布。交战双方乃是大食与唐朝。

唐军长官是高句丽人高仙芝，此公乃百战名将，曾以千骑大破西域小勃律国，被誉为"山地之王"。此时，他已是安西四镇节度使，相当于西域军区总司令。

战前，唐朝因石国背唐降蕃而加以征讨，大胜。逃脱的石国王子向大食求救，正给大食以东进之由，呼罗珊总督阿布随即领军东征。而高仙芝欲先发制人，遂率军长途奔袭，两军在怛罗斯遭遇。

此役，高仙芝所率兵力为安西都护两万汉军，外加拔汗那、葛逻禄1万军队，共约3万人马[①]。而阿拉伯方面，呼罗珊本部宗教兵士4万，加上仆从国10余万人，总兵力在15万～20万，人数远超唐军。

唐军无论装备、素质、士气还是将帅能力，都达到了冷兵器时代的高峰。唐军步兵人手一把弓弩，平均持有至少三件武器，比之秦汉军队，火力强出数倍。骑兵一改南北朝时的重装化，战甲不多，但防护性能提升。兵士每人身背长枪，持圆盾、弓箭，以及横刀各一，全副武装。

唐军御敌战术也很完备：开战时，万箭齐发实施远程打击，敌人近后，又以巨型床弩进行大力杀伤。最后，若敌军到达阵前，则摆起"陌刀阵"——陌刀是长刀的一种，由西汉斩马剑演变而来，二三十斤重，极其锋

---

① 关于唐军具体数量，历来有两种看法：一种认为是6万～7万，另一种认为是2万～3万。国内外学者多认同后者。

利——此阵专砍骑兵，相当于今天的反坦克武器，令敌方"人马俱碎"。双方近战的同时，往往派骑兵迂回到敌军后方，实施夹击。

怛罗斯一战下来，唐军先胜，敌军遗尸7万。但唐军人数本不占优，加之劳师袭远，情报、补给不足，历经5天鏖战，犹未能攻破怛罗斯城。

战至5日，阿拉伯援军杀到，胜利的天平逐渐向阿拉伯方面倾斜。见局势不妙，大唐盟军葛逻禄部率先溃逃，导致局势大乱。在内外夹击之下，唐军溃败，高仙芝趁夜色逃脱。收拢数千残兵之后，高仙芝并不甘心，还想回身再进行一次反击战，但在部将劝说下最终放弃。而阿拉伯人国内也爆发了叛乱，他们对保住中亚心满意足，并没有进一步扩张。

怛罗斯之战以唐军战败告终，这一仗对中亚格局的划分产生了深远影响。战后唐朝因安史之乱和藩镇割据无力经营西域，勉力维持并最终退出了对中亚霸权的争夺。

怛罗斯之战中，一位名叫杜环的人被俘，他此后随阿拉伯军游历中东、非洲十余年，回到中国后，写了一本《经行记》（可惜已佚，只留存下千字片段），成为第一个到达非洲并留下著述的中国人。同样被俘的还有不少的唐朝工匠，他们可能将造纸术这一当时的高科技带到中西亚（另有乌兹别克斯坦学者研究表示，造纸术以和平方式先前通过丝绸之路早已传播到那里），后逐渐传遍欧洲，造纸术及其带来的信息传播力，为欧洲文艺复兴提供了基础。

唐朝在怛罗斯的挫折，为刚刚经历的盛世蒙上了一层阴影。然而这只是一个小插曲，唐朝接下来面临的内政危机，才是地动山摇的大变局。

江河日下：动乱前夜的王朝

开元以来，河清海晏，歌舞升平。玄宗大概也陶醉了，此后不再进取。整个王朝逐渐在浮华中沉沦下去。

先是玄宗强娶了儿媳杨玉环，并十分宠爱。她喜欢荔枝，玄宗便下诏专辟一条从岭南直通长安的贡道，以飞马运送。① "春宵苦短日高起，从此君王不早朝"，他不再那么勤奋，转而耽于享乐。

张九龄罢相之后，李林甫、杨国忠相继上位。二人打击政敌、一手遮天，后者专权更是到了极致。这一时期，边将邀功好战，屡起战端，以致"边庭流血成海水"：时南诏被唐边将逼反，杨国忠荐亲信鲜于仲通讨伐，唐师三征三败，丧师20万；此后哥舒翰讨吐蕃、安禄山伐契丹，又有十几万人战死。

唐朝局势江河日下。开元以来边境共设10节度使，拥兵50万，而中央禁军才12万，渐成强枝弱干、守外虚内之势。这时，原先的府兵制为募兵制所替，这是军事史上的一个大的转变——此后职业军成为主流。此制虽然解决了征兵问题，但财政负担增加，致命的是，将兵容易形成隶属关系。天宝以来，边地战事骤多，节度使连任、兼任的情况日益普遍，调控机制遂逐渐失灵，而地方军阀因此坐大。

军阀之中，安禄山最为得势。

安禄山乃胡人，通多种蕃语、聪明多智。他贿赂朝野政要，打通关节，逐渐接近玄宗。为讨好皇帝，干脆认比自己小的杨贵妃做义母，每次进宫都先拜贵妃。玄宗觉得奇怪，他答道："臣是胡人，胡人把母亲放在前面。"而杨贵妃则用大襁褓把他包裹起来玩弄逗乐。安禄山本人很胖，大肚垂至膝下。玄宗调侃："你肚子这么浑圆，里面装的什么？"他不假思索答："里面只有一颗对陛下的忠心。"机智的言辞很得玄宗欢心。

安禄山官运亨通，权势极盛时已身兼范阳、平卢、河东三镇节度使（相当于一大军区总司令），独揽该区军政大权，拥兵18万。势力的壮大给了安禄山造反的基础。

实际上，他起兵反唐的心路历程曲折漫长，跟政治腐败关系很大。李林甫去世后，再无能镇得住安禄山的人物，而杨玉环的哥哥杨国忠继任宰相，贪婪弄权，蓄意排挤安禄山，处处与他作对，最后发展到在玄宗面前告状说安禄山要反。

天宝末年，矛盾终于迎来一次总爆发。

---

① 考虑到古代物流限制，有人提出杨贵妃食用的是蜀中荔枝，或经过腌制的岭南荔枝。

安史之乱：渔阳鼙鼓动地来

公元756年6月13日这天，天色灰暗，宫城寂静。朝臣们三三两两还和往常一样来到大明宫等候上朝。早朝的时间终于到了，但有人发现同僚没来，而皇帝也没出现。大臣们如坠五里雾，后来才知天子早已逃离了长安……原来，安史叛军已经攻破潼关，兵锋直指长安，吓破胆的玄宗再也坐不住，半夜就出了城。

其实一切早在前一年便已经开始。公元755年11月，安禄山、史思明以清君侧之名，杀奔国都，史称"安史之乱"。这是大唐建国以来经历的最为艰难的一个寒冬。由于帝国承平已久，官民不识兵革，而渔阳铁骑皆为边防军队，故叛军所至，吏民望风而降。唐廷昏庸，得力干将相继被撤，洛阳、潼关等要塞失守，长安门户洞开，遂有上述一幕。

两京既陷，肃宗、代宗相继撑起流亡小朝廷，唐朝上下展开复国运动。艰苦奋斗近八载，举国终于迎来了和平——代宗广德元年（公元763年），最后一支叛军投降，战事得以平息。但这场战争已然没有胜利者。

数年的战乱使盛世所积财富化为乌有，中原地区"人烟断绝，千里萧条"，"洛阳四面数百里州县，皆为废墟"，汝、郑等地的百姓只能以纸糊衣，全国人口从5292万减至1699万，社会元气大伤。从文化史的角度来看，祸乱使"四海南奔似永嘉"，中国人口再次大量南迁，秦汉以来富饶的关中走向衰落，而蛮族入侵的序幕才刚刚拉开。

安史之乱后，有一个令人五味杂陈的美谈：平定安史之乱的主将、中兴名臣郭子仪有一个习惯——会客必带姬妾。有一次患病，御史大夫卢杞前来看望，郭子仪却将侍妾全都屏退，自己一人接待。这是为何？原来卢杞长得丑陋，个性比较阴毒。郭子仪怕女人看见会讥笑他，惹火烧身，因此十分谨慎。

国之重臣不敢得罪一个小吏，这个老成的生存智慧流传了千年，颇受到一些赞许，其实这是十分悲哀的。赞许者所看不到的是法治缺失的悲哀：在人治社会中，即便是在盛唐，没有法治保护，大臣也一样生活在恐惧中。对一个国家来说，法治可以确保秩序稳定、国运稳定；对个人来说，法治则可以减少生存的痛苦。"分久必合，合久必分"是一种无奈，真正的"王道"其实是可以做到合而不分的；"木秀于林，风必摧之"更是一种悲哀，真正的"王道"其实是可以鼓励木秀于林、青出于蓝的。

郭子仪只能忠，不得不忠——作为生于兹、长于兹的汉人，他没别的选择。但平定安史之乱的另一名将仆固怀恩就不同，其家族在安史之乱中有46人为国殉难，可谓满门忠烈，但后来受挤兑，最终背叛唐朝。以此相推，郭子仪虽貌似无比温和、知足，但他的生存苦衷，一定是如鱼饮水，冷暖自知。

西风残照与晚唐衰象

战乱虽已结束，山河亦被重拾，但繁华的烟云早已散去。战后的帝都荒草丛生，破败萧条，唯有断壁残垣在静静地诉说着帝国不堪回首的痛楚。西风凛冽，残阳斜照。自中唐大乱以来，华夏式微，内忧外患迭起，而王朝已是步履维艰。

南诏在天宝战争之后，倒向吐蕃，不时北犯；吐蕃虎视眈眈，安史之乱后趁火打劫，连长安城都一度沦陷，此后西域、河陇尽丧其手。北方，回纥屹立，虽屡次助唐平叛，但仍不时抄掠，黎民苦患。

此时，搬回长安的朝廷，不得不大封安史降将，虽然剜肉补疮终不能收买军阀，但作为政治妥协，主政的代宗也别无选择。他温和的处理方式，终究也没使倾颓的大唐走出阴霾。自他开始，割据之势愈演愈烈。

中晚唐的历史几乎都是藩镇的舞台。节度使气焰嚣张，招募私人武装（凶悍的牙兵，是方镇叛乱的资本），设官自治，截留赋税，对抗中央。

典型的如德宗时的"四镇之乱"。

当时，成德节度使李宝臣病死，其子李惟岳请求继任。但德宗上任，决议削藩，结果引发四镇（魏博、淄青、成德、山南东道）联合反叛，德宗欲借西北方镇打击叛镇，但诸路军阀各怀鬼胎，大军过京反酿兵变，德宗自己也狼狈逃离，甚至被包围在奉天（今陕西乾县）城中达一月之久，最后才被李晟带领的神策军入关解围，得以平息这场叛乱。

此后削藩偶有胜利（如宪宗元和削藩），但各路军阀也只是表面顺服而已。

藩镇割据，反映了地方军阀与中央的矛盾。局面的长期存在是因为他们相互牵制，形成暴力均衡。一旦均势被打破，则会再度统一。抑制军阀割据有相当难度，历代没能很好地解决，宋朝重文抑武，却致矫枉过正，国家羸弱。

代宗以后是中唐时期，这一时期德宗、顺宗、宪宗、穆宗、敬宗、文宗相继当政，帝国病态的躯体更加孱弱。德宗时一度爆发财政危机，宰相杨炎实行了两税法改革，以财产为据，取消杂税，部分纳钱并分夏秋征收。这是中国古代税制史上的一项重要转变，但小修小补无法从根本上扭转大局。

德宗后，顺宗登基，但在位不到一年便被迫退位，此后宪宗上台。

宪宗时，朋党之争渐起。以牛僧孺、李德裕为代表，两党为了小团体利益不惜一切手段相互争斗，持续数十年。这种倾轧是一种无规则、无底线的恶性竞争，不仅加速了内耗，亦使朝政更趋黑暗。

德宗、宪宗本来都曾锐意改革，但军阀嚣张、朝臣腐化，终因成就有限而心灰意冷。军阀、大臣的信用透支殆尽，皇帝转而依靠内侍，于是宦官逐渐坐大。

自德宗开始，宦官掌握禁军成为定制，此后权势更盛。晚唐时宦官经常毒杀、废立皇帝，引起皇帝、朝臣不满，所以大臣们跟宦官斗得死去活来。典型的如文宗朝的甘露之变。

大和九年（公元835年），深受压抑的文宗不堪大权旁落，起用李训、郑注等人谋诛宦官。这年11月21日，李训令将军韩约奏报左金吾仗院内石榴树上夜降甘露，诱骗宦官头目仇士良等前去查看，企图一举歼灭。但宦官到达后看出破绽，慌忙奔回，挟持文宗，旋令禁军五百人持刀巡视，逢人即杀，死者千人以上。

此次屠杀使朝班为之一空，宦官更加猖獗。文宗只能哀叹自己受制于家奴，连周赧王、汉献帝两个亡国之君都比不上，此后郁郁而终。

宦官之祸一直存在并持续到唐末。昭宗天复年间，宰相崔胤引朱温尽诛宦官，但后者顺势篡位，宦官和唐朝遂同归于尽。宦官专权比较特别，历代贵族权势大，能分掌中枢大权时一般不会出现，若集权发展方能趁势而起，汉、唐、明均如此。

文宗之后，唐朝历经武、宣、懿、僖、昭、哀帝各朝。晚唐时皇帝频换，多则十余年，少则几年，国家如病马拉着的破车，驶在陡峭的山路上，时有倾覆之虞。

终于，宣宗大中十三年（公元859年），浙东人裘甫首先发难，紧接着庞勋、王仙芝、黄巢相继起义。其中尤以黄巢起义最为惨烈。黄巢占据长安后，其军队"杀人满街，巢不能禁"。待唐廷反扑，首都百姓倒向官军，"巢怒，纵兵屠杀，流血成川，谓之洗城"。后黄巢军围陈州，以数百巨碓，同时开工，将大批活生生的百姓、俘虏，无论男女老幼，全部投进巨舂磨成肉糜以作军粮，人称"捣磨寨"，且流水作业，日夜不辍。黄巢"纵兵四掠"，河南、山东十余州又遭荼毒。战乱再次吞噬大量人口。[1]

战乱中，官军无力，各地藩镇作壁上观，唐廷被迫引沙陀（西突厥的一支，晚唐时内迁，五代时曾建后唐）、党项平乱，外族趁机入侵。

联合绞杀之后，黄巢败死狼虎谷，起义结束。但唐廷也是奄奄一息，以致"王室日卑，号令不出国门"，可谓名存实亡。哀帝天佑四年（公元907年），朱温废帝自立，给唐朝的棺材钉上最后一颗钉子。

唐末残局继续发展，中国即将进入另一个大动乱时代。

分裂纷乱的五代十国

三百年巍巍大唐，终抵不住历史的转轮，它从青年到中年，从壮年到暮

---

[1] 参见《资治通鉴·唐纪七十》第254卷关于黄巢起义的内容。

年，最终在黄巢等起义军的驰骋狼烟中崩塌分裂，留下了北方走马灯般的"五代"和大致散在南方的"十国"。

又一次，中国由统一走向分裂。

北方的五代始于朱温，朱温原名朱全忠，就是这个叫"全忠"的人，先是黄巢的部下，然后叛变投唐，反过来镇压起义军，而对唐的这份忠也没保持几年。904年，朱全忠杀唐昭宗，立李柷为太子即位，是为哀帝。在905年大杀朝官的"白马驿之祸"之后，907年，他终于撕掉唐臣的外衣，废哀帝自立，建后梁，都开封。大唐帝国宣告灭亡。

唐亡后，世袭的节镇遍及东南。自907年到979年，中原各藩镇之间经过不断兼并战争以及内部反叛，先后成立了后梁、后唐、后晋、后汉、后周五个短命王朝；而南方及河东地方军阀先后自建吴、闽、南唐、南汉等十个小政权，它们大都奉北方的五代政权为宗主。中国整个南北方的四分五裂的局面，史称"五代十国"，这是中国史上的第三个分裂时代。五代十国，是唐末藩镇割据局面的延续。

其间，两大节度使——定难军和静海军相继独立，自立为王。

定难军节度使大致掌管今天陕西、内蒙古交界一带。唐末僖宗时，党项人拓跋思恭因助剿黄巢有功，被赐姓李，封定难军节度使，以夏、绥、银诸州为世袭封地。宋初，李氏叛宋，至李元昊时建立西夏，正式独立。

静海军节度使掌管位于东南亚的交趾（今越南一带）。在宋朝以前，位于中南半岛红河流域的这块土地，历来受中国管理。唐末一度为南诏吞并，懿宗时被安南都护高骈收回，改称此名，列入唐朝藩镇。南汉大有三年（公元930年）九月，立都广州的南汉高祖刘龑派兵灭了静海军，控制了越南一带。次年，静海军的部将杨廷艺率军击败南汉后，自称静海军节度使，但表示臣服南汉。谁知，几年后杨廷艺被其牙将矫公羡所杀。

938年，守防爱州（今清化）的吴权（杨廷艺之婿）带兵击杀矫公羡，并在白藤江一举打败了来犯的南汉国军队。这场白藤江大捷后，吴权废除了南汉国任命的节度使职务，自立为王，建立吴朝，定都古螺（交州），越南历史称为"前吴王"。从此，越南结束了一千余年的北属时期，开始走向独立。

　　此外，幽云十六州此时亦被易手，成为影响宋朝的一大历史遗留问题。

　　幽云之地自古以来就是草原民族和农耕民族的交接过渡地带，也是双方在战争期间的战略缓冲地带。幽云之地以南，是一马平川的华北平原，最便于游牧民族骑兵冲锋。

　　唐末，契丹趁乱崛起，耶律阿保机于公元916年称帝建国，虎视中原。石敬瑭原是后唐李克用的部将，为了自己的称帝野心，借助游牧民族契丹兵力灭后唐。后唐覆亡时，契丹国主辽太宗立石敬瑭为晋帝，作为交换条件：石敬瑭向辽太宗称臣、称子，当"儿皇帝"，把幽云十六州割给契丹。

　　幽云之地居高临下，契丹拥有此地，中原王朝的国境线于是敞开。石敬瑭的此番拱手相让，直接导致了宋朝在宋辽、宋金对峙中的劣势地位，自此宋朝的北方面对契丹弯刀、女真铁骑、蒙古骑兵的时候，已经无险可守，整个中原被暴露在铁蹄之下。因此，若干年后，宋辽大战，宋军惨败亦有此因。这十六州直到明初北伐后才重回统一，其间被分裂统治四百余年。

　　总体来看，这一时期十国实力有限，不足以与中原相抗衡，于是多奉五代为正朔。那时中国北方动乱不已，而十国军阀多保境自守，不少北人南迁，故南方社会秩序较为安稳。五代末，中原的后周逐渐强大，而肩负统一使命的宋朝即将在其基础上诞生。

第十一章

宋朝：内忧外患

在五代更迭、十国散立的同时，周边少数民族也逐渐兴起、壮大。北方有契丹人的辽，西北有党项人的西夏，西南有一度强悍的吐蕃、大理，而最为强劲、对中原威胁最大的当属契丹人。当北宋正在忙着征战各方割据政权、统一南北的时候，北部边地上，寒风吹着戈壁的砾石，扬起的黄沙里，一群群战马若隐若现，刺目的阳光打在锃亮的弯刀上，折射出道道寒光，他们眼里充满了欲望，觊觎着疆土、金钱和食物。

北宋就是在这样复杂的局势下诞生的，民族间的碰撞，尘与血飞扬，躲不过的是一次次生存竞争的较量。

大宋建国：法统先天不足

在五代更迭、十国散立的同时，周边政权也逐渐兴起、壮大。北方有契丹人的辽，西北有党项人的西夏，西南有吐蕃、大理。对中原威胁最大的，当属契丹人。

显德六年（公元959年）十一月初三的一夜，寒风劲吹。出征的后周将士们在军帐中整夜未眠，他们受后周王朝之命，抵御北汉及契丹的联军。北周的统帅是赵匡胤。黎明时分，微红的日光中勉强能看清人脸，赵匡胤从军帐中起身，伸了个懒腰，此时，将士们一哄而上，赵匡胤的弟弟赵光义和部下赵普把早已准备好的黄袍披在了赵匡胤的身上。

"万岁！万岁！"门外的士兵齐声呐喊。

他们要拥立赵匡胤做皇帝。军人拥立首领乃至皇帝，这是五代十国间惯常的景象。

很快，在京的殿前都指挥使石守信和殿前都虞候王审琦下令打开城门，迎接大军进城。年幼的后周皇帝不得不当即禅让皇位，就这样，赵匡胤毫不费力地成了北宋的开国皇帝，是为宋太祖。

在宋朝的官方文献中，都把陈桥兵变说成赵匡胤事前并不知情，这当然是不足信的。事实是，正是赵匡胤制造了辽国与北汉合兵南下的假情报，后周决策当局才匆忙派他率禁军前往抵御的，而他就趁机兵变夺权了。

考察历史，君权的来源有四种：继承、革命、征服、篡位。赵匡胤跟曹丕、司马懿父子等人一样，君权是篡位而来，没有执政合法性可言。赵匡胤对此十分明白，所以，为了防止大宋出现第二个赵匡胤，即位之后，他导演了一出"杯酒释兵权"，让开国武臣们功成身退，享受生活，不要再参与政治。

在这样的开国背景下，宋朝深深忌惮武力，抑武尚文的价值取向和制度设计贯穿了宋朝三百年历史。不能再让军人掌握政权，是宋王室历世相传决不放弃的一个家训。军权与政权的矛盾，是大宋三百年未能解决的核心宪制问题。

宋王室采用了一个优待文人士大夫、永远让文人压在武人头上的策略。宋太祖制有誓约，藏之于太庙，内容是"不杀大臣及言事官"。赵光义则曾直白地表示：文官即便个个贪污腐败，危害性也不如武将一个人[1]。

于是宋朝大规模扩大文官规模，并加以优待。隋唐初设进士，每年一般

---

[1] 《宋史全文·宋太祖二》，汪圣铎点校，中华书局，2016年，第78页。原文为"五代方镇残虐，民受其祸。朕今选儒臣干事者百余，分治大藩，纵皆贪浊，亦未及武臣一人也"。

录取三四十人，多不过百。宋太宗时，亲御便殿面试贡士，广泛选拔，任才升擢。太平兴国二年（公元977年）进士中第多达700人，后遂为成例。应进士试者，太平兴国八年（公元983年）多至10260人，淳化二年更是多达17300人。文官的待遇也更高，包括文艺领域的宫廷画师等也是如此，加上从上到下的文化风起，致使整个宋朝的文艺成绩（文学、诗词、绘画、书法等）极度发达。

历史学家钱穆对比唐宋立国格局的差异时评论说：就王室而论，"宋无女祸，无宦侍弄权"，看上去唐不如宋；然而唐承北朝方兴之气，宋踵继五代已坏之局。唐初天下文教已盛，规模早立，宋渐弛渐圮，乃以奢纵败度。

赵匡胤在后周的基础上南征北战，基本上统一了中国。攻打南唐之时，南唐后主李煜曾派使者向太祖乞求，愿意以小事大，如子事父。赵匡胤却说，虽如父子，毕竟是两家。当使者再次辩论时，太祖辞屈，按剑怒吼："不须多言！江南亦何罪？但天下一家，卧榻之侧，岂容他人酣睡耶？"于是出兵伐唐，俘虏了李后主。没有武力做基础和后盾，怎么会有和平呢？

李后主是一个政治天真的文人，只能悲叹"故国不堪回首月明中"了。

开宝九年（公元976年），赵匡胤则在一个冬夜里暴死，死因不详，当夜只有弟弟赵光义跟他在一起，外界传言纷纷。赵光义即位为太宗。

太平兴国四年（公元979年），太宗北征契丹，大败，中箭溃逃，宋军夜惊，不知太宗是死是活，有人便准备拥戴随征的太祖之子德昭。太宗回师以后即逼死了德昭。两年以后，太祖的另一个儿子，年仅23的赵德芳也不明不白地死去了。《宋史》称"寝疾薨"，睡梦中死去。

此时，赵普上了一份密奏，称自己早年曾有奏札论及皇位继承事，并受到太祖、杜太后的顾命，书写过一份金匮之盟，俱在宫中。赵普是大宋的开国元老兼宰相，文化不高，但号称"半部论语治天下"，是个政治老手。

就这样，赵普为太宗解除了接班人问题这一大心病。不过关于金匮之盟，是否存在此事，誓约的内容是什么，难以考证。陈桥兵变、烛影斧声（赵匡胤之死）和金匮之盟并称为"宋初的三大疑案"，我们无法穿越到当时，于是留下了后世的众说纷纭。而这重重迷雾，也为宋初的政坛增添了不少神秘色彩。

公元979年，宋太宗攻取了北汉，雄心勃勃地对契丹开战，欲收幽云故地。辽朝名将耶律休哥先以弱兵五千诱敌，再以精骑三万绕道宋军南侧，发动猛攻，席卷而北。双方在高粱河激战，宋军在辽军猛攻下，全线崩溃。太宗在混战中腿部中箭，无法御马，只好换上驴车，狼狈败逃。哥哥赵匡胤当年攒下不少家底，准备征辽，或从辽国手中买回幽云之地，可惜，太宗这一战把多年积蓄都打没了。

太宗并不甘心。雍熙三年（公元986年），经过长期筹备，大军分三路出征，初期，西路军胜而东路军大败。当得知东路溃败，太宗忙令撤军，中路军安全返回，而西路军接到指令，要掩护寰、朔、云、应四州的居民迁至内地，而这支孤悬敌后的西路军，也就成了辽军痛击的对象。

西路军的副将杨业，时人赠美名"杨无敌"，他就是中国人几乎家喻户晓的杨家将故事的原型。杨业率兵奋勇作战，几致全员战死，而先前主帅潘美说好的接应，却迟迟不到，杨业最终因寡不敌众，力战至竭，堕马被俘，绝食三日而死。

雍熙北伐失败后，战争的主动权虽然转向辽朝，但边境上的较量，双方互有胜负，辽朝也不总是占有绝对的优势。景德元年（公元1004年），辽军大举南下，宋朝廷是战是和，动摇不定。后来在主战的寇准的指挥下，辽军进展得并不顺利，先锋大将萧挞凛在视察地形时，被宋军用床子弩射死，还未开战便折大将。这场大战之前，无论怎么看，宋军都不像是处在劣势。

然而欲战欲和的宋朝，最终没有勇气挺起胸膛和辽军再打一仗，辽军一发出议和的信号，宋太宗的继承人宋真宗就以避免生灵涂炭为由，迫不及待地接受了。

由此订立澶渊之盟，宋辽两国称兄道弟，宋给辽赔银赔绢，贿买和平。

有意思的是，澶渊之盟后，两国间竟真的保持了一百多年的和平。

经济繁荣的时代

宋真宗之后的皇帝是宋仁宗赵祯。"仁"这个谥号，是开创性的，根据古代流传下来的谥法，好评差评都有固定的几十个字，例如恶谥有"厉""幽"之类，而美谥多是"文""武""景"之类，宋仁宗的大臣们觉得，此前的所有美好字眼都不足以描述我们这位有史以来最可爱的皇帝，而要创造一个前无古人的新谥号，于是采用了儒学中最宝贵的字——"仁"。

宋仁宗每天面带微笑，和蔼可亲，很节俭、很谦虚、很忍让。在当了近半个世纪（41年）的皇帝之后，在公元1063年，以54岁之龄去世了。宋仁宗去世，大宋朝野上下莫不哭号，举国哀痛。《宋史》记载："京师罢市巷哭，数日不绝，虽乞丐与小儿，皆焚纸钱哭于大内之前。"当他的死讯传到洛阳时，市民们也自动停市哀悼，焚烧纸钱的烟雾飘满了洛阳城的上空，以致"天日无光"。他的死甚至影响到了偏远的山区，当时有一位官员前往四川出差，路经剑阁，看见山沟里的妇女们也头戴纸糊的孝帽哀悼皇帝的驾崩。

甚至宋仁宗驾崩的讣告送到辽国后，"燕境之人无远近皆哭"，时为辽国君主的辽道宗耶律洪基也大吃一惊，冲上来抓住宋国使者的手号啕痛哭，说："四十二年不识兵革矣。"又说："我要给他建一个衣冠冢，寄托哀思。"

宋仁宗何以这么受爱戴？可以用三个字总结：不作恶，即从来不推出奇葩政策祸乱民间。而此时的大宋，经济极度繁荣，乃是世界第一大经济体。

以钢铁产业为例，北宋时烧煤炼钢，大型手工业雇用几百个全职的产业工人，而政府的两处军工业聘用8000名工人——这简直是重工业规模了。北宋的钢铁产业规模到底有多么巨大？今天许多学者进行过估算，多数认为年产量在7.5万～15万吨。耶鲁大学教授保罗·肯尼迪在《大国的兴衰》中认为北宋铁年产量12.5万吨，远多于1788年英国工业革命初期的钢铁产量。当然，需要补充的是，北宋开始烧煤炼铁，固然成本降低、产量扩大，但煤中的硫渗进铁中，却导致铁质量下降、容易脆断，所以宋朝兵器质量低劣，宋朝开始钢铁制品的质量反倒逐渐落后于世界。[①]

北宋的财政收入也反映出经济结构：熙宁十年（公元1077年），北宋赋

---

① 保罗·肯尼迪：《大国的兴衰》，国际文化出版公司，2006年，第2页。

税总收入共7070万贯，其中农业的两税2162万贯，只占30%；工商税4911万贯，占比高达70%。这个数字说明，构成国家财政收入主体的，已经不再是农业，而是工商业了，农业社会似乎开始向工商业社会迈进。[①]

除了军事孱弱，宋朝在文化、经济、科技方面确实很辉煌：四大发明中的活字印刷和指南针都出现在宋朝（隋朝时发明雕版印刷）；宋朝使用着世界上最早的纸币（交子），踢着世界上最早的足球（蹴鞠），放着世界上最早的烟花，使用着世界上最早的计算器（算盘），驾驶着当时世界上最大的轮船，使用着世界上最早的大炮和类似手榴弹的火器，实行着世界上最早的果树嫁接技术……

宋朝是中国古代历史上经济与文化教育最繁荣的时代。著名史学家陈寅恪言："华夏民族之文化，历数千载之演进，造极于赵宋之世。"日本史学家宫崎市定甚至称"宋朝是中国历史上最有魅力的时代"。

宋朝经济为什么这么繁荣？可以归因于经济自由政策。

具体而言，不干预农村的土地买卖、城市不设宵禁、不干预海外贸易、不干预民营经济、不抑制文化创新和科技进步。

从北宋以前各代历史来看，大都是重农重政重军抑商，而宋朝是中国古代长期不实行抑商政策的王朝[②]。相比以前的朝代将盐、茶、酒、醋都收归国有实行专卖制度，宋王朝以公开拍卖经营权或其他方式将经营权交给民间。

大多数朝代都实行抑制土地兼并的政策，防止农民大量破产，而宋朝却不抑制土地兼并，承认土地私有，把私人占有当作藏富于民，土地被商品化，国有土地的使用权和租赁权也能买卖。户籍制度上也有松动，只要你移居一个地方超过一年，就可以拥有当地的户口。宋朝商品经济繁荣，户籍制度放宽，农民弃耕从商成为一种常见现象。

站在老百姓生活的角度看，"仁宗盛治"应该算得上是中国历史中的一个黄金时代。

---

① 刘光临、关棨匀：《唐宋变革与宋代财政国家》，《中国经济史研究》2021年第2期。

② 葛金芳：《经济变革与宋代工商业文明的加速成长》，《河北学刊》2008年第5期。

王安石变法与大宋治理困局

经济繁荣并不是万事大吉，军事安全困境始终是大宋国家治理的死局。

仁宗在位时已经颇为此苦恼。对外战争却又屡战屡败，康定、庆历年间，西夏几次大举进犯，宋军都大败，后与西夏订立和议，每年给西夏大量银、绢、茶；对辽也屈辱求和，增纳岁币。此外还有零星的农民起义和兵变，一年多于一年。为了解决统治危机，仁宗曾于庆历年间，任用范仲淹、韩琦、富弼等人充执政，企图对吏治做一些整顿，史称"庆历新政"，但很快取消。他到了晚年都还在酝酿改革，欲求万世之太平，但并无良策。

仁宗死，英宗即位，又五年后英宗就去世了，神宗即位。宋神宗面对局面，已经积重难返。

第一个现实的问题就是政府财政困难，十分缺钱。

养官、养兵、养闲人，让宋朝财政不堪重负。

为了贬抑武人，宋朝对文臣的待遇极为优渥，以至于后来成了沉重的财政负担：唐代的举子考中进士只是具有了当官的资格，还要经过吏部身、言、书、判层层标准的铨选，达标者方许以官职，而宋朝一登第就释褐授官；宋朝财政拨款中，文臣俸禄（工资、补贴）的支出也频频增添，时称"恩逮于百官，惟恐不足；财取于万民，不留其余"，可以想见宋朝优待官吏之情态；而宋朝的状元更是荣耀无上，以至于时人说状元及第的光荣，就算是将兵数十万、恢复幽蓟、逐出疆寇、凯歌劳旋、献捷太庙这样的功勋也比不上。

军费支出是另外一个财政大窟窿。为了加强中央集权，防止军人割据，宋朝把军权都收归中央，实行更戍法，定期让士兵流动戍卫，不能形成士兵和将帅之间固定的隶属关系，兵不知将，将不知兵，其指挥效率和战斗力当然十分低下。又由于怕兵士作乱，政府宁愿花钱维稳，军队成了安排上访户、困难户就业的慈善机构，所以宋朝常备军多达百万之巨（同时期欧洲各国常备军往往只有几千人或者零），远超历朝历代，但是每战必败。

军事失败和财政窘境，其实反映了宋朝的治理困局。如果不改革，国家必将糜烂到无可救药。

面对危机，宋朝士大夫领头的改革有两次：一次是以范仲淹为首的庆历新政，另一次是王安石领导的熙宁新法。庆历新政主要就是削减冗额（官员和军队）、改革科举、减少冗费（宗教等）、整顿军备、加强生产（厚农桑、减徭役）、强化法治（重命令、厚恩信），但很快就被既得利益集团反扑，在权斗中失败。

王安石变法以富国强兵为目的，更注重"开源"，而节流次之（太触动既得利益）。

在北宋的政坛上，甚至在整个中国历史上，王安石都是一个特立独行的人：22岁中了进士第四名，被任命在皇帝身边服务，这个人人艳羡的工作他却加以拒绝，申请去基层；他从不跟领导发展私人关系，刚参加工作不久，上级领导包拯宴请敬酒，他坚持自己的原则滴酒不沾，一点不给包青天面子（在那场饭局上，平时不喝酒的司马光也喝了一杯）；官做到宰相，他也没有任何奢侈浮华的生活，一如既往的朴素，穿衣简朴，吃饭简单（菜只吃离得最近的那个，别的没心思碰）。他不迷信古人，不迷信经书，也不怕得罪皇帝。

王安石之所以如此特立独行，原因在于他怀有远大的理想。王安石的理想超越于具体政治策略之上，他不但要改革当代政治，还意在改革古今学术、改变人们的思想观念，为此，他著书立说、重新解释古典典籍，甚至打算废除科举、重振先秦时期的学校制度。

20岁的神宗，血气方刚，怀强国雄心，起用王安石进行变法。王安石针对时弊，从理财（均输法、青苗法、农田水利法、方田均税法、市易法等）、强兵（保甲法、保马法、军器监法）、育才（科举新法、三舍法、三经新义）三个方面颁布了一系列措施。

可冰冻三尺，非一日之寒。对于积重难返的社会，改革在实践中却出了不少问题。熙宁六年（公元1073年）七月，大旱，灾民涌向开封城。灾荒烈烈，人们不禁嘀咕起变法措施的烦扰折腾和空虚无力。监开封安上门的郑侠直言青苗、市易等法的弊病，面对羸弱愁苦的灾民，他把当时现状手绘成画卷呈送神宗，并附言："观臣之图，行臣之言，十日不雨，即斩臣宣德门外！"神宗看过，长吁短叹，夜不能寐。

神宗开始动摇了，不知对错，也不知所措，只是疲惫地将画卷交予王安石，一言不发。

宋朝是一个儒家学说笼罩下的人治时代，宋朝的党争喜欢贴上道德标签，政策争议最后都被归结为人品道德问题。学术思想态度、政策策略上的不同，往往排斥异己者为"奸邪"。一流文人、不入流政客苏洵、苏轼父子也是如此。程颐被洛学学派奉为圣人，而苏轼评论："我一贯痛恨程某之奸邪。"孔文仲则弹劾程颐的奏疏称："其人品纤污，天资憸（xiān）巧。"

王安石处在这种生存环境之中，指责和攻击自然漫天横飞，但王安石节俭自律，对方无把柄可抓。苏洵写了一篇《辨奸论》影射王安石①，可是拿不出任何有力的证据，只能扯什么"凡事之不近人情者，鲜不为大奸慝"之类空话。然而，没有把柄可抓并不值得庆幸。王安石在这种斗争漩涡中，孤身与流俗作战而不被理解，最终只落得精疲力竭。

在政治改革的泥潭中，王安石几经沉浮，罢相又复职，复职又罢相，但最终变法还是失败了。

王安石提出的改革政策，即便以现代眼光看来，也很有创意，而且有可行性。但为什么战国时期的李悝、吴起、齐威王、赵武灵王、商鞅变法纷纷获得成功，王安石却最终失败？这值得我们认真思索。

权力顶点的宋神宗从来没有从事过基层工作，不了解实际情况，无法判断政策的好坏和真正效果。因而，他经常出现动摇和犹豫，无法将一种策略贯彻到底。一方面权力越来越集中于皇帝，另一方面皇帝本人的见识、能力却越来越与他的职权不匹配。

辩论是政治的重要程序，应预先设定合理的规则。王安石所处的北宋政界，辩论极其激烈，但最后全都变成人身攻击，无法以科学的方式分出胜负、作出决议。宋朝辩论没有议事规则，事情容易被道德化，但道德却是说不清楚的东西。新法的实际效果到底怎么样？没有数据化、可证明的测量手

---

① 《辨奸论》作者是谁有一定的不确定性，也有人认为是邵伯温托苏洵之名而作。

段，辩论双方总是看上去各有各的道理。作为辩论仲裁者的宋神宗，最后也被折磨得心力交瘁。

双方的主张，许多都缺乏研究的支撑，这也造成了辩论的混乱。如社会财富总量是固定的还是增长的这一基本问题，双方无法达成共识。王安石认为，只要政策得当，社会财富总量就会稳步增加，而司马光等人认为，社会财富总量是个固定数值，官多就民少，所谓改革不过是剥夺民财的零和博弈。其实在经济学实证研究支撑之下，我们现代人知道财富总量是可以增长的，但古人很难论证出这个结论。

王安石在人治的框架之下推进改革，必然被人治的泥潭吞噬，这个结果并不意外。没有对官僚集团的法治化监督体系，改革会变成官僚集团自肥，底层民众受到的压迫和剥削反而更加严重了——这正是王安石的对手们所极力批评的，而他们的批评并非没有道理。例如保甲制度，本是学商鞅，对训练民兵大有好处，但在官僚手中却被异化为对百姓的欺压。王安石所推行的青苗法，有点像现代的小额贷款制度。这个类似于现代银行制度的方案要健康运行，必须有信用、法治、责任等规则相配合，而王安石的时代，全无此种社会氛围和保障。

北宋政界缺乏基本的价值观共识。儒生的复古价值观在宋朝具有绝对的统治地位，司马光等人甚至反对强兵，北宋唯一一次对西夏的军事胜利，算是王安石变法的成果之一，却被司马光攻击为"侵扰四夷"。而王安石对春秋、战国时期的法家学派改革家有几分赞同，这更是捅了儒生们的马蜂窝。

围绕着变法，产生了激烈的党争。古时的党争不是现代民主制度下的政党竞争，英国有个名词是所谓"忠诚的反对党"（Loyal Opposition），也可以理解为"正直的"反对党，并不是对方做的所有事情都要一概反对，而有时候竞争有时候合作，是在竞争中共同建设的关系，所以反对党本质上是朋友或者诤友。中国古代的政治框架无法处理党争，唐朝时的牛李党争就曾延续数十年、相互倾轧，变成徒耗国家元气的内讧。熙宁变法之后，新旧两派以人事权为核心的相互倾轧和打击，让大宋王朝很受内伤。

王安石变法失败，说明大宋已经失去了自我革新的能力，只能是一步步走向沉沦。在这个被儒学意识形态笼罩的帝国里，很少有人能提出治理国家的新方案，即便提出了，也会遭到围攻。天才如圣哲王安石，是当时为数不多的头脑清醒的决策者，可是他无法抵御社会的大泥潭。大宋的命运，不言自明了。

屈辱溃败：靖康之变与建炎南渡

靖康二年（公元1127年）四月，北行路上，宋徽宗、宋钦宗两位皇帝都穿着素服道袍，夹杂在金兵押运的途中。日落、风起，天边晕染着残血般的赤霞，夕阳拉长了这对父子沉重的背影，身后是皇后、嫔妃、太子……还有大臣、工匠、倡优等各色人群，这十余万俘虏哭声不绝，犹如长河浩荡。他们背后的开封城，已经被搜刮一空，人肉都可以用来充饥。北宋最后的一幕，就定格在了这北撤的凄凉途中。

命运难料，仅仅三年前，徽宗还在御花园里书着独步千古的瘦金体，赏着苏州运来的花石——为了勒索这些花石，江南富户几乎破产，房子院墙都被强拆，然后花石被装上船，千里迢迢运来帝都。这些民间浩劫，徽宗也许知道，也许不知道，总之他并不关心。一切恍如昨日，转眼间他已成了亡国之君、金兵的阶下囚。

在北宋改革自救失败期间，外部的格局也悄然地发生了变化。契丹人（辽）的强势渐渐消去，北方霸主地位逐渐动摇——东北的女真人不堪辽国的剥削而奋起抗争，竟然将辽军接连打败，建国号为"金"。

自从宋辽澶渊之盟后，宋有了一百多年的弱势和平。女真人起兵抗辽，宋廷使者在海上与之密约南北夹击，显然，这是一个收复幽云一带领土的契机。然而，宋军十分臃肿虚弱，不堪一击。北方女真人势如破竹，南方宋军却被辽军痛殴。夹击辽国之战，宋军把自己的虚弱尽情暴露，并且花光了王安石千辛万苦攒下的家底。

辽国摇摇欲坠之际，辽使臣到宋营议和，主要讲了三点：一则金更加凶暴，如果辽灭，对宋没好处；二则局面已成辽弱金强，宋辽应该联合抗金；

三则抛开实际利益不说，从道义上看，金本来就是辽的附属，起兵乃是造反犯上，辽予以镇压实属应当。宋助金，在道义上说不过去。

辽使者所陈述的形势分析很正确。宋应该在辽、金之间玩平衡游戏，谁弱帮助谁，促使辽、金相互消耗。但宋廷的决策水平，跟宋军战斗力一样不入流——宋廷方面让辽使滚开。辽使痛哭："宋辽两国，百年和好，（澶渊之盟）盟约誓书，字字俱在，尔能欺国，不能欺天！"

女真人崛起的速度很快，自起兵至灭辽，前后只有10年左右的时间。锋芒之盛，可以想象。女真人不简单，后来被蒙古和南宋夹击消灭之后，并未在历史上消失，400年后，他们再度起兵南下中原，建立清王朝。

辽国共历九主而亡，总计219年（辽亡后，残部建西辽国，复延88年）。

北宋君臣正做着海上之盟约定的收归幽云的美梦，等着金国把幽云之地交割过来。他们却忘了一个基本的真理：政治要靠实力说话。金当然不会把幽云之地交还给宋。

因为交还幽云之事，宋、金都搞得快快不快，对于自身实力不如人的北宋来说，却是心有余而力不足，一边努力交涉，一边忍吞委屈。而早已觊觎宋朝这块肥肉的金国却得寸进尺，主动挑起战争。这样，辽、宋的屈辱史翻页，金、宋的屈辱史翻开，而这次翻页，连同整个北宋一起翻过去了。

金太宗刚刚宣布伐宋，才43岁的徽宗就匆忙禅位给跟自己同样软弱无能不成器的皇长子赵桓，即后来的宋钦宗。而徽宗自己，带了一干亲信随从一溜烟逃到南方，避难去也。这种行为，不是把脑袋埋进沙漠里的鸵鸟，又是什么？

金军兵分两路南下，西路军在太原受阻，前进不得，而东路军一路收降纳叛，居然很快渡过黄河，直逼开封城下。

双方互派使者，盛情款待、彬彬有礼，在谈判的同时，战争也在继续。

可怜的宋钦宗一向文文弱弱，接受的都是讲礼貌、爱百姓一类的教育，哪里见过兵临城下的阵势？早已慌作一团，是战是和，举棋不定。

钦宗紧急任命新任兵部侍郎李纲为东京留守，领导开封保卫战。然而又一度打算逃往陕西，在李纲的力谏之下，才打消去意。李纲临危受命，三四天就巩固了东京的防务，并成功动员了钦宗走出宫殿，在城墙上跟士兵们拉家常，鼓舞士气。宋军防守严密，金军死伤累累，却难以攻下。

金军见不易得手，便派人议和。钦宗一听议和，十分感动。宰相李邦彦也力主答应金朝的条件，以免遭兵刃之祸。据说，当时城头一霹雳炮手发炮后，竟被这位主和的宰相砍头示众，临战的将士们自然个个畏惧不前。

面对满朝文武的主和或沉默，只有李纲坚决反对，钦宗碍于李纲的守城之任，答应慢慢商量议和之事。但李纲刚离朝部署守城，钦宗马上就派使者赴金营求和，纳币、割地、遣质所有要求一一答应。其实在此期间，各地的勤王之师已经陆续抵京，名将种师道也在列——种师道可是一代军神，《水浒传》里鲁智深的上级领导"小种经略相公"指的就是他。鲁智深是何等霸气，可是一提到小种经略相公便肃然起敬。《水浒传》固然是民间戏说，但种师道在宋朝人心目中也确是极有威名。

李纲的防御才能，种师道的名将才略，这时的东京君臣本不该惧。另一名将姚平仲急于建功，说动钦宗，以奇兵劫营，然而走漏消息，反遭迎击。其实宋军这次的损失并不大，但这小小的挫折也足以使本来就已如惊弓之鸟的钦宗的"恐金症"再发，金军元帅翰离不趁机施加压力，钦宗在惶恐中罢免了李纲和种师道，撤销亲征营司，遣使谢罪，交割北方三镇。

所遣的使者是谁？就是后来当了皇帝的宋高宗赵构。此次出使，他心惊胆战，终其一生，对金国的胆气都没有恢复过来。

金军稳坐城外，依据谈判条件，坐等开封府送来几十万斤黄金，以及大量财宝。为了搜集如此高昂的赎金，开封城已被搜刮一空。

金军一退，宋朝的君君臣臣又开始了内斗。先是把种师道罢为宫观使，称其老迈，令其赋闲，对其集中关中、两河之兵，扼守黄河阻遏金军南侵的建议置之不理。尔后命李纲代种师道，去解太原之围，将其排挤出朝。钦宗将前线武将的指挥权握于己手，李纲根本指挥不动军队，愤然辞职。这样一来，朝内最会打仗和最会防守的人均已去矣，北宋还拿什么对抗再次扑来的金军？

金军洞穿了宋廷骨子里的腐败无能，当年八月又调转马头，兵分东西，再次袭来，克太原、渡黄河，两路大军都到了开封城下，黑压压一大片。这时的东京城里，剩下只会屈膝议和的乌合之众，钦宗此时才想起了李纲，急召回京，然而李纲未至，东京就已经陷落了，金军已经登上城墙，插上了黑色旗帜。

金军下令收缴城内的马匹和武器，开封府恭顺、高效地执行了。

金军不像想象中的蛮族，只懂得抢劫和屠戮，相反，他们张弛有度，军纪也不甚混乱。他们义正词严地谴责宋朝廷言而无信、要小聪明，稳稳地谈判、勒索，开出一长串一长串的名单，详细罗列了要扣押的人质、高官、高官家属、珠宝玉器甚至书籍名单。

谈判过程十分漫长，开封人民生活在担忧和恐惧之中，躁动不安。

据南宋《靖康稗史·宋俘记》记载，由于索要的金银远远超出了开封府的支付能力，金军提出：用女人抵债。6000多名女俘被送进了金军营地，其中有宫女嫔妃3000多人，民间美女3000多人，甚至还有21位公主，每人都标有价格，公主的价格最高。开封府执行力超强，细致记录下了每个女子的姓名档案，左宝琴、林菱香、陈娇子、奚巧芳、曹柔、任金奴、顾猫儿……千百个娇媚的名字，她们走进了金军大营，消失在历史之中。

金国反复考虑后决定，废除赵家朝廷，另立新君。传话开封府，让宋朝大臣自己组织选举。

居然要自下而上选举皇帝，犹如让儿女"生"父母，士大夫们感觉世界观都被"分裂"了。没有人敢出来竞选，没有人敢投票。

金军的最后通牒日益临近，有人急中生智，提议推举一个不在场的人当皇帝，靖康元年（公元1126年）做过两个月宰相的张邦昌此时被扣押在金军大营，就他了，全体一致通过。中国古代历史上为数不多的几次选举，就此完成。

张邦昌被推上了这个灭九族的高风险岗位，哭得死去活来。最后，在大家的力劝之下，勉强上任，配合演戏给金人看。与此同时，以新政府的身份与金军交涉谈判，提出了许多优厚条件，才避免了开封屠城的厄运，并营救了许多官员回开封。

金军北归的第二日（四月二日），张邦昌就根据元好问的建议，派人寻访康王赵构，九日迎哲宗废后孟氏入宫，尊为元祐皇后，垂帘听政，自己退位。赵构随后接到张邦昌派人送来的传国玉玺，移师南京应天府，即位改元，是为高宗。当然，张邦昌最后也难逃一死。

而徽钦二帝、几乎所有的王子，以及其他大量人员、所有的皇家珠宝、一百多万匹绢、开封城所有残留的金银，全都成了金国的战利品，被押送金国，从而出现了开头俘虏北上的那一幕。

北行抵达北国之后，徽钦二帝及千余名皇室成员，被安排参加献俘仪式，除皇帝和皇后之外，全都赤裸上身，只披一件羊皮，手执一条羊皮绳。徽钦二帝拜见金国皇帝，按照北国风俗单膝下跪行礼。大宋的女人们，大都被分配给各级将领为妻，此起彼伏地举行了许多婚礼。暂未分配的其他300多名女人，包括赵构的生母韦贤妃、妻妾邢秉懿与姜醉媚，以及其两个女儿赵佛佑、赵神佑等，都被送进浣衣院。浣衣院是个什么机构，史料中一直语焉不详，可能就是个宫廷的服务部门。

当夜，钦宗的朱皇后不堪如此受辱，投水而死。邢秉懿数年后病死，而赵构的母亲韦贤妃后来被送归南宋，在杭州活到80岁才去世。宋徽宗在绍兴五年（公元1156年）去世，钦宗又活了21年，他去世时，弟弟赵构已经当了近30年皇帝，宋、金早已议和。

金朝当然不能坐视高宗稳定局势，建炎三年（公元1129年）二月，金兀术奔袭扬州，宋军大溃，高宗一路南逃，金军一路紧逼，接连攻下杭州、越州、明州、定海、昌国、台州，高宗在浙江境内东避西躲。天不亡宋，正当金兀术攻克明州，打算搜山检海捉赵构时，遇上风暴，被宋军击败。三月，金军又在黄天荡被宋朝名将韩世忠击溃。此时的金军已经无力再战，全军北撤。

高宗逐渐把朝廷迁回临安，宋室南渡最终完成，历史也随之进入了南宋时期。

崇文抑武的悲剧：宋朝武将的命运

在宋朝这样一个特殊的朝代里，做武将难，做一个忠义的武将更难。军权与政权的关系一直无法解决，所以这块土壤上就容不下优秀的武将生存。那些赤胆忠心的武将们，结局好点的侥幸解甲归田，结局不好的便是含恨屈死。

赵匡胤篡权起家，深知军权是足以动摇政权的，因此对武人深深忌惮。在宋朝的政治生活中，文臣得到了大量的提拔和重用，武将正好相反，在导向上抑制，在制度上设定统兵权和调兵权分开，更戍法又使得兵帅相互隔开。武将割据、颠覆政权的内忧是避免了，但外患却严重了。这一窒息性的制度体系，直接导致了后来中原国家被游牧民族全面征服的生存危机。

宋朝的武将就在这样的背景中存在着，一边抗击着外部的侵略，一边饱受着主上的猜疑，像是被线拴住四肢的木偶，线的另一端系着主上，皇上怕被他们拉下来，所以不可能让他们自由挥开手脚。就在外部侵犯、主上猜疑和小人谗陷中，他们奏着一曲曲武人悲壮的命运交响。

中国历史上天才很多，宋朝也不例外。在军事领域，宋朝同样出现了天才。南宋叶适曾经说过，"若狄青岳飞辈，盖数十百年而一有，寥落相望，无复继者，则为其存亡安危所系"，那么这两位社稷所系的武将的命运又是怎样呢？

狄青，北宋时期河朔间人，面有刺字，人称"面涅将军"，出身贫寒，善骑射，勇而善谋。因为长得过于俊美，不适合威慑敌人，所以每战披头散发、戴铜面具。在宋夏战争中，冲锋陷阵，身负重伤也不退缩，二十余仗，打得西夏军闻风丧胆，为大宋抗夏立下了汗马功劳，因此也得到了重用和殊荣，做到枢密副使，相当于今天的副司令。在平定侬智高过程中，虽然历经挫折，但狄青凭借高超的军事才能和指挥能力，临危不乱，沉着冷静，最终安定岭外。

正当狄青在其军旅生涯蒸蒸日上的时候，患有"恐武症"的宋朝文人谏官集团又开始散布谣言，说什么狄青家的狗生出两角，并且时不时地发光；说什么京师发大水，狄青避水搬到相国寺佛殿居住。终是人言可畏，狄青被调任陈州知州。宋《清波杂志》载，狄青临行前曾心情沉重地对亲友说："青此行必死。"问何故？他说："陈州出一梨子，号青沙烂，今去本州，青必烂死。"这是多么令人寒心的一种预感。即便这样，朝廷对这位武将仍不放心，"每月两遣中使抚问"，名为抚问，实为监视，无论他在哪里，做什么，总有一双眼睛如影相随。

一代杀敌无数、战功累累的良将之才狄青，却发配远乡，与囚徒无异。在陈州的那些日子里，他夙夜忧叹，痛苦难当，惶惶不可终日，第二年便在陈州发疽而死。

其实如此国之名将，不可能因为民间谣传的几件小事就被远贬陈州的。在朝廷讨论如何处置他的时候，狄青曾找过宰相文彦博，向他坦承自己的忠心，表明自己的心迹，并追问朝廷为什么要这样对待自己。文彦博冷冷地回答说："无他，朝廷疑尔。"狄青死了，威胁没了，朝廷对已经死去的他又爱惜起来，给他追赠中书令，谥号"武襄"。

到了南宋时期，最有名的武将是岳飞。岳飞一生都在领兵抗金，几乎从未战败（在军事史上堪称奇迹），收复了北方大部分失地，但最后也是死于政治的泥潭。

岳飞，相州汤阴人。他天生神力，还没成年就能拉开300斤硬弓，又向本县武术家周侗学习，后来"一县无敌"。岳飞作战，喜欢单枪快马率先冲锋，以震慑、摧毁敌军的心理和意志。岳飞的作战风格是喜欢正面力战，又擅长以少击众，故率领岳家军身经大小百余战，无坚不摧。

宋军原来有严重的"恐金症"，经岳飞累年苦战，劣势渐渐逆转，金军对岳家军闻风丧胆。这时，北方的义军也纷纷响应，黄河南北大片失地被收复，捷报频传。岳飞对部下畅言："今次杀金人，直捣黄龙府，当与诸君痛饮！"眼看北复在望，形势一片大好。

岳飞是主战派的灵魂。但最高决策层的核心利益却是保住自己在国内的权力。高宗赵构的总路线是向金朝求和，以维持局面，确保自己的统治，宰相秦桧是他最默契的助手。于是朝廷连下十二道金牌，命令岳飞立即班师。当时张俊、韩世忠、刘琦等部已奉命后撤，岳飞成孤军。岳飞痛贯肝胆，仰天长叹："十年之功，废于一旦！所得州郡，一朝全休！社稷江山，难以中兴！乾坤世界，无由再复！"

中原百姓听说王师将要撤退，哭声遍野，岳飞命令大军多停留5天，以保护中原百姓逃难。回师之后，有御史弹劾岳飞，岳飞为了自保，立即上奏辞去一切军职。就算这样，岳飞还是难逃一死。赵构与秦桧一起确立了求和的总路线，而岳飞作为主战派的灵魂，与之水火不容。另外，岳飞掌握国家大部分军队，早已犯了宋王室的大忌，宋高宗对此深深忌惮。据传当年岳飞还受重用的时候，有一次宋高宗闲聊时忽然感慨道，岳飞真是个忠臣啊！秦桧在旁边立即说道，太祖皇帝也是大周的忠臣。宋高宗沉默无语。

在赵构、秦桧、将领张俊的部署下，一个阴谋网已经布好。很快，有人告发岳飞，罪名很老套，当然也很管用——"谋反"。宋朝廷立即派禁卫军带走岳飞，投入监狱。审了两个月，当然什么结果也没有。倒是有一名主审官看到岳飞背后所刺的"精忠报国"四个字，无法面对自己的良心，愤然辞职。

审理过程中，岳飞被毒刑拷打。一个历史细节令人沉痛：拷打后，岳飞站立稍有懈怠，狱卒立即呵斥岳飞"叉手立正"，而岳飞，这个指挥百万大军的战神，立即"悚然听命"。

岳飞入狱已是冬天，一天天过去，除夕来了。岳飞的旧部带着过新年的屠苏酒到狱中探望。看到屠苏酒，岳飞潸然泪下——他已经戒酒多年，上一次说喝酒，还是收复中原的时候，许诺将士们打到金国首都黄龙府后痛饮，这个新年，眼前这杯屠苏酒，也许是他人生最后一杯酒了。

决策者宋高宗和操盘手秦桧，都不愿意等下去了。岳飞没有罪，"莫须有"——应该是有的。不几天，秦桧手书一张纸条交给监狱。很快就传出了岳飞的死讯。岳飞具体是怎么死的，史书写得语焉不详。一种坊间流传的说法是，岳飞被狱卒猛击两肋而死，死时年仅39岁。

岳飞死后被抄家，人们发现岳家财产并不多，倒是抄出了几千卷书。

顺便说一下，如今杭州的岳飞墓前，竖的是秦桧夫妇等人的跪像，但正义并没有真正实现，真正的第一责任人乃是宋高宗赵构，秦桧等只是次要责任人。真正能够对历史谢罪的，应该是一尊宋高宗赵构的跪像。

宋朝容不下武将。为了维护统治地位不惜国家衰弱，也容不下尚武精神的存在，大宋的命运已经是注定了的。

崖山兵败，南宋灭亡

回过头来看，金人在北方建政后，热心学习中国文化制度，颇有一番成就。金世宗号称北国尧舜，一方面学习中原治国经验，一方面强调女真尚武精神，去世之时，国力鼎盛，国库十分充盈。

金朝到了章宗之后，慢慢变成了第二个北宋。金章宗崇拜宋徽宗的书法（瘦金体写到可以乱真），宗室大臣有的崇拜司马光，有的崇拜苏东坡。内政方面，外戚得宠，权臣干政，国内权术斗争不断，猛安谋克之类女真贵族不劳而获，逐渐腐化变质。

而在更北方，蒙古人已然崛起，铁木真统一草原各部落，号"成吉思汗"，然后举兵南侵。宋、金夹击灭辽的历史再次重演，只是主角变成了宋、蒙夹击灭金。在蒙古人的打击下，金把首都南迁到汴梁，然后再度出逃，几乎是北宋靖康之难的翻版。金哀宗逃到了蔡州，被蒙古、南宋联军包围，城内易子而食，死亡军士都成了军粮。金国灭亡。金朝共历九主，历时120年。

对于辽、金先后灭亡，忽必烈的看法是"辽以释废，金以儒亡"，他们分别因佛教、儒教丧失了尚武精神。留在中原的女真人汉化。三百年后，留在东北的女真人，再度崛起并南下征服中国，建立起清王朝，他们是唯一一个两次入主中原的少数民族。

对南宋来说，灭金之后不再是唇亡齿寒的问题，而是唇亡齿无了。

公元1234年的端平入洛事件，为蒙古侵宋提供了口实，蒙、宋开战，蒙古军一再深入四川，宋军开始组织的钓鱼城保卫战中，蒙军主帅蒙哥战死，士气大丧。然独木难支大厦之将倾，现在的南宋，早已不复有岳飞时期的战斗力了。忽必烈夺权完毕，卷土重来。鄂州之役中郝经事件^①所折射出来的南宋君相在军国大事上的颟顸嘴脸，都说明南宋离亡国不远了。而襄樊又在庸臣误国中遗憾失守，南宋已无险可守。元军兵临临安，益王赵昰和广王赵昺在专人护卫下，又开始了亡命之旅。

南宋行在几经波折，转移到了崖山（今广东新会南崖门镇），而元军下定斩草除根的决心，对其紧追不舍。祥兴二年（公元1279年），元军蒙古汉军都元帅张弘范包围了南宋枢密使张世杰的部队，双方准备着最后的决战。张世杰虽为宿将，却不知兵，把千船铁索连环。决战在这年2月6日打响，这

---

①　郝经受忽必烈之命出使南宋议和，南宋权相贾似道害怕过去冒功鄂州却敌的事败露，极力反对无果后将其拘禁于真州长达16年。

日乌云密布，阴风怒号，一切都好像在昭示一个悲惨的结局。元军兵分三路向崖山发起总攻。宋军南北受敌，战争从黎明一直打到黄昏，元军突破了宋军的防线，张世杰水师阵脚大乱，但铁索连贯，进退不得，这才下令砍断绳索，率战舰护卫太后。

这时，暮色四合，阴云席卷天地，一时间风雨大作，冷雨伴着呼啸的阴风，连对面都辨不清人影。而帝昺的座舰却被外围的战舰壅塞阻隔在中间，张世杰无法接近，便派小船去接应。

帝昺的船上还有宰相陆秀夫的妻儿，风雨天际之间，陆秀夫隐约看到了前来的小船，在这个唯一可以逃出的机会面前，他还是犹豫了，万一是元军假冒，一朝君相俘到元营，与其受尽屈辱，还不如死了痛快！他拔出腰间的剑，疯了一般地驱使着自己的妻子儿女跳海自尽，妻子死拉着船舷不肯自尽，他喝道："都去！都去！害怕我不来？"妻子这才松手沉海。最后船上只剩下陆秀夫和帝昺，风雨之中已经辨不出陆秀夫老泪纵横的脸，8岁的帝昺只是听到他的宰相说："国事至此，陛下应为国死，德祐皇帝受辱已甚，陛下不可再辱！"在那个年纪和那个情形之下，帝昺可能还没明白荣辱和生死的概念，也没时间去权衡，更没有机会去选择。说完，陆秀夫背起帝昺，跳入大海。

茫茫海上，风雨依旧呼啸不止，只剩下那叶扁舟横在海上。陆秀夫背着帝昺"嘭"的那一秒沉海声，敲响了整个大宋的丧钟。

宋朝虽然武力不济，但是经济和文化都比较繁荣，尤其是理学的兴起和发展，在思想史上也是一个非常重要的时代。在此思想影响下的文人士大夫，谨循君臣、父子之道，有时候，生命轻于鸿毛，而忠义重于泰山。到了宋朝，那种舍生取义已经超越了门阀士族的界限，学而优则仕的读书人禀赋着那一身的正气，慷慨赴难，不惧生死。这些知识分子气节至今也是值得我们称道的。

南宋气数已尽，宋朝渐渐远去，天下已成了蒙古人的天下，但有一个人还在坚守着，他就是文天祥。文天祥被俘后，蒙古群臣奏道"北人无如耶律楚材，南人无如文天祥"，忽必烈也曾极力地挽留过文天祥，他本人去劝过，同朝的官友去劝过，甚至文天祥的妻子儿女也去劝过，只要归顺，便是高官厚禄和荣华富贵，而文天祥却坚定地回道"管仲不死，功名显于天下；天祥不死，遗臭于万年"，但求一死！忽必烈苦心用尽，仍无法劝归。

至元十九年（公元1282年）十二月初九，冬风凛冽，兵马司监狱内外，布满了全副武装的卫兵，文天祥踱着从容的步子，从监狱走到刑场，他问清楚哪边是南方，然后朝南庄重地拜了拜，再没有多说一句，从容赴死。自己的信念，他早就说清楚了：

> 辛苦遭逢起一经，干戈寥落四周星。
>
> 山河破碎风飘絮，身世浮沉雨打萍。
>
> 惶恐滩头说惶恐，零丁洋里叹零丁。
>
> 人生自古谁无死，留取丹心照汗青。

诗中所写的惶恐滩，是赣江一处激流滩头，在今江西省万安县。400年后，历史上演了类似的一幕：清灭明。明朝伟大的哲人、科学家、政治家方以智被清捕获，途经惶恐滩，不禁想起了文天祥，他仰天长叹，在惶恐滩慨然自尽。

回首来看，北宋的最后一幕是在北虏的途中，历太祖、太宗、真、仁、英、神、哲、徽、钦，凡九主，共167年；南宋的最后一幕在崖山的海上，历高、孝、光、宁、理、度、恭、瑞、帝昺，凡九主，共153年。两宋加起来共有300多年。

第十二章

元朝极简史

　　蒙古帝国与元朝，是两个既相互联系又有区别的称呼。严格来说，历史教科书中通常提到的元朝，主要是蒙古帝国在中国的疆域，它并不包括蒙古帝国其他的四大汗国。

　　13世纪初，南宋与金朝、西夏交战期间，北方游牧民族蒙古势力趁机壮大。其中的铁木真带领的部落陆续统一诸部落后，被推为"成吉思汗"，初步在草原上建立了军事奴隶制国家——蒙古汗国，由此开始了对外的武力扩张。

　　蒙古人先后征服了西域一带的高昌回鹘与西辽，冲破中亚与欧洲的门户；接着是三次大举西征，吞并了包括现在的俄罗斯与欧洲大部、地中海东岸、两河流域、波斯及印度西北等大部分范围，奠定了其世界帝国的核心版图，并分别设立了四大汗国。之后，蒙古铁骑南下中原，联合南宋，灭了西夏、金国；紧接着跨过长江，一举灭亡了南宋。蒙古人以大都（今北京）为政治中心，开始了元朝的统治。

　　蒙古人用武力建立的政权，在华夏大地并没能持续长久。因其内部政权的混乱，以及对汉人（南人）的残酷统治和压迫，数十年来各地起义不断，最终被朱元璋为首的起义势力灭亡。

明朝军队将元顺帝赶出大都，遁逃漠北，标志元朝灭亡。不过，蒙古帝国还有北方草原的部分地盘，仍然延续"元"国号，史称"北元"。北元势力及西部几个分裂割据的汗国，与后来的明朝同时并存，直到被后来的后金势力（清）彻底灭亡，才被纳入新的版图。

蒙古铁骑之鞭与征服之路

蒙古是一个古老的民族，起初并不生活于蒙古高原，其祖先是室韦人的支系，与鲜卑、契丹属于同一语系。隋唐时期，他们大体分布于大兴安岭北端与额尔古纳河一带。这一时期他们还很弱小，处在突厥的统治之下，被突厥称为"鞑靼"。

从某种意义上来说，室韦人的崛起与唐朝的强盛和扩张有一定关系。大约在7世纪，唐朝不断向北用兵打击突厥，突厥势力渐衰，室韦人趁势摆脱了突厥的控制，转而向唐俯首称臣。也是在这一时期，室韦人不断向西迁徙，逐渐遍布蒙古高原。

随着唐朝势力的扩张，原本继承突厥衣钵的回鹘政权在蒙古高原和西域的统治岌岌可危，势力范围迅速收缩。室韦人西迁的规模更加盛大。到了10世纪，室韦人遍布蒙古高原和西域各地。其中，蒙古支系主要生活在蒙古高原东部斡难河、土拉河、克鲁伦河的共同发源地不儿罕山（今蒙古国肯特山）一带。

到了12世纪，蒙古有40多个较为稳定的氏族部落，大致可分为两支：尼鲁温蒙古和迭儿列斤蒙古。此时的蒙古部落四分五裂，矛盾重重，不仅内部纷争不断，还经常与同样生活于蒙古高原的蔑儿乞、塔塔儿、克烈、乃蛮等部落产生摩擦。

此时辽国正在走向穷途末路，金国也在觊觎蒙古草原的统治权。

蒙古后来的崛起与孛儿只斤氏族的强盛息息相关。孛儿只斤氏族是蒙古的"黄金家族",但这一荣耀不是天然的,而是在生存竞争中拼杀出来的。

古代游牧民族一个由来已久的习惯:抢劫。部族领袖孛儿只斤·也速该在一次狩猎中偶遇同属于室韦人的蔑儿乞人的婆亲队伍,发现新娘子诃额伦非常美丽,便抢夺回家,据为己有。

1162年,诃额伦生下一个男孩。适逢也速该在参与征服塔塔尔人的战斗中凯旋,俘虏了一位名叫铁木真·兀格的勇士,也速该便也给儿子取名"铁木真",亦是希望儿子成为像铁打一般坚强、刚毅、"志武功"的人。

孛儿只斤·铁木真9岁时,也速该带他去诃额伦的娘家为他寻觅对象,路上遇到蒙古弘吉剌部的贤者特薛禅,后与他结为亲家。按照蒙古部落习俗,许婚后,男方要在女方家里住上一段时间。也速该便将铁木真留在岳丈家,只身赶回家中,不料半路遭遇塔塔尔人,被毒死。

铁木真失去父亲后,开始了艰难困厄的青少年生涯。而早期衣食不足、艰辛严酷的生存环境,磨砺出铁木真赏罚严厉、黑白分明、说到做到的铁血性格。在他眼里,原则高于手足,秩序重于亲情。弟弟别克帖抢了他一条鱼、一只雀,被他亲手射杀,那时铁木真还不到10岁。

也速该死,部落首领的地位也随之落空,但依旧有忠诚于铁木真的战士围绕在他身边。铁木真18岁那年,昔日仇敌蔑儿乞人抢走了他的妻子,铁木真向蔑儿乞部开战,打败了蔑儿乞人,名声小震。1184年前后,铁木真被推举为蒙古乞颜部可汗。

铁木真治军有方,战斗力超强。他后来又在脱斡邻和扎木合的军力增援下,直取蔑尔乞人的老巢,由此声名日盛,军威大壮。又经一系列的征伐,铁木真先后吞并了南部乃蛮和北部乃蛮,至此,蒙古草原基本统一。公元1206年的斡难河大会上,44岁的铁木真被各部族拥戴为"成吉思汗"。

成吉思汗的人生追求是什么呢?

历史记载了他的一次谈话。

成吉思汗问左右:对男子汉来说,什么是最大的快乐?

孛斡儿出回答说:"男子带着冬季羽毛脱掉、现在重新长满羽毛的灰鹰,骑着养肥的好马,穿着好衣服,在初春时出去猎取灰头鸟,这就是最大的快乐。"孛罗忽勒说："放出鹰鹘，看它从空中用爪子击落灰鹤，这是男子汉最大的快乐。"

成吉思汗又问大将忽必来的儿子们，他们答："打猎时放鹰，是人生（最大的）乐趣。"

成吉思汗说："你们说得不好。镇压叛乱者、战胜敌人，将他们连根铲除，夺取他们所有的一切；使他们的已婚妇女号哭、流泪，骑乘他们的后背平滑的骏马，将他们美貌后妃的腹部当作睡衣和垫子，注视着她们玫瑰色的面颊并亲吻着，吮她们甜蜜的嘴唇，这才是男子汉最大的乐趣！"①

显然，放鹰猎狐、征伐四方，是蒙古蛮族领袖们的价值观主旋律。而此时的南宋，士大夫们的主旋律则是在春愁黯黯、杜鹃声里，把玩着艳词残酒、幽梦罗衣，为伊消得人憔悴。野蛮的另一面是生命力的强悍旺盛，而文明的另一面是生命力的枯萎。

铁木真本人并不知道，1300年前蒙古草原上有一个匈奴冒顿单于，曾有过跟自己类似的经历。只是历史到了此时，草原上的游牧铁骑依然强悍，但中原却已不是以前的中原了。当时的汉军可以阻挡住匈奴单于铁骑南下，且后来能发起大反攻，而现在羸弱的宋朝，它的命运除了被征服，岂有其他？

成吉思汗统一草原后，继续挥鞭向世界远征。蒙古人的扩张路线主要有三条：一条向西，一条向东，一条向南。

当蒙古人大举西征时，西域一带众多部族邦国望风而降。

1218年，蒙古大军灭掉辽朝残余、耶律大石建立的西辽。这样，蒙古人的势力扩张威胁到中亚花剌子模（国名）的利益。

1219年，成吉思汗以商队被劫杀为由，亲率十多万大军前往征讨，经过连续几年用兵，花剌子模被摧毁，文明涂炭。

此时，全真教道士丘处机出现了。丘处机生于金国统治下的山东，是全真教创始人王重阳的弟子，当同为山东老乡的辛弃疾起兵反金、投奔南宋之

_____

① ［波斯］拉施特主编，余大钧、周建奇译：《史集》（第一卷第二分册），商务印书馆，1983年，第362页。

时，丘处机作为金国顺民在精心研究养生术和医药学（金庸武侠小说中把他描述成了抗金英雄，有悖历史事实）。此时他受成吉思汗邀请，以70多岁的高龄带领弟子乘坐马车万里而来。丘处机在今阿富汗境内见到了成吉思汗，除了教授养生之术外，还特别劝他"欲一天下者，必在乎不嗜杀"，成吉思汗欣然采纳，于是率部班师东归，留长子术赤镇守，又命哲别、速不台继续西掠。哲别征服俄罗斯钦察地区，一路摧枯拉朽，势如破竹。拖雷扫荡呼罗珊地区，阿姆河北岸辽阔土地变为不毛之地。

随着蒙古大军东返，继续西征的蒙古军数量大为减少，到欧亚交界地带已是强弩之末，屡遭挫折。蒙古人开始将主要事业由开拓新疆土转为巩固对已占有地区的统治。

蒙古东征的主要目标是女真故地和高丽。早在成吉思汗统一草原的战争中，金朝在其发源地东北地区的统治就不断受到撼动。蒙哥汗时，又继续向东进发，高丽也很快被纳入蒙古版图。若不是上天不眷顾，东征日本的元军几番遇到了"神风"（海上飓风），恐怕日本国土也囊括在了元朝的版图之内。

蒙古向南扩张的路线首先从西夏开始，接着是金朝，然后是大理，再后是南宋。在蒙古南下的进程中，蒙古、西夏、金朝、南宋各方时而结为盟友，时而反目成仇，但最终都没能改变命运。

1227年，成吉思汗病死，同年蒙古灭西夏。

1229年，窝阔台即大汗位，灭金成为头号征伐大事。事实上，早在1208年成吉思汗获悉卫绍王当上金朝皇帝时就下定决心灭掉金朝。为此，成吉思汗做了多年准备。经过20多年的战争，金朝终于在1234年灭亡。

经过多年战争，蒙古人在欧亚大陆腹地建立了四大汗国（后来又在东方建立了元朝，与四大汗国并列），四大汗国分别是：金帐（钦察）汗国、察合台汗国、伊儿汗国、窝阔台汗国。

窝阔台汗国（公元1225—1309年）由成吉思汗的三子窝阔台创建，统治区域在今新疆、中亚地区一带。

察合台汗国（公元1227—1369年）是成吉思汗次子察合台的封地，统治区域在今天山南北及阿姆河、锡尔河之间。

金帐汗国（公元1242—1502年）又称钦察汗国，为成吉思汗的孙子、术赤的儿子拔都创建，统治区域在今东欧、俄罗斯的欧洲部分、北高加索地区。

伊儿汗国（公元1256—1388年）为成吉思汗的孙子、托雷儿子旭烈兀创建，统治区域在伊朗、伊拉克一带。

跟一般人想象的不同，当时的蒙古兵数量其实并不多：蒙古统一时，只有不到13万军队，成吉思汗西征之时，也不过20万人。西征路上，两倍于蒙古军的花剌子模（约40万人）被轻易灭掉；2万蒙古军北侵，先败钦察、阿兰等族，又败罗斯军十余万。最不可思议的是南宋，赵文林《中国人口史》认为南宋人口最高峰时期超过5000万人，但是被人数只有其零头的蒙古人彻底征服了。

蒙古习惯以屠城方式征服。《多桑蒙古史》中载，蒙古兵多用诈术，不惜以种种誓言许诺诱敌开城，对方相信而开城乞降后，仍然尽屠之。书中还载，旭烈兀西征时，一个蒙古骑兵冲进一个阿拉伯村，下令所有男女老幼站成两排，用绳子把对面的人和自己的手绑在一起，然后该蒙古人手起刀落，全部屠杀。而克赫拉特城更是惨绝，城中几十万居民几乎被屠尽，只有40人幸免于难。

蛮族入侵：蒙古征宋战争

西夏和金朝覆亡后，蒙古的下一个目标就是南宋了。

蒙古灭宋经过精心筹划，先后开辟了三个重要战场，从西向东依次是四川战场、荆襄战场、两淮战场。

蒙古灭宋战争的关键在西线。蒙哥的弟弟忽必烈的策略是绕道已经归附蒙古的吐蕃，先攻取大理国，再用大迂回的方式包抄南宋西南，与北线同时进攻，对南宋造成合围态势。经过几年经略，蒙古军最终征服了大理国，威胁到南宋西南边境地区，忽必烈的战略设想基本完成。

亡国之日近在眼前，南宋统治者不顾偏安政权的岌岌可危，依然花天酒地，得过且过，俨然沉醉于末日的狂欢。在某种意义上说，南宋汉人在13世纪出现的生存危机，其领导集团负有最大的责任。

此时已是宋理宗端平二年（公元1235年），距赵构携宋室南渡已有百余年。像岳飞这样能征善战的武将基本上已被赵家君臣拔除净尽，东南一隅的南宋朝廷里，只剩下一个不知进取的皇帝和一群毫无韬略的庸臣。外面的战场上，零星地闪烁着几颗像杜杲、王坚这样的抗敌将星，也在强大的蒙古铁骑面前显得格外单薄，再加上像贾似道、郑清之这样的国家蛀虫存在，南宋残喘了它最后的44年。

宰相贾似道自恃权势熏天，甚至不把皇帝放在眼里。当襄阳被困时，边关告急文书频频传来，他却迎娶众多娇妻美妾，在温柔乡里流连忘返，置国事于不顾。《宋史》记载："时襄阳围已急，似道日坐葛岭，起楼台亭榭，取宫人娼尼有美色者为妾，日淫乐其中。惟故博徒日至纵博，人无敢窥其第者。其妾有兄来，立府门，若将入者。似道见之，缚投火中。尝与群妾踞地斗蟋蟀，所狎客入，戏之曰：此军国重事耶？"

1256年，蒙哥汗下令总攻：一路进军河南，兼顾两淮和荆襄战场，由铁木真幼弟的孙子塔察儿统领（后因进展不顺，改由忽必烈统领）；一路由云南回师荆湖，由留守大理国故地的兀良合台统领；一路出兵巴蜀，由蒙哥亲自统领。

蒙哥亲率的军队是蒙古精锐部队，与原本在四川作战的纽璘部会师后，一路攻城略地，但却在钓鱼城栽了跟头。该城守官王坚有文韬武略，率领军民做独立作战、长期坚守的准备。蒙古军反复尝试各种办法围攻了五个月，损失惨重，硬是没能将钓鱼城攻下。

不久，蒙哥在军中暴毙，蒙哥之死是历史上的一个悬案。《元史》的说法是蒙哥因为水土不服，早在六月就患上了病，拖到七月才死的。南宋的官方说法和《合州志》等资料则说蒙哥是被守军射死的：七月，心急的蒙哥赤膊上阵，亲自带人到城下进攻。王坚率军用猛烈的炮火、矢石反击。蒙哥在作战中负伤，熬到二十七日死在军中。后来，马可·波罗来元朝游历的时候，还从元朝的朝野上下听到有关蒙哥被钓鱼城守军打死的传闻。

蒙哥一死，蒙古汗位之争又起，蒙古大军在全世界的进攻触角随之收缩。

蒙古人的汗位继承，向来没有什么成型的规则，有尊长的时候，大家通过部族大会，开会讨论，推举表决；没有尊长的时候，则又发挥了他们"抢"的专长。正在前线的忽必烈火急撤回，参与汗位的争夺。除忽必烈之外，还有四个竞争者：忽必烈的亲弟弟阿里不哥（"不哥"二字是史官故意如此翻译的，以示贬低），蒙哥的四子昔里吉，成吉思汗幼弟帖木格的玄孙乃颜，以及成吉思汗的二儿子窝阔台的孙子海都。最终，阿里不哥被打败，昔里吉被流放，乃颜被杀死。最顽强的是海都，忽必烈抓不到他，他对忽必烈成为大汗也不服，以西部为根据地进行军事挑衅，直到忽必烈去世。

1260年忽必烈夺得汗位，建元"中统"，1271年忽必烈改国号为"大元"，定都大都，元朝由此建立。

忽必烈在蒙古历史上，是跟成吉思汗一样重要的人物。当时与他有过直接接触的人，留下了若干资料，他们无不折服于忽必烈的神武大略。而忽必烈本人，也十分关心自己的历史地位。还在漠北时，忽必烈便曾经多次问左右文臣，历史上有哪些伟大的皇帝，其事迹如何，据说他尤其佩服唐太宗李世民。

就在忽必烈回头夺汗位之际，跳梁小丑般的贾似道出现了。忽必烈决意主力回师，只留一小部分军队在鄂州摆个东攻的样子，无意中却吓到了驻守湖北黄州的贾似道。这位全军司令员（右丞相兼枢密使）先是背着皇帝私寄降表求和，称臣贡银，给正要撤军的忽必烈一个安心的台阶下（免去撤军时宋军偷袭的顾虑），然后自己跑到皇帝面前骗说打了个大胜仗，把胡族小儿打回了草原。

这还不算，当湖南的兀良哈台也接到撤军命令，在全军差不多全都渡过长江的时候，无聊的贾似道又突然予以偷袭，杀了一百多人。而当对求和信以为真的忽必烈派"信国使"来收缴"岁币"时，急眼的贾似道又叫人把"信国使"关禁起来，正好让忽必烈出兵南宋找到了借口。这样，南宋丞相贾似道出色地完成了"两大使命"——"掩护"蒙古军安全撤退，为蒙古军攻宋提供口实。

抢来汗位的忽必烈巩固政权后，又开始思索灭宋的计划。一些将领为邀功请赏，鼓动他攻打南宋。由于蒙哥攻宋受挫，忽必烈不愿再打无把握的仗，而是对下一步战略战术有全盘审慎的考虑。此时，一位知悉南宋虚实的降将刘整对他说："自古帝王，非四海一家，不为正统。圣朝有天下十之七八，何置一隅不问，而自弃正统邪？"此言正中下怀，忽必烈决意再攻南宋。

1267年，忽必烈以南宋囚禁蒙古使臣为由，大举伐宋。与蒙哥主攻四川不同，忽必烈采取先易后难的策略，只用小股力量牵制四川的宋军，而以主力进攻荆襄一线，然后向东南推进。这一策略为元军的胜利奠定了基础，不过攻克襄樊也费尽了周折。

襄阳、樊城地处汉水南北两岸，是扼守长江的屏障，易守难攻，有"襄者，东南之脊，无襄则不可立国"的说法，可见其战略地位。襄樊兵精粮多，守城军民同仇敌忾，斗志昂扬，虽然在真实的历史中，并没有金庸笔下郭靖这样禀赋绝世武功的大侠的相助，当然也没有杨过拔剑碎石，击杀蒙哥的传奇剧情，但在吕文焕、范天顺的团结抗御之下，元军用尽各种办法，却屡屡受挫。

后来，元军不断增兵，并采用降将张弘范的计谋，断绝襄樊之间的水上联络，用"回回炮"轰击城墙。就在襄樊岌岌可危的时候，"不战不和"的贾似道效率极低，救援懈怠，调度出来的援军寥寥无几，又为元军攻克襄樊间接"立功"了。城破后，宋军与元军展开巷战，终因寡不敌众，城池失守。

襄樊之战后，元军长驱直入。宋军将领范文虎、吕文焕等率众投降，南宋朝廷岌岌可危。

此时南宋皇帝是4岁的小娃娃恭帝，由谢太后垂帘听政。整个形势对元军十分有利，但忽必烈依然发扬其谨慎的优良作风，不敢轻敌，不肯妄杀，对降将多加抚略，逐渐巩固了战果。1275年，南宋权臣贾似道率领精兵13万到芜湖堵截元军，但元军气势如虹，宋军一触即溃，兵败如山倒。元军乘胜追击，一路攻克建康（今南京）、扬州、镇江、常州、平江（今苏州）等，兵临南宋都城临安（今杭州）。

南宋朝廷眼看就要覆亡，群臣纷纷弃职出逃，主事的只剩下一个老人和一个孩子。谢太后不得已，派左右丞相吴坚、文天祥见元军主帅伯颜，乞求和解。伯颜一面假意谈判麻痹南宋，一面暗中调集军马。时机成熟后，元朝灭宋决心已定，谈判必然破裂。伯颜讽刺宋使说："你们宋朝祖上从小儿之手得天下，现在又要从小儿之手失天下。"谢太后望了一眼朝臣所剩无几的殿庭，再看看皇位上那个不知惧怅、略微惶恐的娃娃，心恨伴着耻辱，颤抖地捧起了那尊沉重的玉玺。元军兵不血刃地进入临安城，南宋灭亡。

伯颜对和平占领临安志得意满，写下了一首诗《奉使收江南》："剑指青山山欲裂，马饮长江江欲竭。精兵百万下江南，干戈不染生灵血。"与蒙古人惯用的屠城相比，这次并没有那么惨烈，但深埋在被征服者内心的剧痛却无处宣泄，悲伤已逆流成河。

当年成吉思汗的近臣曾认为汉人没有用处，建议全部杀光，将中原一律改为"草木畅茂"的牧场，成吉思汗觉得有理。此时，幸有亲汉的重臣耶律楚材反对，很巧妙地说，留下汉人干活、交税，每年有大量的财富收入，不是更好吗？民族整体的存亡给人的感觉似乎重大而遥远，但在历史的这一瞬间，它差点成为事实。假如耶律楚材缄口不言，历史恐怕也会因之改写吧！

南宋朝廷将都城临安拱手让予元军，虽然避免了一场血雨腥风，但对仍然在坚持抗元的军民来说无疑是一场战略上和心理上的失败。

临安受降后，元军如摧枯拉朽般扫灭坚持抵抗的南宋军民。崖山之战是元军与宋军之间最后一场较大规模的战役，经此一役，南宋水、陆军皆失利，难以再形成有效抵抗。在崖山之战前一个月，四川钓鱼城守将在得到元军不屠城的承诺后出降，巴蜀也被纳入元朝版图。

崖山之战是中国历史的转折点，经此一役，南宋抵抗势力被消灭殆尽，元朝最终统一中国，由北方游牧民族统一的时代持续了近一个世纪。

到了宋朝末期，权贵集团内部贪污腐化成风，贪图享乐不思进取，大量有抱负的杰出青年才俊埋没民间，正直能干的官吏遭到排挤和打击，国家无法正常选拔优秀人才进入国家机器和权力机关，使得外部危机来临时，庞大的国力和民力完全无法正常发挥和施展出来，核心关节的腐朽和不堪一击使得这场对决毫无悬念地很快结束，剩下的就是各地抵抗被各个击破和失去抵抗核心后呈现出的完全一盘散沙状态。

在整个蒙古征宋的过程中，充当绝对主力和急先锋的是蒙古汉军，即投降或被掠至蒙古军的汉人。当汉人张弘范在崖山上刻下"灭宋于此"的纪念碑时，历史的这一幕是多么的讽刺。

降元、殉宋，或纠结、痛苦、徘徊于两者之间，这是时人面对的艰难抉择。

像襄阳守将吕文焕，并不是一开战就想投降的。1267年，蒙古将领阿术、刘整等围攻襄樊，他苦苦地死守襄阳，却等不到朝廷可救城危的有力外援，这座孤城苦撑六年之后，最终被攻破，在非降即死的时候，吕文焕选择了活着，到后来文天祥骂他叛臣的时候，他是感到惭愧的。但在他背负起沉重的千古骂名之前，有谁能体味到他的悲辛与无奈。

有人想独善其身而不得。曾经担任宋江西招谕使的谢枋得，曾五次拒绝元朝征召。在答复那些奉命征召的官员时，谢枋得说得很明白："大元制世，民物一新。宋室孤臣，只欠一死。枋得所以不死者，九十三岁之母在堂耳。""且问诸公，容一谢某，听其为大元闲民，于大元治道何损？杀一谢某，成其为大宋死节，于大元何益？"也就是说，他承认宋朝已亡，元朝已立，只要元朝不逼他出来做官，愿意当一名顺民，不会有什么反抗的举动。但元福建参知政事魏天祐逼他北行，他最终只能在大都绝食而死。

有人选择坚决反抗，例如李璮。李璮的父亲李全是山东一方诸侯，蒙古人来袭，他率城抵御，城破受降，归顺元朝，与宋对抗，后被宋军乱枪刺死。杀父之仇很重，但山东世侯李璮，虽然沿袭父亲的职位，却拥兵自重，敷衍元人。而李璮期望与自己联手的军阀们却没有被李璮的英勇揭竿感染，作壁上观，任李璮成孤城困兽，最终被俘处死。家仇、国难、抗争、冷眼、热血、算计，这就是蒙古铁骑面前，时代真实的心境。

看一下总体情况，日本学者植松正《元代江南地方官之任用》一文，曾分析南宋进士入元后的政治动向：现有史料可稽之151人中，退隐不仕者

84人（55.6%），出仕元朝者57人（37.8%），动向不明者10人（6.6%）；而在出仕元朝之宋进士57人中，22人仅担任学职。而陈得芝《论宋元之际江南士人的思想和政治动向》对所辑得宋理宗、度宗二朝进士在宋元之际的动向作出统计：以身殉国者71人（21.65%），归降及出仕元朝者83人（25.3%），入元隐遁不仕者174人（53.05%）。

政治紊乱：四十年间九皇帝

元朝皇位继承一直秩序混乱，皇帝的登基往往是各种势力角逐和妥协的结果。忽必烈死后，后来的成宗、武宗的继位都扑朔而无序，两人都在三四十岁的年纪匆匆驾崩。之后的仁宗、英宗都有一定的儒学素养，仁宗在位时还一度恢复了科举，但这些措施却深深地刺痛了蒙古人和色目人的神经，仁宗酗酒无度，30多岁体垮早崩；英宗因树敌太多，20岁出头在南坡遇刺身亡。

后边的皇帝，有的在争权中落败，有的早夭，有的在位上荒淫无道，尽现丑态。元朝中期的四十年间，走马灯似的更换了九位皇帝，人均任期不到五年。这九位君主，除了开国之君，很难再找出有所作为的人物。

经历元中期的政治纷争，到了顺帝时，元朝才慢慢适应在中原的统治，逐渐有些稳定，不过此时政权已经进入了末期。

顺帝即位伊始，政局依然动荡。权臣燕铁木儿死后，曾做过其副手的伯颜取代了他的位置，成为左右政局的重要人物，可怜的皇帝沦为陪衬，以至于史书记载："天下之人，唯知有伯颜而已。"

为了迎合蒙古贵族，争取更多的支持，伯颜严厉打击汉大臣势力。他重申"四等人制度"，强调蒙、汉族群隔阂，还取消了科举制度。他规定汉人、南人、高丽人不得执持兵器，连铁叉之类农具都不允许使用，马匹也多被没收入官府。更有甚者，伯颜还向顺帝建议杀光张、王、李、赵、刘五姓人，欲行种族灭绝，顺帝不从。

伯颜权势熏天，似乎有取皇帝而代之的趋势，终于引起顺帝的不安。

这时，伯颜的侄子脱脱走向历史前台。脱脱料到伯颜在自掘坟墓，早晚会遭到清算，担心自己因与伯颜有亲缘关系而被株连，便主动向顺帝示好，大义灭亲。他与顺帝合谋，趁伯颜外出狩猎之机诏令任命其为河南行省左丞相，后诏徙往广东阳春。结果，伯颜在奔赴途中病故。

伯颜一死，脱脱摇身一变成为中书省右丞相。新官上任三把火。脱脱一上台就采取了一系列"更化"的举措。恢复科举考试，广泛延揽人才，尤其注重对汉人的笼络，实行儒治，等等。这些举措的确维护了元朝稳定，缓和了社会矛盾。当时就流传着"马中佛朗马，人中有脱脱"的说法。算起来，脱脱堪称一时贤相。

不过，历史发展大势不是一两个贤明的人所能改变的。脱脱虽暂时应付了经济问题，但无异于饮鸩止渴。顺帝朝的早期短暂的政治新气象，不过是元在中原统治的回光返照，纵然迷人，终究逃脱不了灭亡的命运。

贤相如脱脱，最终也没能摆脱朝中奸佞的暗算与皇帝的抛弃。晚期的顺帝宠幸佞臣哈麻，哈麻诬陷脱脱及其弟也先帖木儿，顺帝竟听从哈麻的挑拨，下令削夺了脱脱兵权，全家被流放，结果脱脱本人在流放云南的途中，据说还被哈麻矫旨杀害。

这个时候，蒙古人所建的横跨亚欧的大帝国已走过了它的鼎盛期，四大汗国权势消长，蒙古人的绝对统治渐渐衰弱，最终灭亡或变质：蒙古人在北部钦察汗国的统治一直持续到15世纪上半叶，分裂后，被伊凡四世建立的俄罗斯蚕食吞并；察合台汗国在秃黑鲁帖术儿统治时期，用强制手段迫使天山以北16万蒙古人改信伊斯兰教；窝阔台的大汗在争夺王位中落败，部分归附钦察，部分并入元朝；而伊儿汗国在合赞汗时，取名穆罕默德，自号"苏丹"，改宗伊斯兰教，进行了一系列穆斯林化的改革，蒙古贵族和伊朗贵族日益合流，变成为一个伊斯兰国家。在最东边，伴随整个元朝始终，起义和反抗从未停止。

在中国的元朝，蒙古铁骑用烈马弯刀拓宽了疆域版图上未曾有过的宽度，然而其野蛮黑暗的统治又快速削减了这个王朝时间上的厚度，这个曾经不可一世的庞大帝国，自灭宋后维持了还不到100年（99年，自建"元"起计算共109年），就迎来了它的末日。

日薄西山：元末大起义与帝国灭亡

在《元史》记录中，"盗贼"一直连绵不断，最后则演变为起义，四处爆发。

早在忽必烈时代的至元二十五年（公元1288年），御史大夫玉昔帖木儿就报告说："江南盗起，凡四百余处。"江南，就是宋的旧土，正是"盗贼"最多的地方。"盗贼"是什么人？其实正是不甘做奴隶的义士。

至顺帝中晚期，元朝就是一座将倾的大厦，民变、起义、争斗、腐化，自内而外透露着腐败和行将就木的气息，而脱脱是支撑这座大厦最后一根折弯的稻草，黄河决口引起的征民开河和变更钞法导致的通货膨胀，几根火线一经点燃，这根稻草也只剩灰烬，大厦崩塌，只是时间问题。

到了元末，民间流传一首《醉太平》："堂堂大元，奸佞专权。开河变钞祸根源，惹红巾万千。官法滥，刑法重，黎民怨。人吃人，钞买钞，何曾见。贼做官，官做贼，混愚贤，哀哉可怜。"这一切中时弊的小令广为流传，真切地道出了开河、变钞引发的风起云涌的农民起义。

元末大起义，开始在各地频频爆发。

起义军首先打的是舆论战。当时流传着一首扶乩诗："天遣魔军杀不平，不平人杀不平人，不平人杀不平者，杀尽不平方太平。"这首诗真切地道出了元末世道不公，充满杀气。艺术含量最高的当数红巾军的旗联："虎贲三千，直抵幽燕之地。龙飞九五，重开大宋之天。"这是借反元复宋的旗号号召百姓响应。

治河工程刚开始，活跃于黄淮地区的白莲教首领韩山童等就编造了"莫道石人一只眼，此物一出天下反"的谶谣，散布在河工和周边百姓中，后来又凿了一尊一只眼的石像，还在石像后刻有几个字"石人一只眼，一出天下反"，并预先埋在河道中。当石人被挖出时，果然群情震动，要变天了。

韩山童见起义时机成熟，便自称宋徽宗八世孙，在颍上一带聚众起义。他被官府捕杀后，余众在刘福通领导下继续战斗。后来，起义烈火燃遍中原及周边地区。随后，徐寿辉、芝麻李、郭子兴、陈友谅、方国珍、张士诚等豪杰都聚众起义。

元朝统治者自然不甘失败，调集人马围剿起义军。刘福通、郭子兴等一批起义领袖在战斗中牺牲，张士诚等与朝廷时战时和，徐寿辉等在内讧中相互消耗。反元的接力棒逐渐转到朱元璋手中。

朱元璋所部在战争的历练中逐渐成长为一支强大的力量，麾下精兵强将如云。他的势力范围在长江中下游一带。后来，他在南方消灭了陈友谅、张士诚、方国珍等势力，逐渐扫灭了群雄。此时元朝统治者还在忙着内部相互残杀，实力大大削弱。

南方各派势力被扫灭后，朱元璋出师北伐，很快击溃元军主力。1368年，朱元璋在应天即位，建立明朝，随即趁热打铁，继续派兵北上，驱赶元军，很快顺利攻占大都，元顺帝逃往蒙古草原。元朝在中原的统治宣告终结。

逃亡的顺帝一行到达上都（今内蒙古锡林郭勒盟正蓝旗旗政府所在地附近）后，据说御座上盘踞着几只狐狸，君臣一行都惊呆了，认为这是亡国之兆。顺帝叹息道："天意如此，朕将奈何？"

元的统治不仅打断了华夏文明原先的发展进程，还开了一个很不好的先例，即游牧文明对农耕文明的统治，其根本原因在于农耕文明尚武精神的退化以及领导集团的腐朽衰败。

尾声：蒙古人北逃后的命运

顺帝北逃后，西北、西南、东北一带仍有元将驻守，后都被明军一一击溃，上述地区都划入明朝版图。

蒙古贵族退居漠北后又维系了数十年政权，史称"北元"，势力大不如前。明朝决意彻底消灭元朝残余，便派遣徐达屡次率军征讨北元。

1388年，一支10万人的明朝军队在大将蓝玉的率领下在合勒卡河和克鲁伦河之间、贝尔湖南岸大败脱古思的军队，残元诸王、平章以下官员3000多人及军士7万余人被俘，脱木思帖木儿逃走后被其部将缢杀。

这次的失败使黄金家族——忽必烈家族的残元政权丧失了在蒙古人中至高无上的地位，以至于大多数蒙古部落宣布脱离它而自立。1399年，分布在叶尼塞河上游沿岸的乞儿吉斯部首领贵力赤，否认了最后一任残元皇帝孛儿只斤·额勒伯克的宗主权，于1399年将其打败并杀死，取得了统治各部的霸权。至此，苟延残喘了29年的残元政权灭亡。

塞北是蒙古人的发源地，此处适合蒙古骑兵活动，虽然明军占上风，却并不能将蒙古人赶尽杀绝。终明一代200余年，二者始终处于南北对峙的状态。后来，塞北蒙古人分化为鞑靼和瓦剌两部，与明朝时战时和。

到明朝末年时，蒙古人分为三部分，在康熙年间全部被清统一。

早年随成吉思汗西征的蒙古人攻取中亚、西亚、东欧一带后，试图向埃及和西欧进军。埃及和西欧诸国奋勇抵抗，蒙古人进攻受挫，势力没有向非洲和西欧扩张。后来，四大汗国各自为政，彼此既有联合，又有矛盾，除金帐汗国外的其余三汗国于14世纪因内外交困而被突厥人建立的帖木儿帝国消灭，蒙古人与当地各民族融合在一起。统治区域在今俄罗斯、乌克兰一带的金帐汗国由于国内矛盾重重终于在15世纪末灭亡，分裂为克里米亚汗国、阿斯特拉罕汗国、喀山汗国、西伯利亚汗国等，直到16世纪被崛起的俄罗斯帝国摧毁。

就这样，这个横跨欧亚大陆称雄多年的大帝国最终烟消云散，消逝在历史的尘埃中。

第十三章

明朝：东西方大分流

自汉唐之后，大明帝国是少有的在综合国力方面走在世界前列的东方强国。明朝初期，历经洪武之治、永乐盛世、仁宣之治，整个政治舞台清明，综合国力强盛。

帝国疆域一度扩张，东北曾抵达日本海、外兴安岭，后缩至辽河流域；北达阴山，后撤至明长城；西至新疆哈密，后退守嘉峪关；西南到达缅甸和暹罗北境，后折回约今云南境；并在青藏地区设有羁縻卫所，还曾收复安南等。

1449年，蒙古的瓦剌人侵扰大明，皇帝轻率出征，引发土木堡之变，明帝国开始由盛转衰。所幸后经一系列有效改革（以张居正改革最为突出），弘治和万历中兴，使得大明国势重新振兴一时。

然而晚明因政治腐败、东林党争等内耗，以及天灾民变等外患，种种因素导致国力急速衰退，各地农民起义爆发。1644年李自成率起义军，攻入北京皇城，大明最后一位皇帝崇祯急慌慌上山，在一棵歪脖子树上自缢，明朝宣告灭亡。

明朝宗室后来虽然在南方建立了多个政权——弘光、隆武、绍武等——

史称"南明"，但也无济于事。清兵入关后，铁骑不断南下，陆续吞灭了这些南方小政权。1662年，永历帝被杀，南明小朝廷彻底覆灭。

平定四方，征灭蒙元

如果现代人穿越到朱元璋的成长环境，多半会失去活下去的勇气：1328年，朱重八出生在安徽濠州（今凤阳）的一户贫苦家庭。20岁之前，他一直在贫困和死亡线上挣扎。他曾给地主放牛，并在皇觉寺当过杂役僧。皇觉寺破产解散，他托钵四处乞讨。朱重八还在少年时，他的家人基本都已饿死或者病死。

元朝末年，红巾军起义星火燎原，儿时的小伙伴汤和写信给朱重八，叫他一起入伙。25岁的朱重八收到信后，坐卧不安，又怕被人告发，又怕错失发展机会。他于是找朋友商量，又去求神问卦，最终下定决心，投奔到濠州红巾军郭子兴的麾下，成了一名士兵。朱重八很快脱颖而出，并改了一个高大上的名字：朱元璋。郭子兴死后，朱元璋便逐渐掌握了这支军队。1356年，朱元璋攻占集庆（今南京），改名应天府，并在此建立江南行省，拥兵十万。

此时，有数股反元力量，相互构成威胁：北有刘福通、西有陈友谅、东有张士诚。这些人的心思和理想各不相同，只有朱元璋的想法非常明确：他在研究刘邦、李世民、赵匡胤等人的往事。显然，朱元璋意在荡平四方、统一天下。

陈友谅是一支劲敌，朱元璋诡计与苦战并用，花费了四年，终于摧毁陈友谅部。之后，朱元璋又派遣徐达、常遇春等一路攻击前进，直取张士诚的都城平江（苏州）。张士诚年轻时也算是一代豪杰，称王后早把奢华享受当作人生首要目的，已经腐化得不像样了。张士诚战败之后，被擒至南京诛杀。

随后，朱元璋又于1367年冬和1368年，相继消灭了浙东方国珍、福建陈友定、两广何真的势力。

到此时，南方大局已定。至正二十七年（公元1367年）十月，他又派徐达、常遇春率军25万，以"驱除胡虏，恢复中华，立纲陈纪，救济斯民"为口号，挥师北伐，向元大都发起攻击。北伐军势如破竹，一路攻克山东、河南、直隶等地，最终在洪武元年（公元1368年）八月初二攻入大都，残余政府向漠北逃窜，元朝灭亡。

洪武元年正月，朱元璋在应天称帝，以此为都，国号大明，年号洪武，明朝拉开了帷幕。

明朝失败的帝王教育

朱元璋头一次当皇帝，颇没有头绪，经常询问，当皇帝首先该读什么书？他所询问的文臣，也就是当时所有的知识界精英，都跳不出南宋理学的手掌心———一种文化一旦形成，身处其中的人们就会为此文化所形塑。对这些儒生们来说，心性之学最为崇高。

朱元璋问大儒宋濂，宋濂推荐《大学衍义》。此书是宋代真德秀所著，主旨是推衍《大学》之义。《大学》与《论语》《孟子》《中庸》并称儒家经典"四书"，它讲述格物、致知、诚意、正心、修身、齐家、治国、平天下："物格而后知至，知至而后意诚，意诚而后心正，心正而后身修，身修而后家齐，家齐而后国治，国治而后天下平。"内容包括了儒家的一整套伦理、哲学、政治思想，后世儒者奉其为"帝王之学"。

在宋濂看来，政治的关键在于君主的道德，他觉得，只要帝王有德，天下一切都自然而然地顺了。宋濂在"辅导"朱元璋以及教育太子时，特别强调理学家的"治心""养心""去欲""持敬"等观念。而管理所需要的实务知识，如经济、军事、战略、法律等，却并不在他的认知图景之中。

朱元璋戎马一生，喜爱兵法。一次，朱元璋向宋濂讲起了《黄石公三略》。这是古代一部兵法书，相传其源出于姜太公，后来有一个神秘老人把它传给汉朝开国名臣张良（其实书中有很多后人附会的内容）。朱元璋讲得起劲，而宋濂听得意兴索然，劝谏朱元璋说：《尚书》中的《尧典》《皋陶谟》等，那才是有关治国的"大经大法"，而且讲得全面透彻，愿皇上留意研读，了然于胸。

无独有偶。朱元璋又问范祖干，范跟宋不谋而合，推荐了《大学》。朱元璋问治国之道，范祖干昂然回答："不出是书。"

朱元璋文化不高，但实战经验丰富。他对这群儒生的话，不太相信。后来他在选太子师时指示文臣们说："卿等宜辅以实学，毋徒效文士记诵词章而已。"实际暗讽文人只会"记诵词章"，不务实。洪武九年（公元1377年），在授翰林学士承旨的赐诰中，他更是不客气地评论宋濂的弱点"才不兼文武"，迂腐呆气。所以，他绝不会真的照宋濂的那套去办。政治权力的运作，绝不是《大学》所能涵盖和解释的。

宋濂一生都在试图教化皇帝，而他自己的下场就是这场教育败局的注脚：他的孙子卷入胡惟庸案，最后被杀；宋濂自己也被株连，在71岁高龄时被流放到僻远的茂洲，第二年绝食死在流放途中。

宋、范二人，十分具有代表性，他们的观念是明朝士大夫们的共识。整个明朝的官僚体系，就是在这种基本观念指导之下运转的。

到明朝中后期，讲官们大多迂腐空谈，不务实际，"问钱谷（财政）不知，问甲兵（军事）不知"。例如嘉靖年间，有一个吏部侍郎湛若水，被称为当世名流，但是他的学说"随处体认天理"，有人问怎么抵御倭寇，他昂然回答说：主要靠"修孝悌忠信"，引来一片窃笑。

一个人生活在一种文化中，就会为其所塑。明朝的帝王教育，看似集中了最精华的教育资源，但放在历史长河中考察，恰可以作反面教材。有明200多年，以道德说教为核心的帝王教育思想一以贯之。作为自然的延伸，一切政治事务也道德化，于是上演出接连不断的大败局。

明朝大臣和讲官对皇帝进行了摧残人性的"填鸭"，最终把皇帝培养成了一个个昏君。

明朝大臣希望皇帝日夜苦读，并且要达到"私欲尽去"的超高境界。他们以为，长此以往，皇帝必会摒弃私欲，成为一个"圣贤之君"。

他们要杜绝一切外在诱惑，《大明孝宗敬皇帝实录》卷八十四中记载：

"于凡言语必教之真正，而非礼亵狎之语，不使闻之于耳。于凡行步必教之端庄，而非礼邪僻之事，不使接之于目。教之不忍，教之有仪，以养其仁义之心；教之恭肃，教之分别，以养其礼智之心。如内庭之曲宴，钟鼓司之承应，不使之观；元宵之鳌山，端午之龙舟，不使之见，以至佛老之教，尤不宜口诵其言，目观其像，以惑其心志。"同时通过教育让皇帝意识到天理、人欲的关系，"天理人欲不容竞立"。

皇帝和太子连业余爱好也不准有。朱瞻基当太子时喜欢诗，希望大臣推荐历朝诗歌，重臣杨士奇却一顿说教："帝王之学所重者不在作诗。太祖皇帝圣学之大者，在《尚书注》诸书，作诗特其余事。"最终没有答允。神宗很喜欢书法，字写得也好，颇为得意，曾经手书一副对联赠给太傅张居正作为答谢礼物，谁知张居正第二天就义正词严地请求神宗将重心放在学习义理方面，不必再练字。

明朝讲官一般都是耆老宿儒，如武宗朝的刘健、李东阳、马文升、韩文、谢迁等人，既是最重要的阁部辅臣，又曾是太子的讲官，他们的平均年龄已在70岁左右。而他们辅佐的新君或太子大多青春年少。讲官整天在小皇帝或太子面前念叨的除了治理天下的大经大法，就是四书五经，内容艰涩玄妙。这种状况恰与内廷宦官为博取太子一笑而精心安排的校阅骑射、弯弓射箭、巡幸西苑等活动形成鲜明对照。毫无疑问，皇帝或太子更愿意接近内宦，与大臣日益疏远。

明朝16位皇帝在中国历史上是一个独具特色的群体，他们多任性而行，背离皇帝的角色身份，不仅影响朝政，影响社会，也影响了国运。明中后期的皇帝（从英宗开始）几乎都不称职，终沦为"问题皇帝"。明朝皇帝和储君教育的失败使他们不仅不具备国家最高首脑的素质和能力，而且个人德行也低下。

明朝几个"坏学生"皇帝，如宪宗、武宗、世宗、神宗、光宗、熹宗在执政期间都出现很多问题。宪宗宠幸大自己19岁的万贵妃，任其专横跋扈，为非作歹；武宗堂堂帝王竟以大将军自居，住"豹房"（内有男宠），抢民女，终日巡游不肯回京；世宗崇信道教，任用青词宰相，常年不上朝；神宗酒色财气俱全，三十余年不上朝，派矿监税使骚扰天下；光宗好色，一粒红丸命丧黄泉；熹宗沉迷木艺，朝中诸事悉托魏忠贤；等等。明王朝在这批皇帝的统治下，注定日益衰败。

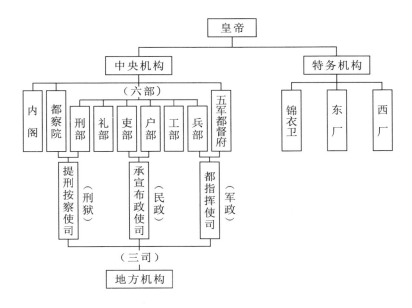

图4　明朝废除丞相的中央集权制度

明朝的制度设计，使得权力集中于皇帝一人，而皇帝如此不堪，国家的命运可想而知。明朝中后期，商品经济高度发展，市民文化汹涌澎湃，人文思潮极具个性，连同国际格局翻天覆地的变化，近代曙光一一出现，总之，历史赋予了大明宏大、灿烂的时代背景，但明朝的皇帝们却无力掌握历史赐予他们的机缘，只是尽情享受皇位带来的特权，忽略了对整个帝国的责任，使得中国逐渐丧失世界强国与贸易中心的地位，与西方的差距越来越大，逐渐落后于世界潮流。

宣扬国威与万国来朝

洪武三十一年（公元1398年），朱元璋去世。他在遗诏中自我评价说，自己一辈子为了国家十分勤劳、十分辛苦，然而毕竟没文化，比古人差得远。（"朕膺天命三十有一年，忧危积心，日勤不怠，务有益于民。奈起自寒微，无古人之博知，好善恶恶，不及远矣。"）这番话貌似诚恳谦和，但却没说出最核心的真相：他后半生所作所为，几乎全都是为了稳固自己的一家之权力。

他在遗诏中还机警地嘱咐，所分封镇守边疆的几个皇子，都在原地哭丧，不必到首都南京来——继承人皇太孙朱允炆年幼，儿子们如果带兵来到首都，很可能会发生不测。

但他所担心的事情最终还是发生了：燕王朱棣公然起兵夺权。

经过苦战，朱棣的军队攻破南京城，朱允炆失踪。

公元1402年，朱棣登基称帝，是为永乐皇帝。他先是在南京对曾经反对过他的人展开残忍的大屠杀，后迁都到北京。

永乐皇帝无法改变僭主的本质，这是他挥之不去的梦魇。永乐篡权，明朝的法统变成了灰色，气氛也变得阴暗了。从此以后，士大夫们公开场合恭恭敬敬，书斋里、酒桌上牢骚满腹，平头百姓们的生活也越来越不如以前，感慨自从"永乐爷"登基之后，再也过不上"洪武爷"时代的好日子了。[①]但朱棣毕竟是个有雄心的人，为了当代，为了历史，他都需要有说服力的政绩工程。

权力巩固之后，朱棣下令继续推行明初鼓励垦荒的经济政策，同时又积极开疆拓土，五次北征蒙古残元，收复安南，巩固了南北边防。数年之后，中国的国力强盛，国家府库充实、武力强大、版图辽阔。朱棣重视文治，下令编纂了当时世界上最大的一部百科全书——《永乐大典》。最后，他希望万国都前来向中国朝贡、俯首称臣，自己坐享"四海宾服，万邦来朝"的巨大荣耀。

所谓"朝贡"，是中国长期以来和周边国家之间的一种独特的外交关系。借助丰盈的物质文化，吸引四夷"慕圣德而率来"，是中原历代统治者始终追求的统治境界。这种浸润着深厚的礼仪文化精神的政治思想和外

---

① 这种心态在描写明朝生活的小说如《儒林外史》等当中有普遍的反映。

交文化，既体现了儒家的世界观，也描绘出了中原君王理想中的"华夷秩序"——一个以中华帝国为中心、向周边辐射的外交性的体系。周边夷狄按其远近，"各遵其旨"，被逐次纳入中原王朝的战略规划。

那么，周边国家为何甘愿俯首称臣呢？除了被中国强大的国力威慑、被灿烂的文明吸引之外，更重要的是他们能从"朝贡"中大赚便宜（明朝早中期国际贸易需要经过中央特许，不像宋朝完全自由）。政治上，他们能和中国展开友好外交甚至能得到中国庇护。经济上，他们通过向中国供奉一些自己的土特产，便可以获得中国皇帝包括丝织品、金银在内的巨额赏赐。而且还可以和中国发展对外贸易，获得商业利润。

经过明初国力的恢复，到朱棣时，前来朝贡的国家已经比朱元璋时明显增多了。但是这和朱棣的预想还有明显的差距，为了尽快实现自己的光荣梦想，他决定派遣船队出使西洋。

永乐三年（公元1405年），朱棣派出了自己的第一支远洋船队，这支船队的领导者是郑和。郑和本姓马，云南人，回族。郑和相貌堂堂、勇谋俱备，信奉伊斯兰教，要出使的西洋，也就是今天的南洋地区，很多国家都信奉伊斯兰教，因为有共同的宗教信仰，自然容易沟通。有的国家信奉佛教，郑和对佛教也很了解，他有一个名字叫"三宝"，据说就是和佛教"三宝"有关。

初夏六月，郑和率领着帝国的船队从江苏太仓刘家港出发了。船队浩浩荡荡，有60多艘，这些船是当时最大的海上巨轮。

据《明史》记载，郑和七下西洋，最大的船长四十四丈四（约151.8米），宽十八丈（约61.6米），船高四层，像楼一样，有九条桅杆，可以张十二面帆。锚有几千斤重，需要动用200多人才能启航。船的排水量达到1.4万吨（二战中德国的海上巨无霸俾斯麦号战列舰，标准排水量4万多吨）。郑和的宝船在无机械动力的时代，绝对是令人震惊的。当满载宝物的船只航行在大洋之上时，它们"巍如山丘，浮动波上"，甚至"云帆蔽日"，气势浩大。

公元1500年这个年份，被欧洲的历史学者公认为近代、现代的分界线，那是欧洲大航海时代的开始，欧洲人开动轮船，开始探索、发现并征服这个世界。在此后的400年中，西班牙、荷兰、英国先后崛起，纵横四海，成为世界的霸主。中国与欧洲的历史，由此开始了大分流。

当时的中国与欧洲极少有往来，欧洲对繁华富庶的中国充满了向往之情，却苦于没有海路可通。哥伦布他们如果看到郑和的船队，一定会目瞪口呆。

郑和的船队约有2.7万人，对比一下：哥伦布、达伽马、麦哲伦航海的人数分别为90～150人、170多人、265人。郑和的船队中有官员、军人、水手、翻译、会计、修船工人等。其中最多的是军队，有相当于几个师的人数。

当郑和的船队航行到爪哇岛上的麻喏八歇国的时候，该国东王、西王正在打仗，东王战败，西王占领了东王的领地。郑和船队的人员上岸到集市贸易，有170多人被西王方面误杀。明军义愤填膺，纷纷请求要向西王开战。此时西王发现自己误杀了中国船员，十分害怕，忙派使者向郑和请罪，并愿意赔偿六万两黄金。郑和思量再三，认为不宜向西王讨伐，如果此次一旦开战，其余的南洋诸国会误以为明朝是前来侵略的，不利于和平外交的展开。而且鉴于西王自愿请罪的态度，他禀明皇朝之后，决定化干戈为玉帛，和平解决这一冲突，并且还放弃了赔偿请求。西王十分感动，从此两国和睦相处。郑和在此次外交事件中展示出了中国此行的外交政策，"胸怀远人，威服四海"，在郑和七下西洋中，只动用了三次武力，而且还都是因为对方先发起挑衅。

郑和每到一国，都先向当地的头人、国王宣读明成祖的皇帝诏书。告知他们明朝皇帝是奉天承命的上邦大国之君，是奉"天命天君"的旨意来管理天下的，四方之藩都要俯首听命，各国之间不可以众欺寡，以强凌弱，要共享天下太平之福。然后举行隆重的册封典礼，对他们进行慷慨的赏赐，赐给各国国王和官员银印、品级冠带和其他礼物，不计其数。

郑和下西洋是人类航海史上的壮举，他先后抵达了亚非30多个国家，最远到达了非洲东海岸，第一次打通了中国到东非的航线，把亚非之间的广大海域连成一片。而且这七次航行的规模之大、人数之多、范围之广也都是世界上前所未有的。

这场大明官方海上远航行动，同时产生了两种不同的结果。一是耗费大量钱粮，于国家经济并无裨益①；一是四海万国朝贡，大明在政治上一度倒获得了无上权威。

郑和下西洋开始于15世纪初期，哥伦布、达伽马等人开辟新航道的航行开始于15世纪末期，后人总是拿这两件中西航海史上的大事作对比：为什么欧洲人开辟新航道使西方逐渐走上资本主义道路，并且改变了世界格局；而郑和下西洋之后，中国却没有突破农业社会走向现代世界呢？

主因在于航海的"商业模式"不同。欧洲人是为了开辟新航路，以便更好地发展海外贸易，更加"市场化"，航海行为本身能够赚钱，使得海外的财富源源不断地进入西欧。而郑和下西洋所进行的朝贡贸易，本质上是金元外交，大明船队经常用大笔金银换当地土特产，同时对外低价出售中国的货物。几次下来，耗费巨大却没有实际利益。

面子工程的耗资巨大，大臣们很快发现这是一大弊政，批评道："三宝太监下西洋，费钱粮数十万，军民死者万计，纵得珍宝，于国家何益？"的确也是如此，下西洋除了给皇帝带来面子外，从国外带回来的都是香料、宝石、珍奇异兽等奢侈品，无益于国民经济发展（郑和下西洋所进行的只是官方贸易，当时禁止民间对外贸易，所以其所形成的航海经验不能用来带动民间的发展）。

在财政压力和舆论反对声中，郑和的船队偃旗息鼓了。明朝是一个东西方历史分野的时期，而这个阶段，欧洲走出中世纪，开始了持续向上的历程。

另一方面，南洋诸国被郑和率领的巨大船队所震撼，并感受到他们强而不欺、威而不霸的大国风范，因此纷纷表示愿意归顺大明。当郑和船队返航时，许多国王和使者都顺路搭乘，到中国向永乐皇帝朝贡。

永乐年间，海外诸国的朝贡多达300多次，平均每年都有十多次，远超洪武时期每年只有数国前来朝贡的规模，到此时，明朝的国际威望达到了空前的程度。翻开史书，我们仍可以透过文字感受到当年外交的盛况。

---

① 当时明朝士大夫多持此种观点，如《殊域周咨录》载兵部侍郎刘大夏的评论："三宝（郑和）下西洋，废钱粮数十万，军民死且万计，纵得奇宝而回，于国家何益！此特一时弊政，大臣所当切谏者。旧案虽有，亦当毁之以拔其根。"

永乐十三年（公元1415年），东非麻林国来献麒麟（长颈鹿），一时轰动京城。永乐二十一年（公元1423年），忽鲁谟斯（霍尔木兹）等16个国家的1200多名使臣及其家属搭乘郑和第六次下西洋回航的船只前来中国朝贡，受到大明王朝的欢迎，一时间，朝堂上下皆是具有异域风情的使者。在这一年的史书上，有如此记载："锡兰山王来朝，又遣使入贡。占城、古里、忽鲁谟斯、阿丹、祖法儿、剌撒、不剌哇、木骨都束、柯枝、加异勒、溜山、南渤利、苏门答腊、阿鲁、满剌加、失剌思、榜葛剌、琉球中山入贡"（史官翻译辛苦了），真正形成了万国来朝的局面。

不过在万国来朝的气氛中，只有一个国家不服：日本。其实日本在永乐时期也向明朝进贡，但是却也多有冒犯。自洪武时，他们的一些封建主为了取得财富，便组织许多武士、浪人和商人到中国沿海一带进行走私贸易和劫掠骚扰，被称作"倭寇"。但因为明初加强海防，倭寇还不敢大肆侵略。永乐十七年（公元1419年），倭寇2000多人攻掠辽东望海埚，即被辽东总兵刘荣率兵全部歼灭。

但到了嘉靖朝，倭寇却变得异常猖獗。明朝当时实行严格的海禁政策，只允许中外之间进行有限的官方朝贡贸易，任何私人的海外贸易都不被允许。然而此时日本的商业得到发展，朝贡贸易远远满足不了他们的要求，他们便到中国沿海大肆劫掠。同一时期，中国的工商业也发展迅速，沿海地区的很多土豪大姓和海商巨贾都偷偷和外国进行贸易，他们与倭寇合流，并成为主导力量。

而此时的明王朝则是皇帝嘉靖迷信方士，奸臣严嵩当道，边防松弛不堪，无力抵御倭寇的入侵。侵略行径愈演愈烈，甚至从沿海延伸到了内地。嘉靖三十四年（公元1555年），一股72人的倭寇，自浙江穿过江西，经过徽州等地，到达明朝南都南京。他们和南京官军展开战斗，然而令人无法想象的是，八九百名明军却抵挡不住这区区72个强盗，竟然全部阵亡。

面对倭寇的大肆蔓延，明廷后来任命戚继光和俞大猷为抗倭将领，他们招募训练新军，最终在嘉靖四十三年（公元1564年）肃清了倭寇在中国的势力。

明朝危局：土木堡之变

永乐皇帝之后，他的儿子仁宗朱高炽和孙子宣宗朱瞻基相继登上皇位，在他们统治的11年间，政策宽松，四海承平，国家生活小康，史官们给了这个时代一张"仁宣之治"的"奖状"。

但到了随后继任的英宗皇帝之时，明朝就开始迅速走向衰朽。突出的事件就是土木堡之变，这场荒唐的战役，暴露出了大明帝国中枢的丑态。

明朝的威胁仍然来自北方的蒙古。元朝灭亡之后，漠北的蒙古人分裂成几个部落，就像成吉思汗之前那样。此时蒙古瓦剌部的势力强大起来，首领脱欢统一了瓦剌和鞑靼两大部落。到他儿子也先掌权之后，更是大力扩张，他向西攻击哈密，控制了西域要道，威胁到了明朝的西北边防；向东击败了兀良哈三卫，控制了当时还很弱小的女真部，甚至威胁到了朝鲜。

蒙古军队从四路对明朝展开进攻，第一路攻击辽东，第二路攻击甘肃，第三路攻击宣府，最后一路由也先自己统领，攻大同。在蒙古军队的攻击下，明军连连失利。消息传到北京，大臣们很焦急，经过商议，决定派出驸马井源前往迎战——这位井源堪称文武全才，一向深孚众望。

第二天，英宗皇帝却忽然宣布，他要御驾亲征。

大臣们一打听，原来这是太监王振的主意。

王振的人生经历，十足地反映出一个官本位社会当中价值观能够扭曲到何种程度。王振本是一个地方小学官，看不到升官的希望。他思前想后，想出一个奇招：净身进宫，做一名太监。王振运气不错，进宫之后，被分配教女官们文化知识。宫人都是文盲，王振鹤立鸡群，受到膜拜。后来，连英宗的父亲宣德皇帝也认为他是个人才，一纸宣入东宫，给太子陪读。

太子对王振也很信任、尊敬，见了他不叫名字，而呼"先生"。英宗登基之后，便对他委以重任，封他为司礼监太监，这是内官二十四衙门中真正的实权派。

司礼监太监有在奏章上批红之权，而且还提督特务机构东厂，加上英宗对他完全信任，王振的权势炙手可热。很多阿谀之徒纷纷投靠王振，呼其为"翁父"，典型的如工部侍郎王祐。当时的大臣都留有胡须，而王振因生理原因没有胡须，有一天王振见到王祐，见他也没留胡子，便问原因，王祐谄媚道："老爷没有胡须，儿子我怎么敢留呢？"对于反对者，王振心狠手辣，绝不留情。翰林院侍讲刘球请求皇帝削弱王振的权力，被王振下狱处死，尸体被肢解。当时的国子监祭酒（国家大学校长）李时勉因为不肯向他行礼，被他用枷锁铐在国子监门口，当众羞辱。当年朱元璋为了防止宦官专权，在宫门内立了一块"内臣不得干预朝政"的铁碑，王振竟下令毁掉，而无人能够追究。

王振此刻怂恿皇帝御驾亲征，其实是为了显耀自己。他判断，蒙古军队只有2万人，而明朝能派出50万军队，必然胜券在握。然而他只是一个太监，并没有威望可以带兵，于是他便怂恿皇帝出征，自己随从。前后准备了不到五天，粮草都未充足，7月17日，在炽热的骄阳下，50万大军浩荡上路了。

8月1日，到达大同，此时前方的阳和却传来明军全军覆没的消息，听完前方使者描述的战争惨状，王振吓破了胆，当即决定班师回朝。

于是，50万大军还未临敌，便开始返回北京。王振决定取道故乡蔚县，好向家乡父老炫耀。从蔚县返回北京，本来也是一条便利通道。然而刚走了50里，王振却又想起庄稼已经成熟，大军路过可能会破坏，于是下令重返大同，通过居庸关原路回京。返回途中，忽降大雨，大军疲惫不堪。大军在8月13日到达土木堡，此地离军事重镇怀来只有25里，只要进入怀来就安全了。然而此时王振却又做了一个让人匪夷所思的决定，他让大军暂缓前进，因为他的1000多辆辎重车还没有到达。军队就地驻扎。

15日，一路尾随而来的蒙古军发动突然袭击，明军猝不及防，全线崩溃。

此役明军惨败，死伤超过大半，随从的50多名大臣全部阵亡，包括英国公张辅，兵部尚书邝埜，户部尚书王佐，侍郎丁铭、王永和，驸马井源以及内阁成员曹鼐、张益等朝廷高官。明英宗被蒙古军俘虏。而这场惨败的罪魁祸首——王振，同样也难逃此劫，明朝护卫将军樊忠在混乱中发现了他，将他一锤击毙。

兵部尚书于谦在危难中担起重任，在这年10月取得"北京保卫战"的胜利，蒙古军被打退，英宗在第二年也被放回。

明朝是继汉唐之后宦官专权最严重的时代，除了王振外，宪宗时的汪直、武宗时的刘瑾、熹宗时的魏忠贤，也全都权倾天下。

刘瑾甚至还被《（亚洲）华尔街日报》在2001年统计为1000年来全球最富有的50人之一，而他有他的秘诀。他经常乘武宗玩兴正浓的时候把各司的奏疏拿给他批阅，武宗总是回答说："我要你有什么用？每件事都要烦我吗？"于是到后来，刘瑾就干脆直接把奏折拿回家，与妹婿孙聪、松江市侩张文冕一起商议参决，从而全面控制了从中央到地方的一切政务。官员们都畏惧刘瑾，恐引来灾祸，纷纷贿赂，地方官到京城朝觐的时候，都要每人送给刘瑾两万两银子，没有那么多钱，就先向京城富豪借贷，待回到地方之后，再从老百姓身上盘剥。刘瑾后来被抄家时，共搜出黄金250万两，白银5000余万两，其他珍宝细软无法计数。

熹宗最大的乐趣是盖房子，太监魏忠贤控制了朝政。他为人阴险狠辣，排除异己，朝中的无耻大臣纷纷向魏忠贤投靠，认其为义父、干爷，有"五虎""五彪""十狗""十孩儿""四十孙"等名头，结成阉党。他们牢牢把持厂卫特务机构，实行恐怖政治，尤其对当时主张改良政治的东林党人更是大肆打击，作《东林点将录》《同志录》《百官图》，按名单对东林党人逐一捕杀。经过打压，东林党人元气大伤，魏忠贤气焰更盛，朝臣们都敬呼他为九千岁。浙江巡抚潘汝桢在西湖边为魏忠贤立生祠，一时间四方纷纷效仿，魏忠贤生祠几乎遍天下。

明朝宦官专权之所以严重，在明朝初期就埋下了隐患。朱元璋废除丞相制度，繁重的朝政压在皇帝一个人身上，这自然是无法承受的，后来便形成了内阁制度，内阁大学士协助皇帝处理政务，是皇帝的秘书班子。宣德时，发展出票拟、批红制度。就是把奏折先拿到内阁，大学士们替皇帝草拟一个处理意见，写在小纸条上贴在奏疏的前面，然后呈给皇帝，皇帝参照大学士的意见口授旨意，让司礼监秉笔太监用红笔在奏折上书写。英宗往后的几个皇帝昏庸无能，长期不问政事，批红的大权经常完全落到秉笔太监的手中，给他们操控朝政提供了可乘之机。

另外，从永乐开始对宦官的重用，是另外一个原因。永乐皇帝夺位，得力于宦官通风报信，他自然投桃报李。永乐帝对宦官委以重任，给予他们出使外国、监视军队、到边关巡查等大权。

总的来看，明朝宦官专权是寄生于高度集权的君主专制体制的，君主权力太大，当君主昏庸无能时，这个强大的权力便会落到身边太监的手里。太监们擅长阿谀逢迎，玩弄权术，在他们的专权之下，明朝中后期的政治异常黑暗。

万历十年：张居正改革

英宗之后，除孝宗时励精图治，出现弘治中兴之外，其他时期，要么皇帝荒淫无度或迷信方士，要么宦官、佞臣把持朝政，政治非常黑暗。同时，边境危机再次出现，嘉靖时，蒙古鞑靼部的俺答汗经常犯境，后来竟进入北京进行掠杀；倭寇活动猖獗；欧洲"地理大发现"时代已经开始，葡萄牙在这一时期侵入澳门。土地兼并也开始日益严重，皇室、勋戚、官僚以及缙绅富户大肆掠夺农民土地，使大批农民失去土地，成为流民；也使得国家掌控的土地数量急剧减少，明初洪武二十六年（公元1393年）国家掌控的土地约有850万顷，到弘治十五年（公元1502年）仅剩422余万顷，由此国家的赋税收入也越来越少，到嘉靖中期之后国库竟常年亏空，入不敷出。大批失去土地的流民为了生存，纷纷揭竿而起，英宗、宪宗、武宗时分别在闽浙赣山区、郧阳山区和京畿地区爆发了大规模的农民起义。

明朝衰落，气数将竭。万历元年（公元1573年）至万历十年（公元1582年），内阁首辅张居正在全国发起了一场力挽狂澜的变法革新运动。

张居正是湖广江陵人（今荆州），世宗嘉靖二十六年（公元1547年）进士，面对国家困局，他曾在穆宗隆庆二年（公元1568年）上《陈六事疏》，提出一系列改革建议，但未被采纳。隆庆六年（公元1574年），穆宗病故，神宗继位，张居正在险恶的权术斗争中最终胜出，成为内阁首辅。此时神宗只有十岁，而且其母亲李太后也倾慕张居正，因此张居正几乎总揽了朝政，有机会大展宏图。

张居正首先设法提高官僚系统行政效率，他设计了一个"考成法"，用以对官员进行绩效考核。此法规定，各衙门在办理公务之前，要根据事情的缓急，制定出一个公务完成的最晚期限，并记在文簿上，事情在规定期限办完后，便在文簿上注销，如果没有按期办好，便要进行处罚。而且为防止徇私舞弊，这份文簿要再造同样的两份，呈给六科和内阁，接受监督。"考成法"的实施非常严格，务求法之必行，言之必效。《明史》里描述："万里之外，朝下而夕奉行，如疾雷迅风，无所不披靡！"

他继而整顿武备、编练新军。隆庆五年（公元1573年），在他的建议下，穆宗起用谭纶、戚继光、王崇古、方逢时、李成梁等著名边将，主持蓟镇、宣府、大同、山西和辽东边务。同年，他利用鞑靼部的内部矛盾，实现和蒙古首领俺答汗的和议：明廷诏封俺答汗为顺义王，授予俺答汗属下65人都督、指挥等官职，并且议定开放大同等11地为互市市场。张居正的边防新政取得了巨大成功，从此边防稳定，国家每年减少了不下百万的征调费用，长城沿线出现了长达60年"物阜民安，商贾辐辏，无异于中原"的繁荣景象。

万历六年（公元1578年），张居正开始整理土地、整顿财政。全国开展清丈土地工作，各府、州、县的勋戚庄田、民田、屯田、职田等，全部进行丈量。清丈之后，全国土地的数字是7013976顷，比弘治年间多出300万顷。万历九年（公元1581年），他又对经济政策和赋役制度进行改革，推行"一条鞭法"。原来的赋税有田赋、力役和其他各种杂税，现在全部合在一起，按田亩多少来征收，田多多征，田少少征。这使得政府从掌握大量田地的地主手中增加了税收，又使无地、少地的农民减轻了负担。而且田赋除了苏、松、杭、嘉、湖等地，都不再征收粮食，全部征银子，从而使大量农产品纳入市场，刺激了商品生产和货币流通。同时规定老百姓不再服力役，向国家缴纳银子之后，由官府雇人服役。农民有了更多的时间从事农业劳动，稳定了生产。

张居正改革进行了10年，使危机重重的明王朝重新振兴，边防安定、官员办事效率提高，太仓所存的粮食足以供应京师军队十年之用，国库的储蓄达到400万两白银，是自正德、嘉靖虚耗以来最富庶的时期，张居正本人也因为改革的巨大成效被誉为"救时宰相"。

万历年间，日本丰臣秀吉企图以朝鲜为跳板侵吞中国，中国出兵援助朝鲜。公元1597年11月，日本海军在露梁海战中大败，从此龟缩回日本（韩国电影《鸣梁海战》反映的只是这场战役中的局部，明军才是决胜关键）。这一战打出了300年的和平，300年后的甲午战争几乎就是这一战的翻版，只是结局相反。包含这次御倭援朝之战在内的"万历三大征"的军事胜利，是明朝振兴的明确标志。

然而张居正改革却触动了既得利益集团，引发反扑。1582年，张居正去世后不久，反对他的势力怂恿对张居正长期管束早已不满的万历皇帝对张居正家进行查抄，并削夺了他的官爵。同时新政几乎被废止。此后，万历皇帝越来越任性，数十年不理朝政，时局急剧败坏，社会动荡，明王朝逐渐走向衰亡。

晚明的内忧外患：王朝破产

1627年，万历皇帝去世8年后，朱由检即位，是为明思宗崇祯皇帝。在他心中，没有登基的喜悦，因为此时摆在他面前的，是严重的内忧外患。

在他之前，天启帝去世，魏忠贤虽然没了依怙，但朝堂上下仍然遍布爪牙，阉党依旧掌握着朝政大权。此时的国内经济濒于瘫痪。同时，大量失地农民被迫背井离乡，逃亡在外，成为流民。很多地区一片"黄埃赤地，乡乡几断人烟；白骨青磷，夜夜常闻鬼哭"的惨状。

国家财政濒临资金链断裂。天启时，朝廷拖欠各边镇年例钱粮就已经高达900万两，崇祯时欠饷更加严重。

此时，内外均有强敌。

崇祯元年（公元1628年），陕西爆发了农民起义。当地在天启、崇祯时连年灾荒，再加上赋役苛重，人们无法生存，纷纷投入起义军。而且陕西还是明朝的边防重地，由于兵饷断绝，士兵也大量逃亡。

境外，盘踞在东北的满族已经壮大，形成威胁。满族原名"女真"，他们曾经灭亡北宋，建立起金朝。万历年间，女真首领努尔哈赤逐渐统一了各部，自称"后金"，并开始觊觎中原。万历四十六年（公元1618年），他发布"七大恨"，历数明朝罪状，告天讨明，最终捣毁抚顺城，掳掠人畜30万而归。1619年，又和清军在萨尔浒山附近展开大战，最终明军战败，从此失去了在辽东的军事主动权，被迫趋于防守，女真则由防御转向进攻。努尔哈赤之后，其子皇太极即位，并于崇祯九年（公元1636年）自称皇帝，改后金的国号为清，比拟于汉族皇帝，以大国和明朝进行对抗，企图取而代之。他在崇祯年间五次越过长城，深入明朝内地，攻克许多城池，大肆掳掠。

面对内忧外患，崇祯皇帝很想有一番作为，挽救大明江山。目标很远大，但有时几乎看不到希望，而且他才仅仅16岁，只有义无反顾地奋斗。他即位才两个月，就利用谋略铲除了魏忠贤及其党羽的势力。同时，他也十分勤勉，每天都工作十几个小时。而且特别节俭，衣服破了，让皇后打了补丁后继续穿。

内忧与外患并存，优先解决哪个为上？崇祯皇帝举棋不定，整个朝堂也议而不决。

崇祯皇帝一度采纳了内阁大学士兼兵部尚书杨嗣昌"攘外必先安内"的方略，集中优势资源对付国内农民军，而且快要成功了。但最终这一方略还是被女真人入侵所打断。军队被调到边关防守，起义军趁机复活。

最初的农民起义主要集中在陕西、山西一带，到了崇祯六年（公元1633年），起义扩大到河南、湖广、南直隶、四川、陕西等省，成为全国性的大起义。起义军中最有影响力的是闯王高迎祥，崇祯八年（公元1635年），他率领农民军攻克明中都凤阳，打出"古元真龙皇帝"大旗，焚毁皇陵享殿，挖掘皇帝祖坟，并且破坏了朱元璋当年出家的皇觉寺，给明王朝以沉重打击。

崇祯九年（公元1636年），高迎祥被俘牺牲，李自成被推举为新的闯王。他率领农民军在崇祯十四年（公元1641年）进入河南。进入河南之前，在杨嗣昌部署的围剿之下，李自成的兵力已经不足1000人，到河南后，当地饥民争相归附，人数很快增至几十万。

1644年，正是明崇祯十七年。这一年的大年初一，朱元璋的老家安徽凤阳发生了地震。年初，李自成在西安称王，建国号大顺，正式表明要取明朝而代之。

二月初八，李自成军攻陷太原，京城为之震动。三月初六，崇祯皇帝下令辽东总兵吴三桂放弃山海关外土地，回京勤王。三月十七日，李自成兵临北京城下，明朝驻扎在城外的三大营不战而溃。三月十八日，吴三桂军还没有赶到河北唐山，北京城已被攻破。十八日深夜、十九日凌晨，崇祯帝朱由检只身与太监王承恩缓缓地登上了宫殿后面的煤山，在小山之巅，他回头再次遥望着此时已经是连天烽火和血染的宫闱，泣声长叹，掩面久久无语。在命人分送太子、永王、定王到勋戚周奎、田弘遇家，与皇后等诀别之后，朱由检——这位大明的苦命天子，留下了"诸臣误朕也，国君死社稷，二百七十七年之天下，一旦弃之，皆为奸臣所误，以至于此"的遗言。伴随着骨肉分离，国破家亡的辛酸凄楚；伴随着对李自成等"千古逆贼"的谩骂痛斥；伴随着对祖宗基业一朝灰飞烟灭的深深无奈；伴随着对奸臣误国的切齿憎恨；伴随着对江山社稷的无数次回眸的眷念；风吹圣袂飘摇举，大明徐徐地落下了帷幕。

明朝最终亡于内忧，而不是外患。后来的清朝只是明智地抓住了历史时机，利用内部矛盾摧毁大顺，撷取了胜利果实。

16、17世纪，本是历史上的一个转折点，这是游牧民族即将退出历史舞台的时代。如果说蒙古人对全世界的征服，是游牧民族武力的巅峰，那么此时他们正走向衰败。因为火器的出现和发展，使得游牧部队处于明显劣势。明军的火器很发达，不仅有手持点放的火铳和鸟铳，还有安装在架座上发射的火炮，威力很大，袁崇焕就曾经多次用火炮击退清军，连努尔哈赤都是死在明军的红衣大炮之下。而且永乐时还开始设神机营，专门掌管火器，开启了世界上火器部队的先河。

不幸的是，大明此时正在走霉运，王朝的衰朽周期正在到来。天灾人祸，尤其是政治腐败，已经掏空了王朝的地基。明朝的内部矛盾，被满族人巧妙利用，致使大明帝国最终覆灭。

反思明朝的灭亡，当然其国家治理积弊严重是根本原因，但特别值得注意的一个角度是其财政破产。

明朝的灭亡让许多现代人都倍感不解——人口上亿、威仪赫赫的大帝国，怎么说倒就倒了？一些人引入气候学说，将明朝灭亡的原因归咎于"小冰河"；一些人则怪罪当时主政的东林党，认为这群内斗内行的人毁灭了明帝国；一些人则将原因归咎于土地兼并与商税过少，觉得就是地主与资本家不爱国，导致朝廷无钱可用。这些原因或多或少都存在，但最直接的因素其实很简单：财政赤字，简而言之，明朝灭亡于没钱了。

明朝并非一开始就"穷"，而是经过一系列的复杂变化，才变"穷"的。

想要了解明朝的财政问题，我们需要先简略地了解财政的收支。财政的支出有许多原因，这里不多做赘述。财政的收入通常只有两种：税收、国债。同时代的明朝并没有诞生欧洲的金融制度，更没有成熟的银行体系。明朝真正能靠得住的财政来源只有税收。整个军队系统完全依靠老百姓的赋税养活。

明朝的财政政策被历史学家黄仁宇先生称作"洪武型财政"。这种财政政策核心是"节俭"，以维持国家经济活动的最低水平为基础，而从来不考虑开源。它把国家的税收主要限制为农业税，对商业税、海关税从不重视，是一种极端保守的税收政策。到了后来国家土地兼并越来越严重，国家的税收逐渐减少，而这时又遇上外患，它在经济政策上没有更好的调控办法，只好加重对农民的剥削，竭泽而渔，人民被逼无奈，当然只能走向造反这条路。

尤其到明末，除了"火耗""折色"之类在老百姓交税时刮一层皮的手段之外，漕运的运输费、人工费之类的名目也全部摊派在老百姓头上，美其名曰"加耗"。根据顾炎武的推算，万历年间的加耗在20%左右。到崇祯年间，则上升至丧心病狂的30%。即老百姓要缴纳十两银子的赋税，至少有三两落到官员们的口袋里由他们"自由支配"。至于有多少花在刀刃上，只有官员们自己清楚了。

面对官吏的凶残剥削，老百姓纷纷用逃避的方式对抗。明朝的太仓收入，在短短的数十年里，缩小到原来的一半。于是，老百姓纷纷成罪犯，朝廷的收入也没了，只有中间的官吏集团赚得盆满钵满。

明朝皇帝明知道行政系统存在致命问题，但缺乏矫正的组织和技术手段。朱元璋曾发明剥皮的残酷方法震慑贪污腐败，但最终还是失败。

崇祯年间，曾经有不少灾民涌入京城。崇祯下令用自己的私房钱救济灾民。结果，账面上拨发10万两金花银，却只救济了数千灾民。10两银子不能拯救1个人，须知当时一个精锐的锋兵一月也不过二两月钱。皇帝的私房钱，还是在天子脚下，都敢拿走至少90%。那些真正的公款，又远在边疆"山高皇帝远"之处，可想而知会被贪污多少。

如果说腐败的官员与不合理的税收制度，让明朝的财政收入岌岌可危，那么与清军和农民军的交战更是将明朝的精血耗尽。

明朝在萨尔浒之战前后，开始大规模征收"辽饷"，以应对不断崛起的后金政权。第一次大规模征收辽饷是在万历四十六年（公元1618年）。随着萨尔浒战役的爆发，明王朝的边境军费开支暴增至381万两白银。但是，当年的太仓收入却只有389万两。无奈之下，万历发放10万两私房钱，还从南京借了50万两军费。但是，相对无底洞般的辽东战场，这点军饷无异于杯水车薪。

于是，明朝下令加税，将军费开支摊派到底层百姓身上。扣除当年被苗民起义牵制住的四川、湖南、贵州三省，其他十几个省份都被加派了税收。明朝一口气搜刮了200多万两军费，送往辽东战场。萨尔浒战役，以明军的战败告终。这笔钱自然打了水漂。新上任的辽东经略依旧需要大笔军费。

户部请求万历皇帝发放私房钱，以救援辽东的军事。可惜，万历是个吝啬出名的皇帝，坚决不肯发放私房钱。无奈之下，户部只好下令第二次加税，在原有的赋税，以及第一次加税的基础上，每亩地再加三厘五毫。一共筹措了400万两，再加上原有的增税，辽东明军的年开支增加到了800万两白银。

到了万历四十八年（公元1620年），工部请求朝廷发放安家费、养马费、装备费给前线士兵。这迫使明朝进行第三次加税，得到520万两白银，老百姓则得到每亩九厘的增税。

　　根据后世学者的估算，明朝前后共计在辽东花费4000万两白银以上。这个数字相当于明朝12年的财政总收入之和，还是最好的年景。如果用张居正改革前的岁入衡量，那么明朝在没有任何其他开支的前提下，也要20年才能凑齐这笔军饷。

　　除了针对女真人的"辽饷"外，崇祯年间还为剿灭流寇大肆征税。如在崇祯十年（公元1637年），为了满足杨嗣昌的战略意图。明朝下令，征收剿饷，一共加税征得280万两白银。之后，杨嗣昌又提出让各地自行练兵，朝廷补贴一部分费用。为了支付这笔练兵的军饷，明朝再一次加税，称之为"练饷"。剿饷加上练饷，一共花费明朝730万两白银，极大地加速了明朝的灭亡。①

　　而大量摊派的税收也激化了社会矛盾。最底层的农民实在交不起税收，不得不将土地卖给可以避税的进士，或者索性抛弃土地举家逃亡。后者不断云集，最终掀起一股足以毁灭明朝的力量。

---

　　① 以上数据统计，参见周逸纾：《从财政视角看明王朝的覆灭》，《消费导刊》2008年第19期。

第十四章

清朝建政始末

　　清王朝是中国历史上最后一个王朝，统治者为满族的爱新觉罗氏。建立清朝的满族其实是当年宋朝时期建立金朝的女真人的后裔（建清之前一度自称后金）。

　　1636年，大明王朝日薄西山时，后金的皇太极在东北草原称帝，改国号为清。1644年，李自成带领农民军攻进北京，崇祯帝上吊自杀，大明宣告灭亡，李自成以北京为根据地，建立大顺朝。驻守山海关的明将吴三桂转而投降清人，多尔衮带领的清兵得以顺利入关。入关20年，清军接连平定大顺、大西、南明等政权，后又平定三藩之乱、统一台湾，最终实现了全国的统一和版图的扩张。

　　康雍乾三朝，作为清王朝发展上升期，综合国力逐步走向鼎盛，然而其间却制造了大量的文字狱等，钳制了国人的思想和文化。同时，清朝中后期实行的闭关锁国政策，限制了对外开放，也引发了西方侵略者的觊觎和掠夺。

争夺大明遗产

满族族名1636年才正式出现，当年灭亡北宋的女真就是满族的先人，他们曾经建立金朝。在明朝末期，趁着明廷衰落、内忧不断的机会，满人领袖努尔哈赤引兵大举征明。努尔哈赤战死之后，其子皇太极即位，并于崇祯九年（公元1636年）自称皇帝，改国号为清，和明朝对抗，企图取而代之。

1644年，李自成的大顺政权攻破北京，立足未稳。鹿死谁手还未可知，清在等待时机。

手握重兵的吴三桂是双方都想拉拢的对象。吴三桂负责山海关的防守，此关一旦洞开，中原就处于无险可守的境地。在仔细权衡之后，吴三桂又怀着父亲被大顺部将掳掠、爱妾陈圆圆被霸占的满腔愤恨，倒向了清领袖多尔衮，上演出"泣血求助"的一幕。

清迅速反应，立即发兵。情势急转直下，曾经倾覆了大明的大顺军，在山海关之战中苦战力竭，但最终没有挽回颓势。仅42天的繁华梦一朝陨落，北京城由大顺易手到大清。此后李自成一败涂地，1645年5月17日败死于湖北九宫山。

清军入关后，顺治称帝，满人便开始进一步征服中原，以洪承畴经略江南五省，孔有德徇广西，尚可喜、耿仲明徇广东，吴三桂徇四川、云南。此五人，都是明将投降清朝，尤其吴三桂率精兵转战南北，影响最大。

此时的大明天下，早已糜烂不堪。南方各个流亡的南明政权争相拥立。主要的有南京福王、福州唐王、浙江鲁王、肇庆桂王。这些小朝廷内部仍然是一片勾心斗角、乌烟瘴气。20多年间，包括南明小朝廷、李自成残部、张献忠残部等抵抗力量被清军各个击破。

清朝的征服和统治

清初入关后，实施了一系列欺骗性宣传策略，例如宣布减免税赋。对于明"练饷""剿饷""辽饷"的"三饷"加派给予减免，并号称永不占地。

但很快，清于顺治元年（公元1644年）下令圈地。北京附近的农民有些逃往河南，有些逃往口外，还有一部分人沦为清朝贵族或八旗旗丁的庄客，备受蹂躏和剥削。等到当年受宣传迷惑的普通百姓在清统治稳定后清醒过来，为时晚矣。

顺治二年（公元1645年）四月，清军围攻扬州，史可法困守孤城，誓死不降。二十五日，清兵攻破扬州，大肆屠杀居民，史可法被俘牺牲。清军连克江南苏松所属的各城镇。同年六月，清廷下令江南人民剃发。蓄发是汉人传统，强迫剃发为汉人所不能接受。大家方才明白，这不仅仅是改朝换代的"亡国"，更是"亡天下"了。顾炎武曾说："国家兴亡，肉食者谋之，天下兴亡，匹夫有责。"至此，江南各地纷纷反抗，其中以江阴、嘉定两地斗争为最激烈。

1645年夏，江阴人民为抵制剃发令，在江阴典史阎应元、陈明遇、冯厚敦等人领导下进行斗争。此役，10万江阴百姓面对24万清军铁骑、200多门红衣大炮，血战孤城，抗清81日，击毙清军75000余人、亲王3名、大将军18名。城破之日，清军下令"满城杀尽，然后封刀"，全城"咸以先死为幸，无一顺从者"。嘉定也组织乡兵，据城不降，陷落后惨遭清军屠杀。

在南方，称霸东亚海域的海上贸易-武装集团首领郑芝龙降清，郑芝龙的儿子郑成功表示"父教子忠，不闻以贰"，毅然打起"背父救国"旗帜，以厦门、金门为根据地，以庞大的东亚海上贸易体系为财政资源，坚持抗清。

此时欧洲进入大航海时代已有数百年，"海上马车夫"荷兰控制着南亚部分贸易线路，并以台湾为补给点经营了数十年。康熙元年（公元1662年），郑成功围困、击败荷兰人，夺回台湾，以台湾为光复大明的根据地，不断向大陆发动进攻。

为切断郑成功方面的财源，清统治者颁布 "迁海令"，强迫江南、浙江、福建、广东等省的沿海居民离开海岸向内陆迁徙数十里。在"迁海"的过程中，堕城郭，烧庐舍，"老弱转死沟壑，少壮流离四方"，给东南沿海人民带来深重灾难。此后的200多年间，清廷一直奉行闭关锁国政策，原因之一即是怕沿海人民与海上外部力量联合起来颠覆政权。

自宋、明以来，中国沿海地区的航海贸易相当发达，郑成功集团成为东亚海洋贸易霸主就是这一航海贸易发展的结果。迁海令使得数百年来的航海成就毁于一旦，沿海地区千里无鸡鸣，航海贸易一落千丈。

海岸线成了军事禁区，中国大陆的对外海洋贸易自然断绝，郑成功的海洋商业集团由此逐步陷入困境。郑成功病逝，高层陷入内讧。

自1644年清军入关，到1681年占领原明朝所统治大陆全境，清军在长江南北转战烧杀了37年，方才初步完成征服。

清朝建立统治权，在武力征服的基础上，更进一步有三大策略：一是改革中央政府的组织制度，进一步把权力集中到皇帝手中；二是控制思想，消灭抵抗心理，主要通过尊孔崇儒、大兴礼乐教化和厉行文字狱，软硬兼施来实现；三是严格满汉防线，防止满族变质或被汉族同化，例如不同民族分区居住、禁止杂居，严禁满汉通婚（该规定到1905年清朝灭亡前夕才废除），禁止满族女性效仿汉族女性穿衣等。清自称金朝女真族嫡系，却非常害怕重蹈金朝汉化覆辙。它在全国统治越稳定，专制越强化，皇帝对丧失统治权力的恐惧越强烈。

清朝政权权力结构的核心特点是设置"满汉双轨制"，中央部门及各行政机构均设置满汉两个首长，满人掌握核心权力，汉人实施具体行政工作。

所谓满汉双轨制，并非清朝首创。类似的政权结构，在中世纪中国北方边疆诸族建立的政权史上都曾出现，如鲜卑的北朝、契丹的辽朝、女真的金朝、蒙古的元朝。其共同特色便是征服族群的血统贵族高居权力核心。不过，贯穿于清代全部权力史的满汉双轨制，也非清朝列帝所追求的金元机制的简单重复。朱维铮《重读近代史》的观点认为，它的结构准则是"以满驭汉"，策略上则广泛运用"以汉制汉"。

汉族知识分子原是各地反抗的领导力量。为了笼络他们，清军入关后，迅速做出姿态，采取尊孔崇儒策略，并实行科举取士。顺治元年，沿袭宋代以来成例，封孔子六十五代孙为"衍圣公"，后又尊称孔子为"大成至圣文宣先师"。康熙、乾隆曾多次去山东曲阜祭孔。

清朝统治者尤其注重发挥礼乐教化控制思想、维护尊卑等级制度、安定社会的特殊功效。为此，清廷进一步完善表彰忠孝节烈的旌表制度和维系教化人心的种种禁令及奖惩规定；充分利用宗约、族规、乡约、家训管束人心；并且神道设教，发挥释、道二教"辅翼王化"的功能。

文字狱是清朝统治的又一关键。清朝统治者以少数民族入主中原，从汉族传统观念来看，这是"乾坤反覆，中原陆沉"，千百年来形成的华夏正统思想，强烈的民族反清意识，大量地反映在明末清初时期的各种著述里，影响深远。文字狱之严密荒唐，匪夷所思。雍正时礼部侍郎查嗣庭出任江西考官，以《诗经·商颂·玄鸟》中"维民所止"一句出为考题，被曲解为要去掉雍正之头，病死狱中，又遭戮尸。乾隆时著名文人全祖望作《皇雅篇》歌颂顺治得天下，其中"为我讨贼清乾坤"之句被解为"竟敢冠贼字于清字之上，尤为悖逆"，差点因此丧命。清代统治者对于这些一般的思想问题、无关紧要的小事，动辄杀头戮尸，株连子孙，虽然杀的人数比一场战争死人要少得多，却在社会上造成极大震动。地方官若疏漏失察，也要遭受严厉惩罚。江西巡抚海成查禁王锡侯"字贯"案最力，但只奏请革去举人，未上纲到大逆不道的高度，被乾隆指斥"双眼无珠，茫然不见，漫不经心，天良尽昧"，处斩刑，缓期。于是人人自危，挟嫌诬告成风。

文字狱对思想的禁锢不言而喻。历史上的相关资料显示，文字狱期间中国的发明急剧减少，使得鸦片战争前的中国和世界的差距越拉越大。晚明尽管政治腐败黑暗，但民间很有活力，科技、经济、思想一派欣欣向荣。清朝确立统治之后，"我花开后百花杀"，思想领域被彻底禁锢了。

当代学者梳理中国古代的重大发明，发现清朝近300年，在科技发明方面却僵化停滞：大体上说，新石器时代中晚期，平均1000年有一次重大发明；夏商周三代约450年有一项大发明；两汉为巅峰期，约45年就有一项重大发明；魏晋南北朝坠入低谷，370年间只有一项大发明；隋唐五代每75年有一项大发明；宋元是中国古代科学技术的高峰期，每65年出现一项大发明；明朝是科技文化的衰落时期，每140年才有一项大发明；而清朝，重大发明为零。[①]

清朝200多年，再也没出现过哪怕一个世界领先的思想家或者科学家。

也有人夸赞康熙帝学习西方科技，但这种学习局限在宫中，引进西学也很有限，跟西方社会自发生长、满天星斗的生态完全不可同日而语。

更何况，康熙帝并没有打算用西学来改良社会。他的动机和目的是什么呢？康熙自己说："朕幼时，钦天监汉官和西洋人不睦……朕思，己不思，焉能断人之是非？因而愤而学焉。"他首先是为了强化皇权，学习西方科技不是国策，也没有形成社会风气；其次是为了炫耀自己。南怀仁说："他（康熙）通过这件事……便在其周围的贵人面前，能夸示自己的学问而得意！"康熙喜欢向具有较高文化水准的江南士大夫挑战，以凌驾汉人之上为快。他懂了一点理学之后，就嘲笑汉人讲的多是"假理学"；他掌握了一些西洋数学，就嘲笑汉人"一字不知"。他以天文知识拷问作弄汉臣为乐。据李光地记录，康熙说："你们汉人全然不晓得算法，惟江南有个姓梅的他知道些。他俱梦梦。"这实质反映了少数民族入主中原后的独特心理。而他对于采矿、冶金、机械很少涉猎。在战争结束后，出于防备汉人的心理，他很快下令限制火器的发展。康熙下旨说："子母炮系八旗火器，各省概造，断乎不可，此事不准行。"以至于清末平定太平天国起义时，用的还是明朝遗留下来的火炮，左宗棠偶然得到一批明朝炮弹，十分惊喜。

康熙没有建立科研机构，没有派人出国考察，不鼓励臣民科学探索。所以到了雍正、乾隆，对西方科技再无任何兴趣，追求的只是西洋玩物而已。

清朝统治前期，作为整个大清帝国的鼎盛时期，在统一国家疆域，稳定社会，进行摊丁入亩、火耗归公等改革，发展农业、提升人口等各方面确实有一定的成效，也在一定程度上推动了社会经济发展（主要在江南一带）。

---

① 华觉明、冯立昇主编：《中国三十大发明》，大象出版社，2017年，序言。

但清政府采取"重农抑商"政策,把工商视为"末业",严防限制,导致工商业发展缓慢,持续到1840年左右,中国工业产量仅占全球6%,远逊于200年前的明朝。同时,盛世局面下却也隐藏着巨大危机,政治的腐败与社会矛盾愈演愈烈,乃至乾隆后期,各种衰败之象逐步显露,致使整体经济并没有得到全面发展。

据李稻葵、管汉晖研究,中国的人均GDP在公元1000年左右处于世界最高水平,只是从公元1300年左右开始落后于意大利,公元1400年开始落后于英国。如果按1990年的美元汇率测算,明代人均GDP约为920美元,清代约为760美元,低于改革开放后的水平。此外,从北宋初年(公元980年)到明代,中国人均GDP在一个较高的水平上波动,清代则呈现出下降的趋势,人均GDP下降的原因主要是人口增长速度超过资本、土地的积累速度。在将近900年的时间里,人均耕地面积持续下降,即使粮食亩产量上升也无法弥补。换言之,人均占有的土地量、劳动工具包括牲口数量是下降的,这导致劳动生产率不断降低。

上述两位学者通过国际比较还发现,宋朝中国的生活水平世界领先,但在公元1300年(元朝大德四年)之前已经落后于意大利,公元1400年(明朝建文二年)前后被英国超过;公元1750年(清乾隆十五年)之前,虽然中国的部分地区和欧洲最富裕地区的生活水平相距不远,但是作为整体的中国已经落后于西欧,因而,东西方的大分流在工业革命之前已经开始了。这一发现与以上人均GDP逐渐下降的发现密切相关,也就是说,中国人均劳动生产效率的不断下降对于经济发展、国家进步而言是重要的负面因素。[①]

清征服过程中的大规模屠杀的史料,也被精心掩盖起来。

满人在学习中原文化的同时,也按照他们的意愿来阉割中原文化。像修《四库全书》这类宣扬清朝文治武功的丛书,也同时带有思想审查过滤的功能。《四库全书》是在乾隆皇帝的主持下,由纪晓岚等360多位高官、学者编撰,3800多人抄写,费时13年编成。丛书分经、史、子、集四部,故名

---

① 李稻葵、管汉晖:《明代GDP及结构试探》,《经济学》2010年第3期。

"四库"，共有3500多种书，7.9万卷，3.6万册，约8亿字，基本上囊括了中国古代所有图书，故称"全书"。这项浩大的官方文化工程，为后世保存了大量的重要典籍，许多都具有十分难得的研究、收藏和欣赏价值，构成罕见的中华传统文化宝库。但修撰过程中，不少内容被清廷肆意篡改、删减等，致使部分书籍内容非复原貌。虽然其整理了大量古籍，但是清乾隆编纂《四库全书》时销毁了对大清不利的书籍总数，据统计为1.36万卷，焚书总数15万册，销毁版片总数170余种、8万余块。此外，清廷还系统地对明朝档案进行了销毁，估计不少于1000万份明代档案被销毁。除了销毁书籍和档案外，清廷还系统地对反映民族矛盾、民族压迫和民族战斗精神的作品尽量摒弃和抽毁，或是进行篡改。著名学者章太炎指出，乾隆年间被销毁的古代书籍"将近三千余种，十六七万卷以上，种数几与四库现收书相垺"。历史学家吴晗则说："清人纂修《四库全书》而古书亡矣！"这是以国家政权的力量对华夏文明进行的一次审查和摧毁。①

衣冠尚且是表面的，更深层次的是扼杀创造力、摧毁士族阶层的精神根基。古代中国民间崇尚士的精神，居庙堂之上的士大夫以据理力争为荣，知识阶层更是以天下为己任。清军入关后，血腥屠杀，加上文字狱的钳制，大大束缚了有血性、有才华的华夏精英，限制了社会发展，导致清朝著名思想家、诗人龚自珍发出"万马齐喑"的感叹。

在这种环境之下，民族性也发生了变异。鲁迅说："清杀尽了汉人的骨气廉耻。"民国年间，军事家蒋百里曾说："（大意）我所认识的那些举人秀才，化成灰了也都是当奴才的料。"这种口吻，反映了这位军事家对清朝读书人的极度蔑视。

---

① 国际著名汉学家费正清在其名著《美国与中国》中鲜明指出，清朝统治者编纂《四库全书》的本质目的："通过这项庞大工程，清廷实际上进行了一次文字清查（文学上的'宗教裁判'）工作，其目的之一是取缔一切非议外来统治者的著作。编纂人在搜求珍本和全整文本以编入这一大文库时，也就能够查出那些应予取缔或销毁的一切异端著作。……正如L.C.古德里奇所论证的，这是最大规模的思想统治。"

本段的叙述和统计数据参见刘伟红：《谈〈四库全书〉及其征集与禁毁》，《继续教育研究》2002年第5期；游帅、周静婷：《也谈四库全书禁书标准与禁书实际情形》，《兰台世界》2016年第9期；罗春兰、喻圣炀：《清修〈四库全书〉江西禁毁书叙论》，《九江学院学报》（社会科学版）2022年第3期。

版图扩张：领土和民族的整合

清统治者在压服了南方的抗清力量之后，便开始向边疆发展，历经康熙、雍正、乾隆三朝，连续向西北等地用兵，并成功地大幅扩张了版图。

康乾时期讨平了蒙古势力。蒙古在明朝初期称为北元，是元朝蒙古统治者败退蒙古高原之后的政权。明朝建立并派遣徐达大军攻陷元朝国都大都后，退居蒙古高原的原蒙古宗室的政权国号仍叫大元，因地处塞北，故称"北元"。1402年元臣鬼力赤篡位建国鞑靼，元亡分裂成鞑靼和瓦剌两部，与明朝时战时和，摩擦不断。至清时，蒙古问题基本解决。

清巧妙的统治措施不只针对汉族，对较为亲近的蒙古人，他们一方面以贵族之间的通婚来笼络，另一方面也精心设计了专门的策略，以羁縻统治。

清朝对蒙古实行的是军事化管理，征收大量的赋税与徭役，既有"每年常数之勒派"，又有"无常数之勒派"，以及繁重的役站与兵役负担，使得蒙古牧民苦不堪言。在所谓的"康乾盛世"之时，蒙古的景象是："蒙民困穷，日甚一日。种族凋零，庐帐萧条。台吉而上才足自存，兵丁之属衣食多缺。"有战事，蒙古八旗必首当其冲，就连征战蒙古的准噶尔部落，清军主力也是蒙古人。

最隐秘却有效的是清朝有意识地在蒙古人中推广喇嘛教，以"驯化"这些彪悍善战的族群。清廷在蒙区大建喇嘛庙，让蒙古男子大量地去当喇嘛。这些喇嘛不事生产，也不事生育，蒙古从而百业凋零，人口严重下降。康熙曾得意地说："建一庙而胜十万兵。"[1]

在西藏事务方面，清廷还设置了两个驻藏大臣，并设立了"金瓶掣签"的制度。喇嘛教也是清笼络藏族的重要手段之一。

但清刻意不使蒙、藏两族的文化水平得以提高。蒙、藏附属于清近300年，语言文字犹然不能相通，儒教号称中国国教，却与蒙、藏两族几乎不发

---

① 陈国干：《清代对蒙古的喇嘛教政策》，《内蒙古社会科学》1982年第1期。

生任何关系——实际上，这是清文化上"分而治之"的巧妙策略。对汉族，清吸取辽、金列朝先辈的教训，决不重蹈征服者被征服的覆辙，因而它实现政治大一统，却对被征服族群宗教文化传统又打又拉，而实际上决不放弃自身的萨满教信仰。

在西南地区，雍正初年，朝廷采纳云贵总督鄂尔泰的建议，大规模推行改土归流。废撤地方土司，改设朝廷任命的流官，谓之"改土归流"。革除土司后，分别设置了府、厅、州、县，实行和内地统一的政权体制。

康熙二十二年（公元1683年），清廷派施琅率兵攻打台湾地区。此时郑成功已经病故多年，台湾内部为争夺权力相互砍杀，政局动荡。郑克塽即位后已不再坚持抗清复明立场，希图自安为一个小国。清廷与荷兰侵略者密议，攻取台湾，后设立台湾府。由此，清朝完成了巨大版图的统一。

继承了明朝制度并加以改进的清帝国制度日益细密，清朝统治者联合蒙古族武装，以八旗军事支柱+轻徭薄赋政策+敬奉儒学强化科举的政策组合，形成天下承平之局。时间可以给统治带来合法性，历史重复年复一年，似乎已经定型。

清朝的统治达276年。在此期间，英国发生工业革命、宪政革命、科学革命，带领西方开始崛起，法国、美国、德国先后成为工业强国，欧洲人发明、发现了现代物理学、现代化学、现代医学、现代地理学、生物进化原理、天体运动规律、国际法、外交体系、机械原理、军事技术、民主制度、现代城市管理技术、新型军队……而中国转身向内，陷入沉寂。浩浩阴阳移，当中国再次睁开眼睛时，世界已经不是原来的世界，中国也不再是代表文明巅峰的强国，一切都已经反转了。中国的命运被抛入波涛汹涌的历史三峡，要在惊涛骇浪中寻求继续生存的机会。

附：清错失外部世界

在清朝初年，欧洲已经爆发工业革命并开始崛起。

欧洲国家中，首先与清朝接触的是俄国。俄国原是一个落后的国家，长期在蒙古人（钦察汗国）统治之下。明朝中期始驱逐蒙古人而独立，并开始逐渐崛起，向外扩张。清朝初年，俄国彼得大帝进行了改革，他模仿欧洲国家建立起一套体系，俄国由此更加强大。

沙俄政府在明末清初开始向东方扩展，并逐步到达黑龙江流域。俄国东向扩张中，遇到的都是抵抗力极差的土著，其扩张步伐在遇到较强大的清兵后才被遏止。康熙二十四年（公元1685年），清朝政府派都统彭春与驻守瑷珲的将军萨布素合水陆军1.5万人击败俄军，毁其私自建的雅克萨城，但俄军在清军撤退后，又重新侵入，筑城固守。1686年，清又出兵围雅克萨。康熙二十八年（公元1689年），中俄双方在尼布楚对峙，签订了约定领土范围的《尼布楚条约》。条约签订后，双方鸣炮誓天。

彼得大帝所效仿的欧洲，16世纪以来已经日益强大，由一个中世纪社会逐渐转变成现代社会。清朝初年，欧洲已经爆发了蓬勃的工业革命，美国于乾隆四十一年（公元1776年）脱离英国的控制而独立，乾隆五十四年（公元1789年）法国爆发大革命，人类社会由此开辟一个新纪元。

欧洲在这200多年间，政治体系、教育体系、科技体系、工业体系、交通体系等日渐完备，各种新的思想成果、技术和工业成果层出不穷。在这掀天揭地的改革进步大潮中，大清转身向内，浑然不知。

在这种背景下反观清灭明，不只是改朝换代这么简单，它对历史走势产生了路径锁定式的影响。在晚明社会，中国虽然政治极度黑暗腐败，但民间社会却一片勃勃生机。换言之，在明朝中后期，中国就已经开始了近代化，士大夫们热情拥抱来自西方的新知识。那时的中国是有机会跟上世界潮流的。

明朝的知识分子不再仅仅是皇权的依附物，而把书院作为抗争的阵地，并敢于在朝堂上与皇帝据理力争，而且像王夫之、黄宗羲、顾炎武、李贽、唐甄这样的著名学者则开始关注人权等问题。在政治思想上，许多思想家思想锋芒都达到了"民权"高度。王夫之提出了虚君立宪思想，他说："预定奕世之规，置天子于有无之处"，"以法相裁，以义相制……有王者起，莫能易此"。宪法至上，即使天下再易手，新的"王者"也不能轻易改变宪法。黄宗羲则怒批君主专制："为天下之大害者，君而已矣。"

明朝时期，以中原华夏贵胄自居的明朝知识分子是自信的，也是开放的，从皇帝到各级官僚，再到一般知识分子，对西方先进技术的掌握和引进抱着热忱的欢迎态度。以往被看得很低的"奇技淫巧"，在明代也获得了广阔生存空间。

明朝时期，中国的科学学科体系已具雏形，各种技术和原始机器的发明和创新尝试在各个领域不断涌现。

王徵和西方传教士邓玉函合作翻译编写创作了《远西奇器图说》，这是中国第一部系统引进西方机械工程学与物理学的著作。徐光启提出建立以数学为基础的整个科学技术发展的学科构架，并在崇祯二年（公元1631年）上疏建议组建全火器装备的"现代化"陆军。

1634年，即明朝灭亡前十年，在徐光启的主持下，《崇祯历书》修编完成。而就在一年前的1633年，被誉为近代科学奠基人之一的伽利略因推广"日心说"被罗马教廷判处监禁，这是东西方对现代天文学态度的鲜明对比。《崇祯历书》中采用第谷创立的天体系统和几何学的计算方法，也对哥白尼的学说做了介绍并大量引用其在《天体运行论》中的章节，可谓集欧洲天文学新说之大成。而徐光启当时的职务是东阁大学士和文渊阁大学士，得到崇祯皇帝的宠信，可见中国明朝崇祯皇帝对天文学新说的开放态度远超过欧洲。

1634年，明朝还建成了中国历史上第一部天文望远镜，名为"筩"，其意思为筒（因外形如筒）。

大学者、政治活动家方以智非常重视，经常追踪西方天文学最新进展，方以智研究光学，提出光波动学说（为了与近代光的电磁波动说相区别，可以称之为气光波动说）。为了证实自己的观点，他还做了小孔成像实验，并且努力用自己的理论去解释常见光学现象。他还把整个科学技术按其对象，区分为"质测"（自然科学）、"宰理"（社会科学）和"道几"（哲学）三大类。他还立志邀集专家编译综合百科全书，但这个宏愿未得实现。值得一提的是，方以智晚年以南明王朝宰相身份被清兵捕获后，途经江西万安惶恐滩，念及文天祥"惶恐滩头说惶恐"诗句，慨然自尽[①]。

---

① 《清史稿》只简略记载方以智"道卒"，历史学家余英时考证其当为自尽。

事实上，明朝中国民间和官方已经同时展开对西方科技思想书籍的大规模翻译。现在我们把林则徐、魏源看成是睁眼看世界第一人，其实比他们早两个世纪，徐光启等一大批明朝知识分子已经把视野转向世界，并且认识到中国以后最大的竞争对手是西方列强。徐光启说："今之建贼，果化为虎豹矣，若真虎豹者，则今之闽海寇夷是也。"也就是说，虽然那时关外的建州满人是明朝的大敌，但像徐光启、崇祯皇帝那样的人已经知道西方将是中国更具挑战力的对手，因此在内忧外患之中还不忘加紧引进西方科技。

明朝时不仅没有关上国门，而且还走了出去，中国的航海与军事技术都始终与西方世界接轨，不至落后。

明朝末年，郑成功的父亲郑芝龙曾经发展了拥有三千多艘海洋贸易船只，建立了超级庞大的海上贸易集团。荷兰的东印度公司无法和郑芝龙海上贸易集团竞争，无论在军事上，还是在贸易上。荷兰是西班牙之后、英国之前的海上霸主，但数次与郑芝龙海战，均遭败绩。

清统治的严冬来临之后，中国跟外部彻底隔绝，注定了以后被甩在世界潮流之外，以及终被列强宰割的命运。明朝的两条主线，第一条是专制政治之恶，这一点被清朝完整地继承，第二条线是民间社会的生机，这在清朝却被彻底扼杀了。

第四卷

历 史 转 型

——近代史中的四大挑战

第十五章

动荡的晚清：走向近代

1500年以后，全世界大部分地区还沉浸在古老生活传统中，而欧洲却基于新的知识积累、新的治理方式而强势崛起了。欧洲人的触角到达世界各个角落，激起了不同的反应。明清以后的中国，日渐内卷和静态，在清朝中后期开始与欧洲接触、摩擦、碰撞，从而开启了波澜壮阔的历史转型历程。

前传：西方世界的兴起

秦汉之后的古代中国在自身所处的东亚世界里，一直是万国来朝、文明成就遥遥领先。即便有时武力落后于北方游牧族群，内心的文化优越感却从未消失。长此以往，中国的士大夫们形成了一种新的世界观，即天下无远弗届，莫不属于中国（儒家）文明的教化区，王朝和中央政权不仅是一个权力机构，更是教化天下的核心，而国家元首即天子不仅掌握最高权力，更应该是天道和美德的化身；国家并无明确的地理边界，一直延伸到遥远的荒服，蛮夷只是暂时的化外之人。

明朝弘治年间（公元1500年左右）被中外学者公认为近现代史的开端，尽管此时开始走出中世纪的欧洲居民们还不知道他们即将统治大部分地球，但内在的力量已经开始萌芽，科学、技术、商业、社会都得以发展。

中世纪晚期（1000—1500年）的欧洲，商业活动向更大的地理区域扩展，并开始出现跨国商业团体。随着技术的进步，海洋探险变得更安全。

1492年（明朝弘治五年），最早的探险者西班牙的哥伦布横渡大西洋抵达南美洲，后来西班牙人在那里发现了金山银山。从此欧洲开始一个扩张大周期。

1497年（弘治十年），葡萄牙航海家达·伽马率船出发去寻找印度，这次坎坷的航程长达27000英里，170多名船员之中，只有55人生还。然而，达·伽马的心情却是振奋的。他发现，在印度南部城市卡里卡特（英语Calicut，中国古籍称为古里），100磅胡椒的价格只有3个金币，而在威尼斯，它们的价值高达80金币[①]。跟如此震撼的暴利相比，用火炮装备一支舰队，根本不成问题——巧合的是，比他早100年的大明官方郑和船队也曾在卡里卡特登陆。大航海带来财富、经济增长和社会变革的时代，在欧洲开始了。

这段时间也是欧洲宗教改革斗争最激烈的时期，新教徒受到来自天主教徒的广泛迫害。1620年（明朝万历四十八年）9月6日，一艘长19.50米的三桅帆船从英国普利茅斯港出发，这艘船名为"五月花"号，载有包括男、女及儿童在内的102名清教徒，他们背井离乡、适彼乐土，到北美洲去种地谋生。150年后已经是清朝乾隆年间，北美殖民地的居民宣布从英国独立出来，建立美利坚合众国。

1648年，时值明朝刚刚灭亡、清政权已经建立，欧洲结束了持续30年的大战，各国签订了奠定近代国际关系框架的《威斯特伐利亚和约》。此后，教皇和皇帝的权力被剥夺，主权国家的概念得以确立和发展，"威斯特伐利

---

① ［美］戴维·兰德斯：《国富国穷》，新华出版社，2010年，第94页。

亚体系"构成了欧洲内部的协调框架。资本主义开始在欧洲西部的一些国家（英国、荷兰等）出现，并帮助其实现经济起飞。

在西班牙沉溺于奢侈享受、葡萄牙沉浸于天主教信仰之时，英国开始确立制度优势：以宪政制度限制君主权力，社会实现了法治下的自由。随后，英国综合国力逐渐超过西班牙、荷兰、法国，通过连续几次战争，终于成为世界头号强国。英国在欧洲之外的广袤领土上实现扩张，在欧洲大陆内则充当仲裁者的角色，开始了"永不衰落"的神话。

1789年（清朝乾隆年间），法国爆发大革命。法国大革命初期目标只是要求学习英国立宪、限制君主的绝对权力，而并没有打算颠覆君主统治。但局面失控，迅速演变为一场旨在建立共和政体的全国性大革命。大革命开启了法国向现代化转型的大幕，随后的百年间，法国三起三落，饱尝大转型之痛苦。法国在大革命之后又卷入了新的战争，其间拿破仑崛起，经过一系列著名的战役，拿破仑几乎征服整个欧洲。然而在1815年即清嘉庆十九年，拿破仑在滑铁卢战役中败给英国和普鲁士军队，之后五个欧洲强国——奥地利、英国、法国、普鲁士和俄国在维也纳召开国际协调大会，以"均势"为核心确立新的国际关系，史称"维也纳体系"，它是继"威斯特伐利亚体系"之后第二个具有现代意义的国际关系体系，不仅给欧洲带来了一段百年（相对）和平，也在全世界形成了深远影响。

而在这段时期里，经济、技术、商业都发生了巨大进步。18世纪，蒸汽机被当作动力机普遍使用的第一次工业革命在英国开始，人类的生存方式出现了革命性的颠覆。进入19世纪，新技术新发明不断出现——到19世纪20年代，一台动力织机的效率相当于20名手工工人，而一台动力驱动的"骡"式纺纱机效率相当于200台手纺车。一个火车头能运输需要数百匹马才能运输的货物，而且速度要快得多。欧洲掌握了其他世界不可想象的巨大力量。

欧洲的崛起不同于历史上任何其他的帝国。此时的欧洲，拥有稳定的法制体系、可积累的科学技术体系、规则清晰的国际关系体系。它外在的强大和内在的健康，都是世界上其他力量所根本不能比拟的。它自身几乎不可能衰落，除非对手将它压倒。欧洲的力量伴随着航海能力溢出，海啸般地压向全世界。

在这之前，欧洲对世界的侵略就已经上演。

哥伦布之后的300年，是欧洲征服世界的300年。

先是在明朝晚期，西班牙人皮萨罗率领169名士兵征服庞大的南美洲印加帝国，南美由此沦为西班牙、葡萄牙的矿场和种植园。在北美，英国移民开始站稳脚跟，在数百年中逐渐将土著印第安人驱赶到大陆边缘，他们跟北美草原上的野牛一样几乎全部灭绝。

在非洲，白人从事黑奴贸易，把非洲黑人像牲口一样贩运到美洲从事苦力。在澳大利亚和新西兰，自从英国的民族英雄库克船长（Captain James Cook）光顾之后，在那里生活了上万年之久的土著族群惨遭种族灭绝。

在中东，奥斯曼突厥帝国被欧洲列强围攻，横贯亚洲、非洲、欧洲的许多属地或附属国逐渐丧失，帝国挣扎着向现代化方向转型以求自保。

在南亚次大陆印度，英国的不列颠东印度股份公司开始设立贸易站，以公司组织的民间军事力量将印度各邦的本土政权各个击破，最终，随着英国政府取消东印度公司的贸易特许经营权（垄断权），印度被纳入了英国版图。

在东亚，中国在明朝末年已经接触到葡萄牙和荷兰的海上武装。到清朝中期以后，英国开始以炮舰叩门，中国在列强间艰难维系。

工业革命为西方国家提供了领土扩张的军事和经济实力，工业强国开始只需要很少的军官和管理者就能轻易统治大规模遥远的土地。数据显示，1800年，欧洲人占领和控制了世界土地面积的35%；到1878年，这个数字上升到67%；到1914年，达到84%[①]。

明朝和明朝之前，中国经济被认为长期在世界上保持第一。晚明时江南经济十分发达，国际贸易繁荣，所生产的生丝、绸缎、瓷器、布匹等产品畅销到欧洲、南美洲，具有世界竞争力。然而从明朝后期开始，欧洲稳步崛起，到清朝之后逐渐把中国甩开，甚至后来发生工业革命。出现如此反差，原因到底是什么？

---

① ［英］保罗·肯尼迪：《大国的兴衰》，国际文化出版公司，2006年，第38页。

　　紧跟着的一个问题是：工业革命为什么首先出现在英国，而没有出现在南宋或者明朝？研究发现，早在工业革命之前600年，南宋时期的中国已经具备了工业革命前英国的几乎所有关键特征，一些方面甚至超过英国——市场范围、劳动分工程度、金融系统的专业性，甚至铁的产量。

　　更宏观一些的问题是：一个国家及一个时代，影响经济成长的主要因素到底是什么？这是经济史学的原始命题之一，由此出发形成了形形色色的理论及学派。

　　经济学研究给出了一些真正的解释：近当代经济的历史是围绕着工业革命而展开的，新技术的应用及发明是推动经济进步的主动力，另外有学者强调对人力资本的投资是经济增长的重要原因，还有的则指出了市场信息成本下降对经济增长的效应。

　　不过，这些理论还是没有触及根本：为什么有些社会具备了这些条件却没有如意的结局？明朝就是这样。明朝有很多新发明、新技术，许多科学研究都在世界前沿，明朝人也爱读书、爱学习，明朝活跃着很多商帮，市场信息交流比较发达。

　　近几十年以来，随着制度经济学的兴起，人们开始研究制度的作用。1993年诺贝尔经济学奖得主道格拉斯·诺斯指出，创新、规模经济、教育、资本积累等等并不是经济增长的原因，它们是经济增长本身。诺斯的研究表明：有效率的经济组织是经济增长的关键。除非现行的经济组织是有效率的，否则经济增长不会简单地发生。明朝与欧洲的最关键差别，就是在于制度。

　　英国最擅长通过设计制度解决问题。

　　距今800年前，英国贵族逼迫国王约翰在伦敦郊外签署了《大宪章》，核心条款是限制国王的权力。最令约翰王不满的是《大宪章》第61条。这一条规定一个由25名男爵组成的委员会将会监督、确保约翰王遵守大宪章的规定。他们有权在国王违约时没收国王的城堡和土地，直到他改正自己的行为。《大宪章》第39条的法律意义与历史意义最为深远，规定"除非经由其同等地位之人或这块土地上的法律进行的合法裁判，否则任何自由的人，不应被逮捕或囚禁、被夺去权利或财产、被剥夺法律保护权，被放逐或被加以任何形式的损害"。

堂堂国王当然不会被一张羊皮纸拴进笼子里。一个月后,约翰王就致函教皇希望废止宪章,并得到了教皇的首肯。此后的几百年中,英国贵族不屈不挠,围绕《大宪章》跟英国国王争斗不休,相互砍杀。

到了明清之际,英国的议会(诸侯、贵族代表)还在与国王继续斗争,双方兵戎相见,议会军击败王师,斩国王查理一世。此后又经几次反复,1688年,议会与王室终于达成妥协,按照《大宪章》精神确立起"王在法下"的君主立宪政体,史称"光荣革命"。这是西方历史崛起的里程碑,东西方分野的路径清晰可辨。

彼时的中国,正处于帝国极权统治下的清朝,一方面,皇室贵族及上层士大夫阶级普遍还沉浸在自己天朝上国的美梦中,自诩是世界的中心,看不起"蛮夷"的西方人。而广大知识分子,在文字狱等残酷的思想枷锁下,变得噤若寒蝉,要么转而投向故纸堆——正如龚自珍所说的整个社会文化思想创造陷入了"万马齐喑究可哀"的局面。另一方面,大清王朝重农抑商的思想观念依旧没变,并且大搞闭关锁国政策,同时又对技术之类的事物漠然视之甚至嗤之以鼻,致使清朝在洋务运动之前对于科技方面几乎未有尺寸之功,这些都让中国的眼界和发展变得日渐落后,东西方之间的文明差距也越来越大。

中国已经无法再处于自古以来独成一世界的状态,而变成万国中的一国。鸦片战争之后,现代国际体系塑造出"中国"这一现代概念,它需要以一国的身份参与世界各国事务,而不再是以天下共主的身份领导无边无际的"天下"。由此,中国在外来军事挑战下,开始向近现代社会艰难转型。

挑战一:鸦片战争——应对:攘夷与抚夷

道光年间,中国悄然成长出一名世界首富。在广州十三行街"洋行会馆"的所在地,人们经常看到一位伍老爷进进出出,脑后垂着一根稀稀疏疏的辫子,身穿长袍,清清瘦瘦,他给官员作揖打躬、同洋人握手寒暄,说着满口广东腔的英语。谁会想到这位清清瘦瘦的伍老爷竟然是世界首富呢？

伍老爷全名伍秉鉴，是怡和行（相当于"怡和外贸公司"）的少东家。到了道光十四年（公元1834年），伍秉鉴的私人资产已达2600万银圆，这样的财富积累已经世无其匹[①]。彼时，美国的洛克菲勒还是个婴儿，而汇丰银行要等到20年后才成立。

18世纪的广州，是清朝对外贸易的唯一窗口。外国人经由政府指定的"十三行"跟中国做生意。而伍秉鉴是十三行的行首，平生最重信誉，印在包装袋上的伍家"Howqua"（浩官）商标，就是中国茶叶最佳品质的保证。这些茶叶漂洋过海，成为英国贵族下午时分的曼妙享受。

在清朝，伍秉鉴只是身份低下的商人，他一生小心谨慎，跟官员打交道从来都是谦恭周到。然而，当时伍秉鉴并没想到，连朝廷都没想到，一场战争即将降临，这将是中国近代史上第一次国运大挑战。

敢于发动战争的是不起眼的英国。

1. 英国使者拒不磕头

在清政府的视野中，英国跟其他蛮夷并没有多少区别，只是个性刚强倔强，坚持一个所谓的原则叫"平等"。早在乾隆年间，东西方的一些邦国使臣纷纷来上贡磕头之时，英国人也来了，却坚持绝不下跪磕头。

那是在1792年。9月26日，英国皇家战舰"狮子"号、"印度斯坦"号等承载着英国朝野对东方的美好想象和期望，准备出发访华。这是乔治三世国王派遣的访华使团船队。"狮子"号炮舰，装有64门大炮，是当时英国第一流的军舰，带领使团的是乔治·马戛尔尼勋爵（George Lord Macartney，1737—1806年），副使是乔治·斯当东男爵（带着12岁的儿子），使团共有800多人，堪称隆重。他们将前往遥远古老的中国——据马可·波罗描述是世界最富裕的地方，参加乾隆皇帝83岁寿辰典礼。

---

① 2001年，美国《（亚洲）华尔街日报》通过计算统计出了全球历史上最富有的50个人。其中，中国方面，有成吉思汗和忽必烈、明代的刘瑾、清代的和珅和伍秉鉴、民国的宋子文6人。1834年，伍秉鉴的资产为白银2600万两，而当时美国最富有的人也只有700万两。

与此同时，东西方之间的文化差异显而易见。最直接的便是，西方人认为他们从来不下跪，见到教皇和国王亦是如此。可是跪拜礼在中国数千年中是十分寻常的传统思想，不仅祭祖宗天地要跪拜，见到贵族大人和长辈父母都要跪拜。在乾隆的寿辰中，由此引发了使团跪拜的争执。这正是双方文化礼仪上的冲突的典型例子，却也成了影响当时中西外交成功与失败的重要因素之一。

早在英国之前，欧洲多个国家就与中国有商业以及外交往来，但总的目的无非通商求利而已，并不影响中国在东亚的独大地位。只有英国使者来访，才代表了东西方两个世界体系的接触和碰撞。

此时的东方，是一个"万国来朝"的世界体系；此时的欧洲，是一个以条约约定各国地位和关系的"威斯特伐利亚体系"。工业革命之后的英帝国，已经成为海上霸主，早在清康熙十三年（公元1674年），英国就赢得了英荷战争的胜利，此后200多年一直称雄于世界。英国皇家海军一度是世界秩序的仲裁者，在乾隆年间，它的舰队每船都装备了几十门到一百多门大炮。

而乾隆时代的中国，表面上是强大的东亚陆上帝国，但从武器装备到政治治理，其实都十分落后，只是中国自己并不知道。

英国最大的需求在于全世界的自由贸易体系。此时，英国希望与中国商谈互设外交代表机构，互派常驻使节，以及开展商务贸易。

而让马戛尔尼意外的是，仅仅关于磕头问题的讨论就持续了几个星期。清廷说，马戛尔尼要么向皇帝磕头，要么空手回家。马戛尔尼拒绝这种不平等的仪式。这是第一个坚持己见的国家，清廷很吃惊。经过英国人坚韧不屈的争取，双方最后商定，马戛尔尼可以遵循欧洲的习俗，跪下一个膝盖。这在大清的统治者看来，马戛尔尼是被皇帝的崇高威严镇服了。

拜见完皇帝之后，马戛尔尼赶紧给和珅起草了一封书信，希望清廷答应英国政府的六项要求：

（1）增开舟山、宁波或天津为通商口岸。（2）允许英商在北京设立货栈，出售商品。（3）为英商提供舟山附近的一个小岛或一小块空地，用来存放货物。英国人不驻军，但希望跟中国人分区居住。（4）允许英商常驻广州。（5）降低粤海关的关税。（6）为英商提供纳税清单，免除额外加征的规费。

在乾隆帝看来，一个来祝寿和纳贡效忠的使团，不仅拒不执行三跪九叩大礼，而且还提出了一大堆咄咄逼人的外交和商业要求。这还了得？！于是，他以轻蔑的口吻全盘拒绝了马戛尔尼的六项要求。此行中，乾隆皇帝还隐约从英国人口中听到了欧洲爆发法国大革命的消息，他十分警惕革命思想的传播，又另外加了一条：禁止英国人在中国传教。

这次耗费了英国纳税人高达7.8万英镑的出使，最终结果是一场外交失败。使团成员安德逊事后回忆道："我们进入北京时好像是穷极无依的人，居留在北京的时候好像是囚犯，离开时好像是流浪者。"那种感觉，真是糟糕至极。

这是东西方两个不同的世界体系的接触与撞击。

英国使团离开北京，经京杭大运河往杭州等地参观。在游历了东部中国，遍观了风土人情之后，敏锐的马戛尔尼察觉到，当时中国的科学和医学知识程度很低、知识阶层对物质进步漠不关心、其军队落后到仍然使用弓箭而缺少近代火器、普通民众生活贫穷、官场中贪污腐败非常普遍。他们从广州出发，9个月后才回到英国，整个出使过程历经两年。

23年后的1816年即嘉庆二十一年，英国国王第二次派遣了访华使团，目的仍然是与中国通商。这次因为使团拒绝向嘉庆皇帝行三跪九叩礼，而直接被驱逐出境。

英国有了这两次失败，知道外交游说的路走不通。而工业革命后的英国，产能严重过剩，需要对外打开和拓展东亚尤其是中国市场，对华武力开路的声音渐渐强大起来。只是在此后的几十年中，英国忙于对拿破仑作战、应付北美殖民地（后来的美国）独立等全球重大事务，对最遥远的东方大帝国一时腾不出手来。

2. 英国议会激辩对华战争

此后的几十年间，英国人忍气吞声在广州做贸易，但是处在半违法的状态，免不了点头哈腰甚至行贿，清政府尽管采取闭关锁国政策，但在外贸中，中国一直处于贸易顺差地位。为了扭转对华贸易逆差的不利，英国通过广州十三行这个小小的通商窗口，向中国大量倾销一种容易让人上瘾的毒品——鸦片，由此获取暴利。结果，清政府的禁烟运动，成为英帝国发动鸦片战争以及侵略中国（英国方面声称是通商战争）的导火索。

起初，在中国贸易史上，鸦片作为一种药品进口是被官方允许的。但越来越多的中国人吸食成瘾，不能不引起清政府的重视。嘉庆帝在 1796 年颁旨禁止鸦片的种植和进口。道光皇帝一朝理论上还是禁烟，但是清朝吏治腐败，官员们早已结成了鸦片产业链利益集团，因此道光年间反倒是鸦片输入最多的时候，主要来源地是英国所控制的印度。

很大的危险在于，由于鸦片输入的急剧增加，中英两国的贸易地位完全扭转。英国由原来的入超变为出超，中国则因此造成白银大量外流。据统计，1820—1840年，中国外流白银约在1亿两。这种情形必然扰乱了清王朝的国库和货币的流通，使清朝的经济面临崩溃的边缘。 更为严重的是鸦片的泛滥极大地摧残了吸食者的身心健康，如任其发展下去，必将使中华民族面临灭亡的危险。

林则徐早已于江苏巡抚及湖广总督任内时禁烟，把烟贩及鸦片吸食者一扫而空。鉴于林则徐的成功，道光帝认为禁烟并非不可行，于是下定决心，革除吸食鸦片的庆亲王奕窦、辅国公溥喜之爵位，并召林则徐入京，一连八日，天天皆召见林则徐商谈禁烟之事。

林则徐坚决宣称："若鸦片一日未绝，本大臣一日不回。"最终，道光十八年十一月十五（1838年12月31日），林则徐被任命为钦差大臣关防，正式开始禁烟。

林则徐成为钦差大臣之后，引起弛烟派和大批满洲贵族不满，但碍于道光帝的皇威，不敢公开反对，只得暗中阻挠，却也没能撼动林则徐禁烟的决心和行动。

两广总督邓廷桢和广东巡抚怡良通力合作，发布道光帝圣旨，查封烟馆，逮捕烟贩，下令处死了中国烟贩冯安刚。

而林则徐最大的阻力是怡和洋行的威廉·渣甸及宝顺洋行的兰士禄·颠地。威廉·渣甸为阻止林则徐，返回英国，游说政府对清廷采取强硬行动。林则徐得知人称"铁头老鼠"的威廉·渣甸离去，高兴地称："铁头老鼠，狡猾的鸦片走私头目，畏惧天朝的愤怒，已经返回烟雾之地。"于是到广州后扣押英使、英商，在虎门海滩挖了两口巨大水池，从1839年6月3日到21日，把没收的两万多箱英国鸦片倾倒进去，用石灰煮沸，公开销毁。这个举措引起了全世界的注目。

英国举国沸腾，主战声音四起。但许多人认为鸦片是走私生意，即使在英国国内也不受舆论支持。故在是否对华开战问题上，英国议会发生了激烈辩论。反战者批判鸦片走私违法，主战者所谈的重点不在鸦片，而在政治荣誉和自由贸易诉求，当然，实际上背后还有巨大的利润和利益。

有三种典型代表心态，分别是主战派、不得已派、反战派。

时任英国外交大臣的巴麦尊（Henry John Temple Palmerston，1784—1865年）是主战派代表。

巴麦尊的做法是前后矛盾的。在此前的1838年6月，英国外交部强调："（如果）英国商人违反中国法律，以致中国执法人员对其实施强制行为，所受损失责任自负。"1838年底，英国官方又向英国鸦片走私商发出书面警告："如果中国政府查封和没收鸦片，英国政府绝不干预。英国人暴力抗拒中国执法的行为是违法的，应该承担像抗拒本国执法人员一样被惩罚的后果。"而到了关键时刻，巴麦尊坚决主张干预、开战。

反战派的代表是历史上曾经四次出任英国首相，但当时还是年轻议员的格拉德斯通（William Ewart Gladstone，1809—1898年），他发表演说极力谴责："我不知道，也从未听说有什么比这更不正义，比这更机关算尽，致使这个国家永远蒙羞的战争……"

不得已派最具有代表性的是斯当东（George Thomas Staunton，1781—1859年）议员。

马戛尔尼访华时，12岁的斯当东随父亲副使老斯当东一起来华，乾隆皇帝喜欢这个聪明的小孩，赐给他一个绣荷包。当年的幼童斯当东到道光年间已经是英国下议院议员，他熟悉中国情况，享有"英国汉学之父"的美誉，他一贯主张减少向中国输入鸦片，反对战争。

但投票表决时，斯当东选择支持开战。

由于他的中文能力和中国经历，在议会上获得了多位议员的支持，他成了决定投票结果的"关键少数"。

我们今日回望历史，不难得出结论，英国对中国的第一次鸦片战争不属于正义战争。时至今日，170多年已逝去，英国政府从未真正面对历史，公开表明过官方意见。

在医学层面，当时英国方面通行观念仍然觉得鸦片跟酒一样，是一种药品或者消费品，可以用来治疗疟疾、缓解肌肉酸痛，还不能完全确认其副作用。

英国直到1868年才制定《毒品药店法案》把鸦片及其制剂列入毒品，鸦片在本国不能再随便买卖，只能被限制在药店销售，46年后才真正禁绝鸦片。而美国在1909年通过《排斥吸食鸦片法案》前，鸦片和吗啡滥用现象同样属于合法。因此，道光年间英国大量进口、转口鸦片。在当时2000万人口的英国，1830年至1860年进口土耳其的鸦片由41吨升至127吨，同期再出口鸦片由18.6吨升至68.5吨，大半卖到美国。

中国却早已经确认了鸦片的危害性。林则徐在家信中说鸦片"初则视为药品，以为稍吸无妨，继则惟知其害，而已欲罢不能矣，一失足成千古恨"，他还总结鸦片"一入脏腑，使人血液全枯，食物不易消化，必起便秘"[1]。

议会投票通过之后，英国政府遂派全权代表义律率领海陆军队来华。1840年夏，英国军舰开到了珠江口，但并不进攻，只宣布封锁江面，然后扬帆北上，派兵占领定海，后主力舰队逼近天津大沽口，与清廷开始谈判。

道光帝面前两个选项——战与和，而用当时的术语来说，是剿夷或者抚夷，因为他认为自己的身份是全世界人类的主人，是天之子，对手不是平等国家而是不懂事的叛乱分子。这两个选项之外，其实还有一个最重要、最根本的事：如何振兴国力，而这个问题道光帝根本没想过，更不用论他想得对不对了。

当英军逼近京城的时候，道光帝慌了神。他急忙派直隶总督琦善去应付。琦善看到了英军的先进，回想中国的设备落后以及现在的战况，决计抚

---

[1] 张孙彪、王苹：《医学视野下的林则徐禁烟》，《中华医史杂志》2013年第2期。

夷。可是他依旧停留在天朝上国和蛮夷野邦的国际观念上，觉得自己要帮助英国人"伸冤"。道光帝愿意"伸冤"，罢免了林则徐。

但是，当犹豫不决的道光帝听说英国人要他割让香港岛时，出于对祖宗之地不可丢的义愤，又变成了坚决的主战派。

1840年12月，由于英国提出的条件过于苛刻以及琦善擅自签订《穿鼻草约》，道光帝大为恼火，立即把琦善抄家革职，并派奕山、隆文和杨芳赴广东指挥军队，防御英军。至1841年1月7日，英军也不满谈判的进展，义律先下手为强，出动海陆军，攻占虎门的第一重门户——沙角、大角炮台，发起了虎门之战。

道光帝闻讯下令对英宣战，派侍卫内大臣奕山为靖逆将军，并从各地调兵万余人奔赴广东。惜因不敌英军，虎门炮台最终失陷。

2月26日，英军又出动海陆军，攻破虎门横档一线各炮台和大虎山炮台，溯珠江直逼广州。广东水师提督关天培力战殉国。5月21日，奕山令水陆军1700余人，趁黑夜分乘快船出动，夜袭英船。次日晨，英军2400人反攻，清军败退。5月24日，英军一路占据广州城西南的商馆，一路由城西北登岸，包抄城北高地，攻占城东北各炮台，并炮击广州城。广州附近要地全失，18000多名清军尽退城内，在此形势下，奕山等竖起白旗求和，接受英方条件，签订《广州和约》。英国率部撤离了广州，同时却勒索广州商家向英军支付了600万银圆的赎城费。其间广州民间反英气氛炽热，英国侵略者的暴行，激起城北郊三元里一带民众的自发武装抗英。而奕山为了不被皇帝惩罚，便虚报战功，甚至将该战役的惨败说成大胜。

1841年8月27日，英军沿海北上，接连攻陷鼓浪屿、厦门、定海、镇海（今宁波）及乍浦（今浙江平湖）。而后英军又攻打长江的门户吴淞，江南提督陈化成率军坚守西炮台，两江总督牛鉴欲求和，下令撤退被拒。牛鉴逃走，东炮台被攻陷，陈化成与部下死守西炮台，孤军作战，直至战死。吴淞的失利，使英军军舰开入了长江。

3. 捷报声中，大清战败

第一次鸦片战争打到1842年夏，英军发起猛攻、步步胜利，并逼近南京。清廷被迫屈服了（此前道光帝不断接到各种捷报，描述如何英勇击败了英夷）。整个过程中，清军将领和官员都在揣摩道光帝的心思而行动，并不注重实际情况，相互之间也不交流战况和经验，英军正面佯攻、侧翼登陆的战术一而再，再而三地获得成功。

第一次鸦片战争开始的时候，英国远征军总人数7000人，后逐渐增至2万人，这样一支小股部队，击败了总人口约4亿、拥有全世界最大规模军队的清廷。

第一次鸦片战争失败的原因并不复杂：中国以古代农业社会的军事力量和武装，不可能对抗得过近代工业化国家。然而这个道理，当时只有少数人明白。

清朝士大夫并不服输。在他们看来，只是奸臣琦善受了英人的贿赂，排挤了主战派林则徐，使他没有与英国人一决高下的机会，失败原因是奸臣误国。

跟英国人实际接触过的林则徐和琦善，都立即明白了中英间的巨大差距，然而他们都藏在心里。

林则徐是一位由传统向近代过渡的人物，他对于西方的很多看法和做法也是明智和具有预见性的。他到广东以后，发现中国军器不如西洋，就竭力买外国炮、外国船，同时派人翻译外国所办的刊物。他把所搜集的材料给了魏源。魏源后来把这些材料编入《海国图志》，这部书提倡以夷制夷，并且以夷器制夷。后来这本书流传到日本，促进了日本的维新。

1853年，美国佩里将军的舰队陈兵东京湾，日本无力抵御，举国震动。经过一番争论后，日本领导集团很快确立了向西方学习的主导思想，有西方留学经历的人如伊藤博文、东乡平八郎等被提拔重用，"洋学学者"如福泽谕吉等受到敬重和推崇，后来日本快速崛起。

除了林则徐外，主张抚夷的琦善、耆英等人，也立即看清了中外的强弱差异，但是在应对的方式上又是华夷之辨的老一套，束手无策，提不出也不想提出解决方案。

总体来看，面对第一次鸦片战争的挑战，士大夫群体的世界观仍然没有任何变化，清廷没有任何实际性对策。于是举国变成鸵鸟把头埋进沙子里，在自以为是中又浪费了20年的宝贵光阴，直到下一次战争爆发。

第一次鸦片战争结束后，清廷被迫与英国签订了《南京条约》，签订了13款不平等的条约，包括割地赔款、五口通商、协定关税等，第二年又签订了细则条款。

中英南京条约签订之后，美国、法国也闻讯而来，签订了类似的不平等条约，清朝从此从天朝朝贡体系进入了屈辱的条约体系。

战争结束了，鸦片贸易却没有结束，原因很复杂。《南京条约》没有提及鸦片贸易，而清政府仍有鸦片禁令，因此名义上鸦片贸易仍属非法。五口通商之后，英国各领事初期动用军舰积极查扣走私鸦片船，后来逐渐放弃，认为缉私工作应由清廷进行。但清廷却并没有什么行动——在朝廷，不敢因鸦片再与英国人发生纷争；在地方，则腐败泛滥，各地官员纵容鸦片走私以便收受贿赂，所以鸦片贸易一直以走私的方式存在①。直到1908年清政府与英国正式签订了《中英禁烟条约》后，鸦片才开始被官方逐渐禁绝。

自鸦片战争开始，中国被卷入世界体系，再也不可能闭关自守；同时，一个从农业社会向现代社会转型的艰难历程也就此开始了。

挑战二：第二次鸦片战争——应对：洋务运动

面对西方文明的冲击和挑战，应该如何应对？要不要向西方学习？怎么学习？这是近代史上最重要的问题。围绕这些问题，分化出了不同的流派，至今争论未已。

同时期的日本比清朝更落后，1851年，一艘黑色的美国军舰在日本靠岸，要求签约、通商，限时两年答复，史称"黑船事件"。日本朝野陷入了极大的恐慌，很快，日本清醒过来，决定按要求签约通商，并开始向西方学习，由此开启强国之路。

1868年，日本内部先是由一群"萨长土肥"藩士成立的新政权，发动了

---

① 《南京条约》之后的鸦片贸易监管详情，参见王立诚：《英国与近代中外贸易"法治"的建立》，《历史研究》2001年第2期。

一场戊辰战争，消灭了德川幕府，结束了长达六百多年的武士封建制度，以藩阀和资本家取代武士阶级的统治。最终，幕府将政权移交给明治天皇，进行现代化改革，史称"明治维新"。

而后，日本在明治维新中通过推行"王政复古"，以达到天皇亲政和议会政治（合议），建立三权分立的新式政府。经济上推动了财政统一，并推行殖产兴业，掌握新式技术，实现国家工业化，生产力大幅提升。教育也进行了大规模改革，各种理念和价值观逐渐西化，由此造就了日后的政治和经济变化。在外交上，日本成功废除了与外国先前签订的不平等条约，继续江户时代以来对虾夷地的开发，旁及琉球，并积极实现日韩合并，乃至于日后拓展海外殖民地等，日本出现了"脱亚入欧"的风气，都源于此时国力大幅膨胀的变革，是日本近代史上的重要转折点。

与此同时，中国经过鸦片战争的冲击，却只有极少数人物如林则徐、魏源等，开始注意到西方科技的进步，并著书介绍西方事物，但朝廷的绝大多数人，并没有因鸦片战争而改变对西方的看法，清廷不仅没有进行改革，反而继续奉行保守的政策。而英国享有最惠国待遇后，其他各国纷纷效仿，也要求同等条款和特权，清廷允许某一特权于一国，就相当于同意该特权于各国列强，这使清廷外交上处于不利的弱势位置。

军舰停泊口岸等特权，使英国可在五个通商口岸各驻兵舰一艘，以后商港越开越多，深入内地，使国防受到威胁。香港岛被割让给英国，开外国人要求割地之先例，在后来的战争中更多土地被外国夺去，使中国失去大片领土。领事裁判权使中国失去司法主权，外国人犯法不受中国法律制裁，清廷无法管制外国人在华的违法行为。

自从五口通商后，清朝海关及税率被英国控制，关税主权受到破坏，进口货物只抽5%的低税率，外国商品大量倾销中国，无法保障中国国内工商业的利益。鸦片继续销售，吸食者不断增加，白银外流，银价上涨，银贵钱贱的情况更加严重。英国输入中国的货品大增，严重打击了中国民族工商业，使中国当时原本问题重重的社会经济更加恶劣。

而此后的半个世纪，更是历史的重要窗口期，欧美多个国家都在迅猛工业化。

1. 广州港通商风波

1842年的《南京条约》约定，英国人在"广州、福州、厦门、宁波、上海等五处港口，贸易通商无碍"，除广州之外，其他四城陆续有英国商人落脚、发展事业，尤其是上海，开始了从偏僻小县城到国际大都会的急速变化。

1854年，14岁的宁波苦孩子叶澄衷乘坐一艘小船来到上海，在一家杂货店当学徒。他发现，这里经常有外国轮船靠岸，而且老外钱多人傻。叶澄衷开始操着半通不通的英语，向老外兜售水果、小工具、日用小商品，并购买了一艘小舢板自己跑运输，渐渐发了财。

短短十年后，他已经成了享誉外商界的"五金大王"，熟悉巨大的中国市场、做生意言而有信。美国的美孚石油公司闻讯而来，委托他经销美孚火油。火油生意成功后，他又投资金融业、房地产业及沙船业，所营钱庄多至百余家，遍及国内大中城市，所营树德地产公司仅在沪置有地产400余亩（约26.7万平方米），有沙船百余艘，经营长江及沿海航运。到了晚年，他已坐拥800万两白银的雄厚资本。

叶澄衷只是上海经济腾飞的一个缩影。随着老外涌入上海，土地价格腾飞，许多人一夜暴富。1844年，上海九江路外滩的地价只有4.36两银子每亩，仅仅10年后，苏州河对岸的土地价格就上涨了50余倍，到了20世纪30年代，根据公共租界（前身为英国租界）工部局地政处的估价，上海外滩的地价已经高达每亩30万两白银，比一百年前上涨了七八千倍！①

外滩属于英美租界区，房价地价最贵。一区之隔的法租界，房价地价就低得多，而紧邻的华界，房价地价只有英美租界区的零头，价格相差10倍以上。

但在鸦片战争结束时，最重要的城市不是上海，而是广州。英国人空有条约在手，一直无法进广州城定居经商。

在广州，老百姓焚烧洋行、殴打傲慢寻衅的英国人之事时有发生，英国使者频频抗议。地方官员左右为难：予以法办吧，则触犯众怒，千夫所指，

---

① 钱宗灏：《上海开埠之初，地价有多高》，公众号"澎湃新闻"，2017年7月26日。

中央的言官也予以指责，称不可强民从夷，连道光皇帝也下御旨称"民心不失，则外侮可弭"；不予法办吧，英国人那边交代不过去，产生外交摩擦甚至战争风险，皇帝照样会怪罪下来。可怜的两广总督耆英只好像裱糊匠那样，左右敷衍、两头糊弄，好不容易拖了六年。

1848年2月，道光皇帝召耆英入京，此后，清廷任命徐广缙为两广总督、钦差大臣，叶名琛接任广东巡抚，这一人事变动表明北京的外交政策趋于强硬。

英国公使会晤徐广缙，要求次年履行英国人可以进广州城的诺言，徐广缙回答"百姓不许"。而叶明琛的判断是"官民合心，实有把握"。

后来，徐广缙把皮球踢回到耆英那里，说对于此前的承诺要"从长计议"，一下子又拖了四年；1852年，干等了十年的英国人已经怒不可遏，可叶名琛对一切投诉、抗议、照会并不在乎，矛盾更加激化。叶名琛则悄悄组织备战。①

1854年，英国向中国提出对《南京条约》进行修约，美国和法国也接踵而来，此时咸丰皇帝已经继任，正力图奋发有为，严词拒绝。

英方提议修约的主要内容，按历史学家蒋廷黻先生的归纳就是："公使驻京，内地游行，长江通商，这是双方争执的中心。"

清朝廷与两广总督间互踢皮球，英国使者四处寻找中国官方谈判，来回奔波、耗日持久，发现没有一个人回应，英国人由此认为："中国听不懂自由贸易的语言，只能听懂炮火的语言。"

此时的中英两国，距离关系破裂只欠一颗火星。

1856年，叶名琛派兵登上悬挂英国国旗的"亚罗"号商船上搜查，以搜捕海盗为名扣押了十几名船员，英国积累已久的怒火终于借机爆发。此时，适逢法国天主教神父马赖在广西被杀，于是，英法两国决意组成联军，诉诸武力。

在英国，是否对华动武的辩论比上次更激烈。国会议员激烈反对政府提议，结果政府决策在上议院获得通过，而在下议院竟遭到否决。1857年3

————————

① 以上事件细节，参见近代史研究者茅海建的《天朝的崩溃：鸦片战争再研究》第三章"'剿''抚''剿'的回旋"。

月，巴麦尊动用首相权力，解散下议院，进行重新选举，以测定民意。改选之后，政府决策获得通过。

2. 英国的报复与劫掠

1857年12月，英法联军5600余人在珠江口集结，准备大举进攻。12月12日，英军统帅兼全权大使额尔金勋爵（James Bruce，1811—1863年），法军代表葛罗分别对叶名琛发出以10日为限的通牒。

此时，清政府正全力镇压太平天国和捻军起义，焦头烂额，加上"饷糈艰难"，对外国侵略者采取"息兵为要"的方针。12月28日，英法联军炮击广州，并登陆攻城，广东巡抚柏贵、广州将军穆克德讷投降，并在以巴夏礼为首的"联军委员会"的监督下继续担任原职。叶名琛被俘，后被押解往印度加尔各答，在那里绝食死节。

从清的角度看，叶名琛无愧于一名忠臣、干才，被俘后，他本人不卑不亢的风度也颇受到英国官兵的敬重，然而他并不擅长理性外交，最后一败涂地。

英法联军占领广州后一路北上，1858年打到天津城下，以轻微伤亡占领了军事要塞大沽口炮台，侵入天津城郊，并扬言进攻北京。清政府与英法联军在议和、调停、交涉中，分别与俄、英、法、美签订《天津条约》，美、俄相继在北京换约，而英、法公使则在换约安排中因双方分歧，一直未能换约，其间不断摩擦，爆发小规模战争。

此时的中国国内，太平天国运动正在巅峰期，大规模内战如火如荼。1860年5月，清军江南大营被太平军攻破，咸丰不得不将剿灭太平天国的重任完全交给曾国藩等人。事实上，在清政府看来，太平天国才是心腹之患，必须坚决消灭之；而对洋人，则是皮肤之痒，以和为主，投降签约和割地赔款是可以接受的，因而继续启动谈判。

天津谈判破裂后，1860年9月7日，额尔金和葛罗照会清政府代表桂良，以桂良无画押之权停止谈判，并带兵前往通州。

咸丰帝再度妥协，派怡亲王载垣、尚书穆荫与英法联军代表巴夏礼和威妥玛谈判。9月14日至18日期间，因"亲递国书"一项细节问题发生剧烈争议，载垣等认为"该夷狂悖至此，抚局断无可议"，立即通知驻守在通州东南张家湾的蒙古王公、大将僧格林沁带兵扣押谈判代表，巴夏礼等39人被扣押，后被拷打虐待。

通州谈判全面破裂，战争陡然激烈化。

9月18日，英法联军攻陷通州。21日，清军与英法联军在八里桥展开激战，僧格林沁率领三万余骑兵勇猛冲锋，两万余英法联军损伤轻微，而蒙古铁骑主力在猛烈炮火中被打成了肉泥。9月22日，咸丰帝等以北狩为名，携皇后、懿贵妃等离京逃往热河避暑山庄，把开战的责任推给了"刁恶汉奸"，咸丰十年（公元1860年）农历八月的谕旨称："该夷去国万里，原为流通货物而来，全由刁恶汉奸，百端唆使，以致如此决裂。"

接下来就发生了火烧圆明园事件。

1860年10月6日，闯入北京的法国军队到达圆明园，这座修筑了两百年之久的皇家园林，成为敌军战利品。在击退了园内的一些留守人员后，法军开始劫掠。很快，英军官兵也加入到劫掠队伍之中。

此时，英法联军向清军发出最后通牒，限令其在10月13日向联军交出安定门，并释放联军使节团的被扣押人员。在英法的强烈要求下，此后几天，联军使团被扣人员及尸体被陆续送回了联军军营。

英法方面认为，必须要进行所谓的"正义的报复"。有人提议烧掉北京，让每一名清朝官员都受皮肉之苦，有人提议烧掉皇宫紫禁城，以示惩罚。经过再三思量权衡之后，英法联军统帅额尔金决定不采纳这些提议，而是摧毁圆明园。

额尔金认为，北京紫禁城代表着清政府和整个国家，而圆明园则是皇室的私家园林，额尔金希望定点惩罚的是傲慢无知的皇帝。额尔金希望，焚烧圆明园可以给中国当局严厉地上一课，留下一个"持久性的印记"[①]。

在1860年10月18日放火烧圆明园之前，额尔金下令在北京张贴出中文告示，说明烧圆明园的原因和预定的放火时间："任何人，无论贵贱，皆需为其愚蠢的欺诈行为受到惩戒，18日将火烧圆明园，以此作为皇帝食言之惩

---

① 何伟亚：《英国的课业：19世纪中国的帝国主义教程》，刘天路、邓红风译，社会科学文献出版社，2007年，第67页。

戒，作为违反休战协定之报复。与此无关人员皆不受此行动影响，惟清政府须为其负责。"不过，火烧圆明园，包括抢掠园中的各种文物财宝，以及列强对外声称惩戒大清皇帝，只是表面的事件，其中深层的原因，无非是英法等国对外贸易的扩张。

鸦片战争后，英国以为通过各项不平等条约就可以把大量商品倾销到中国。但是据有关资料记载，1850年英国输入中国的商品总额比1843年还少了75万英镑。出现这种情况的原因，一是中国自给自足的自然经济顽强抵制着外国商品的侵入；二是英国增加鸦片贸易与发展合法贸易存在着矛盾。英国对华输入鸦片，中国的白银继续外流，使中国出口的茶叶、生丝收入的大半被其抵消，无力再多购买英国的工业品，这种倾销贸易获利自然受到限制。英国资产阶级既要维护能带来巨大利益的鸦片贸易，又要扩大对华的工业品销售。在此情形下，就要迫使清朝政府开放更多的商埠，进一步控制中国海关，加强对清政府的控制。

为了进一步打开中国大门，英、法、美等西方国家便以修约为名，企图压迫清政府给其新的侵略权益。谁知遭到清政府的拒绝，因而引发了英法联军这场兵临紫禁城火烧圆明园的行径，进一步威逼清廷就范。

在1860年的秋冬两季以及随后的若干年间，圆明园之被焚果然起到了极大的规训作用。自此以后，清政府开始了主动学习西方知识的进程，他们破天荒地向域外派出了使团，去向维多利亚女王道歉，甚至通过了英国老师的"考试"：在英国外交官/老师语焉不详的情形下，大使郭嵩焘根据同文馆翻译的马斯顿《星轺指掌》的记载，主动向女王三鞠躬——按照西方的礼仪向西方的君主致敬。在西方看来，中国已经不再是那个高高在上的天朝帝国了。

此时咸丰帝已经逃跑，28岁的恭亲王奕䜣奉命留守北京城，独自面对英法大军。

10月24日、25日，清廷留下的议和全权大臣恭亲王奕䜣，分别与额尔金、葛罗交换了《天津条约》批准书，并订立《中英北京条约》《中法北京条约》，作为《天津条约》的补充。《北京条约》的主要规定：（1）开天津为商埠；（2）准许招募华工出国；（3）割占九龙司地方一区；（4）传教士可在各省租买土地，建造教堂；（5）赔付两国战争赔款各800万两白银。

而最大的受益者其实是俄国。俄国借居间调解之名，狠狠赚了一笔，《瑷珲条约》《北京条约》先后生效，俄国夺走上百万平方公里的土地。沙俄一向野心勃勃，胃口大开，觊觎着中国北方的大片土地。1857年底，英法联军攻占广州。沙俄政府得知后，立即进行密谋，企图趁火打劫。密谋会议采纳了穆拉维约夫关于向黑龙江进行"移民"，并以武力为后盾，与清政府举行的外交谈判的意见。会后沙俄政府即通知清政府，穆拉维约夫已受命谈判中俄边界问题，穆拉维约夫声称自己此来是为了"助华防英"，也是为了"保卫自己的领土"，"为了双方的利益，清俄必须沿黑龙江、乌苏里江划界"。

奕山指出，两国边界已根据《尼布楚条约》"议定遵行，百数十年从无更改。今若照尔等所议，断难迁就允准"。这次谈判争论很激烈。散会前穆拉维约夫将俄方拟定的"条约草案"交给奕山，限第二天答复。这个草案的实质就是要撕毁清俄《尼布楚条约》，强占黑龙江以北、乌苏里江以东地区。

第二次谈判，清政府代表爱绅泰断然拒绝俄方提出的无理要求，并将"条约草案"退给俄方代表彼罗夫斯基。由于俄方无理取闹，谈判无结果。穆拉维约夫急不可耐，再次亲自出马，以最后通牒的方式，提出条约的最后文本，强迫奕山签字，并恫吓说："同中国人不能用和平方式进行谈判！"当夜俄国兵船鸣枪放炮。奕山最终屈服，于1858年5月28日与穆拉维约夫签订了清俄第一个不平等条约——《瑷珲条约》，致使黑龙江以北、外兴安岭以南60多万平方公里的领土被俄国窃取。

不过，按照清朝当局事先给予奕山的命令，奕山根本无权与沙俄签订条约。因此，清政府没有批准《瑷珲条约》，并在事后对奕山等人予以处分，然而事实已经成立，清廷却也无能为力。

此后，沙皇俄国得寸进尺，接连通过1860年《中俄北京条约》和1864年《中俄勘分西北界约记》等不平等条约，一方面迫使清政府承认了此前一直拒绝批准的中俄《瑷珲条约》，另一方面又侵占了中国乌苏里江以东地区和外西北地区大片领土。

19世纪下半叶，沙俄与中国签订的多个边界条约，都是不平等条约，割去了中国140多万平方公里的领土，相当于今天两个法国与一个波兰面积的总和。这个条约极大地破坏了中国的领土完整。

3. 清廷世界观变了

1860年11月，英法联军依约从北京撤走，恭亲王大喜，在奏折中说："该夷并不利我土地人民，犹可以信义笼络，驯服其性，自图振兴"，劝咸丰帝"尽可放心"回銮。

不仅如此，奕䜣发现他们竟然还愿意"帮助"中国完成现代化，连最不可思议的出售先进武器、帮助训练新军都不成问题。恭亲王意识到"师夷长技以制夷"不失为一个办法。

在奕䜣的带动之下，清政府的世界观变了。随着奕䜣逐渐进入权力中枢，清王朝开始与西方合作，迎来了30年的大致和平与发展，史称"同治中兴"，直到被中日甲午战争打断。

1861年1月，奕䜣上书《统筹洋务全局酌拟章程六条》，请求建立总理各国事务衙门，以有效地办理洋务和外交事务。

1861年1月20日，奕䜣得到咸丰帝批准，主管外交事务、派出驻外国使节，并兼管通商、海防、关税、路矿、邮电、军工、同文馆、派遣留学生等事务。

在此之前，闭关锁国的清政府将除中原腹地之外的华夏四边之民皆贬为东夷、南蛮、西戎、北狄，将西方各国称为"藩属"，他们认为与之交往"无所谓外交，理藩而已"，因此清政府仅在1631年成立礼部和1638年首创理藩院，使之统管清政府与"藩属国"的朝贡事宜。

总理衙门成立半年多后，年仅31岁的咸丰帝还没来得及回京就病死了。幼童载淳继位为同治皇帝，而慈禧太后联手恭亲王奕䜣发动政变，处死了咸丰帝指定的辅政大臣，夺得实际权力。慈禧太后由此掌控中国达半个世纪。

恭亲王奕䜣进入权力中枢，任首席军机大臣兼管总理各国事务衙门。由于真切地认识到了欧洲的先进与强大，他代表清中央政府的世界观已经大变。在他当政的23年里，开始出现转机。此后几十年间，中国与欧美的紧张关系有了一定缓解。

1864年普鲁士政府派遣李斯福为驻华公使，4月间，李斯福乘坐兵舰"羚羊"号抵达中国天津大沽口海域，遭遇三艘丹麦商船。当时普、丹正在欧洲因领土问题交战，于是，普鲁士兵舰将三艘丹麦商船拿捕。

丹麦商人请求清政府总理衙门主持公道，总理衙门拿出了《万国公法》。

作为国家之间的法律，西方国际法随着中国和欧美国家的交往而逐步传入中国。自林则徐在广州主持翻译瑞士滑达尔《各国律例》后，时隔二十余年，1864年又有美国传教士丁韪良在几名中国学者的协助下，将美国惠顿的《国际法原理》译成中文，取名为《万国公法》。清政府之所以在当时有限度地接纳西方国际法，出发点是了解外情"欲借彼国事例以破其说"，对付西方"其于启衅之间，彼此控制箝束，尤有其法"，并指导对外政策。

盖炮弹所及之处，国权亦及焉，凡此全属其管辖，他国不与也，总理衙门认为普舰在中国洋面拿捕丹麦商船，"显系夺中国之权"，遂与普鲁士公使进行交涉，尽管此时中国并没有武力威胁普鲁士的能力，而普鲁士在交涉后还是同意释放二艘丹麦商船，并对第三艘予以折款一千五百块补偿。①

聘请蒲安臣一事，也很能反映清廷国际处境的改善。

到了同治年间，由于中西关系大为改善，外国驻京的公使开始大量增加，除了最早的四国公使外，又增加了德国、比利时、西班牙、意大利、葡萄牙、奥地利、日本、荷兰等国的公使，北京的东交民巷成了中国著名的外国使馆区，从而也就大大地促进了中国与西方各国的交流。

蒲安臣（Anson Burlingame，1820—1870年）是美国共和党的创始人之一，也是林肯总统的政治盟友，建交后担任美国第一位驻华公使。

1867年11月27日，担任驻华公使已达6年之久的蒲安臣即将离任回国。当时，清政府正在准备第一次派团出使外国，但是苦于缺乏合适的外交人才，并对礼节问题感到十分为难。恭亲王奕䜣上奏建议聘任蒲安臣为客卿，担任中国首任全权对外大使（办理中外交涉事务大臣），代表中国政府出使

① 王维俭：《普丹大沽口船舶事件和西方国际法传入中国》，《学术研究》1985年第5期。

美、英、法、普、俄诸国，这个意见随即被采纳。

为了出使，蒲安臣还特地请清政府依当时国际惯例设计了一面国旗，于是晚清第一代驻外使臣郭崇涛以蓝镶边、黄底绘龙，这成为中国历史上第一面国旗。

此后，蒲安臣使团游历英国、法国、瑞典、丹麦、荷兰、德国、俄国。1870年，蒲安臣在圣彼得堡见过沙皇亚历山大二世后感染肺炎，病倒一周后不幸病逝，终年50岁。蒲安臣死后，志刚、孙家谷继续完成了对比利时、西班牙、意大利的访问，而且觐见了三国国君，亲递国书，均采用国际通行的外交礼仪。

4. 与西方合作：同治中兴

鸦片战争以后，清代税收最大的变化是： 2000年来一直作为国家财政收入命根的田赋，在财政总收入中的比例急剧下降，逐步退为地方税，而五口通商后新设的海关（初称"洋关"）的关税收入在国家财政总收入中的比例急剧上升，成为国家主要收入。从1842年到清朝覆灭，中国境内共设有60余个海关。后来洋务运动90%以上的经费都来自海关关税收入。

清朝的旧海关虽然独立自主，但架构落后、腐败无能，很难管理两次鸦片战争以后日益增长的进出口贸易。

由英国人李泰国（Horatia Nelson Lay，1833—1898年）创建的新式海关，在赫德（Robert Hart，1835—1911年）手里得到进一步改进和完善。北爱尔兰人赫德自28岁起受清政府聘任司掌中华帝国海关达48年之久，使这个新机构始终维持廉洁高效的运转，成为清政府的滚滚财源。赫德晚年在英国去世后，被清政府追封"太子太傅衔"。

赫德执掌期间，清政府的海关总税收不断增加，第一次鸦片战争前（1840年），帝国每年的关税收入约400万两白银，而且长期不变（税收制度低效可见一斑），1865年增加到830万两，1875年增加到1200万两，1885年增加到1450万两。19世纪70年代末，清朝的财政收入包括中央和地方在内每年共计约6000万两白银，这明确反映出清政府命运在从谷底回升——财政收入已经超过号称盛世的乾隆时代（约4000万两白银）。虽然最大部分的收入仍然来源于传统的农业税（田赋），但关税已经占到20%以上。

同时，英国不断敦促中国加快改革。1866年，英国使者威妥玛向清廷总理衙门提交了一篇备忘录，名为《新议略论》。他们要求清廷承认已经变化了的国际形势，希望清政府认识到双方的利益在根本上是一致的，坚持改革的清朝将会使双方都得利。①

因为清政府在不平等条约下的领土主权以及一系列通商经贸特权暂时填补了外国列强的胃口，对外冲突矛盾缓和，因而呈现了暂时"稳定"局面，即所谓的表面上"中外和好"的"和局"。但是在清朝统治集团中，一些头脑比较清楚的当权者，如曾国藩、李鸿章、左宗棠以及在中枢执掌大权的恭亲王奕䜣等人，并没有因为这种"和局"表象而减少对清政府的危机感。这些大臣都曾为剿灭太平天国而建立殊勋，他们在借助外国列强的力量对太平天国的"华洋会剿"中，亲眼看到了外国侵略者坚船利炮的巨大威力，从而感受到一种潜在的长远威胁。面临中国"数千年未有之变局"，他们继承了魏源等"经事派"提出的"师夷长技"的思想并极力将这种思想付诸实践。他们"师夷长技以自强"的目的，一是镇压国内的太平天国，二是在中外"和局"的条件下，徐图中兴，以防后患。

基于此，奕䜣以及后来的地方大臣们，曾国藩、李鸿章、左宗棠等，开始了一波向西方学习的努力，后世称为"自强运动"或"洋务运动"。这波运动从发展军工业开始，逐步扩展到采矿、铁路、电信、航运、翻译出版等领域，是中国社会走向现代化的开端。

1863年起，清政府广泛采购外国机器设备，雇用西方专业人员兴办近代工业。主要经费来自海关关税，形成自强运动的高潮，史称"同治中兴"。

所谓的中兴没有日本明治维新那样深广的内涵，但也取得了不少成就。例如，在近代化的军器建设上成立了江南天津机械制造厂；在教育方面有同文堂，军官出洋留学；近代化的交通发展了造船厂、电报局；在经济上成立招商局、织布厂、煤矿、金矿等。

尽管洋务运动耗费不小，但所建立的国有企业大部分效益不佳。张之洞

---

① 何伟亚：《英国的课业：19世纪中国的帝国主义教程》，刘天路、邓红凤译，社会科学文献出版社，2007年，第107页。

创办的汉阳铁厂是亚洲第一个钢铁工厂，投产之后日产铁一百吨，为亚洲第一，当时上海各报纸纷纷报道，但实际上所产钢铁质量不足以跟进口钢铁相竞争。建设汉阳铁厂前后花费高达550万两白银（大体是八分之一的国家财政收入），但是建成后一直亏损。再如李鸿章在1883年特批在上海建立纺织企业机器织布局，虽然还享有十年期的垄断权力以及十年期特许经营权，到最后也是类似下场。

经济学家杨小凯认为：晚清兴办现代企业，主要采取"官商合办，官督商办"模式，这类企业的最大问题就是老板既是制定游戏规则的政府大官，又是参加游戏的主要成员。他认为，在不改革制度的前提下，技术带来的经济发展，只会助长政府的机会主义：政府与民争利，损害社会利益。最后，非但私人企业无法发展、政府和官办企业贪污腐败横行，国家的整体活力也一步步被蚕食。

5. 未能动摇深层积弊

总体来看，近30年的自强运动成就可谓半成半败。跟同期快速发展的日本、德国相比，那就大为落后了。

中法战争可在一定程度上说明自强运动的成就。1883年12月至1885年4月，法国侵略越南并进而侵略中国引起一次战争。此战大致打了个平手（陆上中国占优势，海上法国占优势），战后签订《中法新约》，清方承认法国对法属印度支那诸殖民地的宗主权，两国重开贸易。清政府能取得一个不赔款不割地的停战条约，已是自第一次鸦片战争之后60年中的唯一。清军早期战败导致由恭亲王奕䜣领班的军机处被全面撤换（史称甲申易枢），而后期法国战败导致法国总理茹费里内阁集体垮台。

从总体上说，洋务运动的进行，洋务派的求强求富活动，取得了初步的成效，加强了中国抵御外国侵略的力量。如抵制日本侵台中取得胜利，19世纪80年代初抵制日本侵朝活动中取得胜利，取得收复新疆的胜利和中法战争中的胜利等。如果没有洋务运动的进行，那么取得这些胜利是不可能的。

但总体来说，洋务运动毕竟是个"半心半意"的改革，最后被日本反超。清朝统治者的主要考虑在于如何保住政权，所有举措都是为此服务，推动国家的改革发展并非他们的核心目的。皇室用钱漫无限制，公私不分。光绪成年时为了让西太后高兴，也为了让西太后交出政权，要重修颐和园，竟然大规模挪用海军军费。

领头人物恭亲王奕䜣、文祥、曾国藩等自身也是半新半旧的体制内人物，他们出身旧社会，不了解现代社会，也毫无科学常识，经常觉得中国的政治制度和立国精神还是至善至美的。

这种心态、这种世界观，环境所限，可以理解。但最可怕的是，真正有见识的人，在这种政治环境中，都藏着不说。

第一批走出国门的官员亲眼看到了欧美的强大、繁荣、富裕、文明，并为之震撼。但震撼之余，他们的行动却完全不同。

郭嵩焘比较耿直热切，回国以后谈到西方，经常讲"每叹西洋国政民风之美"，眼光早已超越坚船利炮。他大声疾呼要向西方学习，结果被千夫所指，啄得遍体鳞伤。而他的副手刘锡鸿，却更加深谙国情。

有一次郭嵩焘参观英国的一个军事基地，当天下着雨，英国人递给郭嵩焘一把伞，他就打了。刘锡鸿马上向朝廷报告，说他竟敢打洋人的伞，作为中国人应该有骨气，在大雨中淋死都不能打。

刘锡鸿整天指责郭嵩焘对西方崇洋媚外，但是在死后留下了一本日记，日记中的他，"崇洋媚外"比郭嵩焘有过之而无不及。刘锡鸿发现，英国上下同心，以礼治主，不传国事；这个地方无闲官，无游民，无上下隔阂之情，无残暴不仁之政；地方整齐肃穆，人民欢欣鼓舞，"不徒以富强为能事，诚未可以匈奴、回纥待之矣"。

私下里，他对英国评价极高，可是他在朝堂上讲的，完全相反。

郭嵩焘的晚辈薛福成是洋务运动时期的思想家，他记载说，郭嵩焘赞美西方，他听了以后还不太相信，因为他没有去过西方，就问了几个去过西方的人，"陈荔秋中丞，黎莼斋观察，皆为其说"。也就是说，不是郭嵩焘一个人有这种感觉，凡是去过西方的人，像陈荔秋、黎莼斋都认可郭嵩焘的评价。

陈荔秋中丞，就是陈兰彬，中国第一任驻美公使。公开场合中，他极端反对西方，反对向美国派驻留学生，说中国的正人君子一到西方就学坏了，要赶快刹车。于是，曾国藩、容闳力推的留学计划，就被搞黄了。

然而，在私下里，陈兰彬竟然也是一个"每叹西洋国政民风之美"的人。人人揣摩圣意，真话藏着不说，这就是所谓同治中兴时的政治气候。

和平发展的短暂窗口期只有几十年。清王朝在蹉跎岁月，世界在快速变化。随着日本崛起，东亚力量结构大变，中国即将步入深渊。

郭嵩焘在英国时写过一个奏折说，日本现在也有很多人在英国学习海军，人数比中国多。他说，这是中国要警惕的，搞不好会被日本反超。

结果，一语成谶。

挑战三：甲午战争——应对：戊戌变法

1. 建设北洋水师

1874年，初步强盛的日本出兵侵占台湾，清政府感到海防的威胁，再次决心建设海军，决定每年从海关关税和厘金项下拨出400万两白银由南北洋海防大臣掌握，用作建设海军之用——不再用传统的农业税。李鸿章的方针立足于买船，大约1883年以前的船都是从英国买的，1886年以后从德国买了一部分。当时清政府的主力舰大部分是从德国和英国买的，也有一些是从法国和美国买的。江南制造总局和福州船政局也造了一批比较小的船。到1895年，共拥有60多艘兵船，形成了广东水师、福建水师、南洋水师和北洋水师四支规模不等的舰队。

其中北洋水师最大。北洋水师的主力舰有定远、镇远（各7400吨）、济远、经远、来远、靖远、致远等，都在2300吨以上。共有大小兵船22艘，其中12艘购买自英国，5艘购买自德国，其余为自己建造另有练兵鱼雷艇若干，几十万吨，炮120余门，官兵4000余人。其他水师的兵船吨位较小，大的一千多吨，小的几百吨。北洋水师初步建成，李鸿章意气风发，1886年8月，主动巡回朝鲜海面，并赴日本长崎，于日本鲟埔发生摩擦，各有死伤。英籍军官琅威理请对日开战。此时日本海军还在幼小状态，如果一战摧毁，也许就不会有后来的甲午战争了。李鸿章不同意琅威理的建议，跟日本相互抚恤了事。

1879年，日本吞并了五百年来向中国纳贡从不间断的琉球国，并将其命名为冲绳县。琉球使者曾经向中国外交官黄遵宪哭诉，祈求中国出兵搭救，可是中国自身难保，只能眼睁睁看着琉球被吞并。至今琉球仍未能独立——但历史记忆还在，琉球人至今仍在争取。

1894年甲午战争发生之前的十年，中国社会稳定，经济平稳快速发展，所欠外债基本还清，财政收支平衡，经济现代化进程颇有起色，日本发动甲午战争予以破坏，这是第一次，后来还有一次：1927年—1936年，中国实现统一，经济现代化快速推进，日本发动全面侵华战争予以破坏。这两次破坏中国现代化进程，日本都是处心积虑，经过长期谋划。

了解日本的野心，只要看一看《征讨清国策》就可见一斑了。1887年2月日本陆军参谋本部第二局局长小川又次在两次秘密侦察中国大陆和听取谍报人员汇报后，完成《征讨清国策》案，从而拉开侵华的序幕。该策在第一部分说："若维护我帝国独立，伸张国威，进而巍屹于万国，保持安宁，则不可不分割清国，使之成为数个小邦国。"日方还对中国旅顺口炮台、山海关、大沽及吴淞等百多所港口炮台的方位、地形等情况作了详尽描述。在日方无孔不入的情报收集中，清政府的守备力量一览无遗。

2. 甲午战争爆发

1894年是农历的甲午年。这一年，朝鲜发生了农民起义，中日同时派军入朝。7月25日，日本海军在牙山口外的丰岛附近偷袭击沉中国运输船"高升"号。同日，驻牙山地区的叶志超、聂士成等部在敌人进攻后溃退平壤。于是8月1日，中国和日本同时宣战。

9月17日，北洋海军与日本舰队在大东沟一带黄海海域遭遇，随即开战。大清北洋海军方面船舰吨数虽然较大（海军舰艇吨位在全世界列第8位，日本是第11位，但李鸿章不能协调全国的政策和军事行动，故只有北洋海军一支海军参战），但军舰不如日本军舰新，速度也不及日本。5个多小时的激烈海战后，大清北洋海军遭受重创，损失4艘战舰①和1000多名士兵，日军方面只损失1艘战舰。此时天色已暗，北洋海军逃出战场回港维修。此后，李鸿章下令海军只能守口，"不得出大洋浪战"，于是陆路战事形势也就更加不利了。日军从陆路登陆辽东、威海，甚至用威海卫炮台居高临下袭击停泊在海港内的中国舰队。

日本乘机加紧进攻，从10月下旬开始，一路日军渡鸭绿江攻陷九连城和安东，另一路日军在花园港登陆，占领凤凰城和金州，从后路包抄攻陷防务号称巩固的大连和旅顺。辽东半岛全部陷落，敌军在旅顺进行了疯狂的屠杀。1895年2月中，北洋海军在威海卫内被全部摧毁。到3月中，清军在关外溃败，多地沦陷。

1895年4月17日，在日本马关的春帆楼上，心力交瘁的李鸿章代表清政府与日本签订条约，其中主要款项为：（1）朝鲜完全"自主"，实际上即承认日本对朝鲜的控制，并禁止中国协助朝鲜抵抗日本的侵略；（2）割让辽东半岛、台湾、澎湖列岛（辽东半岛后来经列强协调，还给中国）；（3）赔偿日本军费二亿两白银；（4）允许日本资本家在通商口岸设立各种工厂；（5）开放沙市、重庆、苏州、杭州为商埠，允许日本商船驶到上述各地。日本从中国侵占土地，勒索巨款，并进一步掠夺物质财富来发展自身势力。

以清廷之愚昧和腐败，从战争还没开始就命数注定。战前英国顾问曾建议中国购买两艘新式快舰，但资金已被慈禧太后挪用建筑颐和园、庆祝六十大寿。相反，日方购买了这两艘船，其中一艘正是大海战中立下赫赫战功的"吉野"号！慈禧太后统治中国长达47年，她贪婪、愚昧、阴毒，几乎就是清政权的化身。慈禧太后全称是"慈禧端佑康颐昭豫庄诚寿恭钦献崇熙皇太后"，这么冗长的称号，并不全是拍马屁的虚文，原来她的尊号每加两个字，国库便要每年增拨20万两白银，作为皇太后的个人津贴。据说八国联军侵占清宫时，清查她的私蓄，发现已达白银1800万两之多，她才是帝国第一巨富。慈禧太后是甲午战争的主要责任人，但不是唯一责任人。中国举国上

---

① 2018年7月，北洋水师经远舰残骸被中国考古人员发现，这又披露了甲午海战许多历史细节。

下，被一群腐败分子集团领导着。就算是为国呕心沥血的李鸿章，本人也贪腐，他手下那些将领亲戚，贪污的军费更不知有多少了。

甲午之战关乎国运。如果中国战胜，则朝鲜可保，后来的日本、俄国侵吞东北不致发生，进而，日本全面侵华也会长期推迟甚至可能不会发生。然而，没有侥幸，清廷顺理成章地战败了。

3. 虽然战败，金瓯未碎

甲午战败后，法、德、俄三国出面给日本施加压力，要求将辽东半岛归还中国。

19世纪晚期，经济已经开始全球化，东方尤其是中国被看成一个新的希望之地。《马关条约》签订后的三国干涉还辽，中国政府答应给德、法、俄国三个国家一点地方。由于中外贸易额度大幅增加，远洋巨轮在经过漫长航海靠岸后总需要整修，常年漂泊在大海大洋中的船员也需要登岸休养甚至需要一些"无烟工业"，因而在甲午战后不久，在中外贸易达到一定规模之后，列强相继向中国政府提出仿照英国人租借香港地区的前例，在中国沿海租借一些尚未开发的港湾或者荒岛，修建设施、仓库、海员俱乐部，以备各国民用及用来护航的海军舰队使用。清政府对此一拖再拖，总是幻想对方能够放弃这些要求。

在这些列强中，心情最迫切的是德国。德国在1895年马关议和谈判中积极支持中国，其政策是希望与中国政府亲善，以顺利地从沿海拿到一个港口。当时中德贸易大幅增长，德国太需要一个港口了。对于德国人的要求，中国政府原本是答应的，只是碍于体制，碍于传统领土、主权观念及法律因素，中国政府在答应了之后一拖再拖。于是，德国政府乘着山东"巨野教案"的机会，出兵强占胶州湾，造成既成事实，然后倒逼中国政府与其谈判胶州湾租借问题，于是形成1897年德国强行租借胶州湾事件。

跟投资贸易相关的另一个做法就是划定势力范围。今天的国际贸易体系，是在联合国、世贸组织（WTO）、国际货币基金组织（IMF）的框架下的全世界统一的大市场，但在19世纪，开放式的国际投资和贸易体系还没有形成，为了将本国的围墙最大化扩张，欧洲列强纷纷将从前的殖民地、 原料供应地或倾销市场划定为本国领土或势力范围，禁止其他列强染指，这就形成了一个个庞大的经济帝国。

面对甲午战后列强在中国划定势力范围，英国担心庞大的市场被割裂，乃建议美国提出"机会均等，门户开放"政策（Open Door Policy），要求各国在划定的势力范围内一律向其他国家开放，禁止独占资源或市场。

在甲午战争前后的外交过程中，李鸿章左右腾挪、费尽心机，他的策略不是西方的结盟政策，而是一种战国式的临时应对思想。例如在越南中法之战中，联合英国德国，以应对法国；在中日之战中，打算联合英国以制衡日本；争夺胶州之战中，打算联合俄国、英国、法国以制衡德国，最终皆不奏效，只能勉强避免中国被肢解。归根结底，内政不修，外交自然难办，之后梁启超感叹："虽有十倍才能于李鸿章者，其对外政策也无能为力。"

4. 自上而下的戊戌变法

甲午战争戳破了洋务运动的泡沫，真正地打醒了国人。

洋务运动不奏效，怎样才能救国？两条不同的救国思路逐渐成为主流声音：改良与革命。两派的代表人物分别是康有为和孙文（孙中山），两人都是广东人。

孙中山早年曾上书李鸿章建议实行改革，李鸿章置之不理，孙中山由此得出结论，建言改革无非与虎谋皮，于是决意举行武装革命，这使他走上和改良派不同的道路。此后不久，孙中山及其同志们第一次进行了武装起义的活动。孙中山于1894年冬在檀香山华侨中间秘密组织兴中会，到1895年2月又在香港地区成立兴中会总会，为革命做准备。

马关议和条款传出后，康有为发动在北京应试的举人签名上书中央，主张迁都抗战，史称"公车上书"。

康有为自幼便沉稳好学，童年时便被人戏称"圣人"，他18岁时拜大儒朱次琦为师，受到了严格的古典学术训练。但是他又不局限于传统中学，同时也接触西方文化。游历香港的经历，使他大开眼界。以后他又阅读《海国图志》《瀛环志略》等书，从中学转为西学，进而举一反三，自成一体系。

康有为认为，随着时代形势的变化，旧的帝国体制已彻底过时了，政府必须考虑对外关系和工业化的新问题，并相应地使其结构现代化。英国的君主立宪制度，是最值得学习的。

康有为通过著述论述自己的思想。他的作品大多以儒家经学的面貌出现，拉圣人孔子作陪衬，以减小阻力，结论则是融合中学西学，倡导尊重儒学和君主立宪。其作品主要有《新学伪经考》《孔子改制考》和"秘不示人"的《大同书》初稿等。《新学伪经考》刊于1891年，宣告东汉以来所谓古文经学都是"新莽"（王莽）一朝之学，出于刘歆伪造①。这部书在学术上破除盲目信古思想，在政治上打击了顽固派"恪守祖训"反对变革的思想，成为今文经学之高峰。"大同"思想提出历史不断发展的见解，算是一种进步史观，并为人类历史发展勾勒了一个模式，认为最高发展阶段将是"大同极乐世界"。

康有为中进士之前，已经名满天下，同时也充满争议——光绪帝的老师翁同龢认为康有为的经学是"野狐"，同时代的学者叶德辉讽刺康有为像"香蕉人"那样，"其表则儒，其心则夷"，根子上宗奉西学。康有为数次长途跋涉进京，试图向光绪皇帝直接上书，陈述自己的变法主张，以求匡时救世、得君行道。

不过数次受挫后，康有为最终打动了翁同龢，后者把他引荐给光绪帝。光绪帝年方青春，正思奋发有为，与康有为一拍即合，成了康有为的热心读者和粉丝，戊戌变法由此开始。从1898年6月11日到9月20日的103天中，教育、行政管理、工业和国际文化交流领域的40到55项变法法令很快陆续颁发。

激进的改革计划受到了大多数中央和省级高级官员的抵制。废除八股文遭到了负责科举考试的礼部的强烈反对，即使是较开明的总理衙门对十二个新局的提案也感到不快。至于省级机构，除湖南巡抚陈宝箴外，大都阳奉阴违。

这些中央和地方的官员敢于阳奉阴违，是由于他们完全清楚，真正的国家权力不在皇帝手中，而在不赞成改革的皇太后的手里。9月21日，慈禧太后派兵突袭帝宫，夺回权力。持续了短短103天的变法戛然而止，光绪帝被

① 康有为的论点，引发晚清今文经学与古文经学两派的长期辩论，但他的说法后来已经被钱穆推翻，即《古文经》并非伪造。

囚禁，直到十几年后在慈禧去世的前一天突然死去①。

戊戌变法失败，谭嗣同等志士以身殉国。关于谭嗣同的心史，李敖小说《北京法源寺》中有一段精彩的表述，书中虚构了谭嗣同告诫从南方而来劝他逃亡的革命党人的一段话："我错了，我的路线错了，我谭嗣同的想法错了，我完全承认我的错误。不但承认我的错误，我还要对我的错误负责任，我愿意一死，用一死表明心迹，用一死证明我的错和你们的对，用一死提醒世人和中国人：对一个病入膏肓的腐败政权，与它谈改良是'与虎谋皮'的，是行不通的。我愿意用我的横尸，来证明这腐败政权如何横行；我愿用我的一死，提醒人们此路不通，从今以后，大家要死心塌地，去走革命的路线，不要妄想与腐败政权谈改良。我决心一死来证明上面所说的一切。"

谭嗣同的死既是葬礼，也是生机，既是终结，也是开端。在他求仁得仁、快哉快哉的那一刻，改革的时代结束了，革命的时代开始了。

5. 守旧世界观回潮，清已走上绝路

此时奕䜣已死，李鸿章、张之洞等重臣，因为同情改革，得靠边站；以慈禧太后、刚毅为代表的顽固派重新掌权，这意味着中国最高统治者的世界观又回到了鸦片战争之前。刚毅有一番名言：变法对汉人有利，对满人有害；对于中华这块财产，宁赠友邦（外国），不予家奴（汉人）。从清朝的立场来看，刚毅这番话是很有说服力的，实际上，这就是清朝政府最后十几年生命中的指导思想。

随着当时清朝国内外形势的发展，以帝国主义侵略为先导的西方势力的冲突，代替满汉之争成为主要历史矛盾，最初以"反清复明"为口号的义和拳，演变为以义和团的旗号开始支持清朝抵抗西方列强，改名为"虎神营"，口号也改为"扶清灭洋"。由此在19世纪末，中国广大百姓发动了一

---

① 2008年，"清光绪帝死因"研究小组发布了一个研究报告，报告称历时5年研究，运用现代科技探测和化验，发现光绪帝的头发中含有大量的砷，也就是古代所说的砒霜，结论为光绪帝因急性胃肠性砒霜中毒而死。也就是说，光绪帝可能是被毒死的。但也有不同说法，例如有学者认为，放砒霜可能是为了保存尸体（目前关于保存光绪帝尸体的相关档案丢失），而且光绪帝生前的最后几个月，每天病情恶化情况都有详尽的档案记录，应该不是中毒而死。

场场以"扶清灭洋"为口号的农民运动。作为统治者的慈禧，眼见义和团的剿灭并不轻松，而此时义和团的矛头方向改变，维护清廷，也就改变观念，开始支持义和团，打击列强在华势力，包括各种教堂和使馆。

然而，西方列强在华势力，自然不会袖手旁观，他们也清楚清政府的动机，于是以剿灭义和团为由，一方面消除内患，一方面以兵力挺进京城，企图在华进行再一轮的抢掠和威逼。

1900年春，成千上万的义和团农民运动放火烧毁了直隶地区的教堂和教徒住所。同年6月，慈禧太后允许义和团进驻京师，义和团又先于清军进攻天津租界，冲突越发激烈。

到了1900年6月20日，德国驻华公使克林德代表各国前去总理衙门要求保护，途中被清兵伏击，这个事件，于是就成为列强发动战争的借口。

1900年6月21日，清廷以光绪的名义，向英、美、法、德、意、日、俄、西、比、荷、奥十一国同时宣战，进而引发了臭名昭著的八国联军攻陷北京的国际恶劣事件。[①]

1900年义和团动乱期间，日本趁乱意图占据福建厦门（未果，被美国使者联合英国水兵逼退），俄国趁机出兵攻占东北，大肆勒索，大局愈发崩坏。

所幸在李鸿章的协调，以及美、英、法等为首的列强之间的互相猜忌和相互力量制衡之下，八国并没有瓜分中国，善后处理条约（《辛丑条约》）签订后八国陆续退军。条约约定：暂停对华军售，向各国赔偿损失总计4.5亿两白银[②]等。

《辛丑条约》被普遍认为是中国近代史上失权最严重的不平等条约。这个条约的签订，进一步加强了帝国主义列强对中国的全面控制和掠夺，极大

---

① 1900年8月3日，从天津出发进攻北京的八国联军人数只有18811人，其中最多的是日军8000人，其他由多至少依次是俄军4800人，英军3000人，美军2100人，法军800人，奥地利军58人，意大利军53人。当时，还有7000名德军在海上，来不及上陆。占领北京后联军陆续增至几万人。

② 此即"庚子赔款"，约定分39年付清，后来美国认为当时索赔过多，退还大部分，用于兴建清华学堂等公共事业，除日本外，大部分国家后来都退还了部分赔款。参见宓汝成：《庚款"退款"及其管理和利用》，《近代史研究》1999年第6期。

地加重了中国人民的负担，严重损害了中国的主权，意味着腐朽的清政府已完全沦为帝国主义统治中国的工具，同时也标志着中国已完全陷入了半殖民地的悲惨境地。

戊戌变法失败后的几年，中国社会在发生静悄悄的巨变。"平等说""民权说""自由说""新民说""排满说""革命说""共和说"……一波波新兴思潮，不断冲刷千年皇权的固有根基，掏空千年皇权的内在精神，剥夺其正当性，看似坚不可摧的参天大树，实际上已经变成了一个虚弱的空壳。

革命压力迫使清廷不得不考虑改革。1905年（光绪三十一年）7月，清政府为了挽救危局，宣布"预备立宪"，特派五大臣分赴东西洋各国考察政治。清廷宣布立宪时，北京的民众张灯结彩，认为有希望了。而孙中山的革命党则得不到民众拥护，暴力革命陷入低潮，革命党人用暗杀为手段，阻止清廷的自我变革。在改良与革命的赛跑中，改良一度领先。

然而，等到皇族内阁出炉，人们普遍认清了清廷继续玩弄换汤不换药的把戏，缺乏政治体制改革的诚意，永保皇权才是他们的真实目的。于是革命再起，并且得到了普遍的支持。

当年太平天国来势汹汹，也曾对清朝造成极大威胁，但当时以曾国藩为代表的士大夫集团最终选择了站在清政府一边，这是清朝得以续命的最大因素。而到了清末，士大夫集团决定放弃清政府——不是缘于利益，而是缘于绝望。

清王朝到处都是气数已尽的气象，革命已经山雨欲来。

挑战四：王朝崩溃——应对：组建民国

对清廷假改革彻底绝望的社会精英，决意革命。

1892年，孙中山毕业于香港西医书院，随后在澳门、广州等地一面行医，一面结纳反清秘密会社，准备创立革命团体。孙寻求海外华侨、秘密会社、基督徒、传教士等人的帮助。

首先对孙中山伸出援助之手的是海外华人秘密会社洪门。洪门的成立已经有近 300 年的历史，明灭于清之后，士大夫星流云散，其中有人逃亡到台湾地区或者日本（例如朱舜水）。留在大陆的，秘密组建洪门，代代相传不忘反清。"洪"来源于繁体字"漢"字，去掉右侧中、土，含义为"汉失中土"。两百多年之后，洪门后人反清的宗旨已经接近淡忘，基本是江湖义气之合了。此时，洪门的历史记忆被孙中山再度点燃，因而力挺孙中山的革命。

1894年秋，孙中山前往檀香山，在兄长帮助下，于1894年11月24日组织了兴中会，最初会员为112人。孙计划将活动扩展至美国，因此他匆匆返回中国，以便利用中日战争的有利局势。他于1895年2月21日在香港地区建立兴中会总部，并在各地设立支部。会员均立誓："驱除鞑虏，恢复中华，创立合众政府。"

这样，中国近代史上的第一个革命团体便诞生了。

1905 年同盟会的成立是中国革命的一个里程碑，它极大地转变了革命的特征与方式。孙中山从此以后能从留学生、不满现状的文人与进步军官中寻找到支持，这些人无疑是中国的领导群体。

1. 湖北新军起义

当时南洋大臣张之洞主政湖北，锐意培育新军。湖北新军的装备、作战能力不如袁世凯训练出的北洋军队，但声威满东南，主要靠士气旺盛、军中学风浓厚。

湖北新军吸收了许多留日归国学生，他们在日本期间，多受同盟会影响，思想上早已反清。军中有共进会、文学会，都是革命思想充沛的组织。

1911年是农历辛亥年，新军中的一些基层军官密谋起事，并打算邀请在沪的革命家黄兴与宋教仁（孙中山此时在海外）前来指导革命。革命之火随时可能被点燃。

四川的保路运动此时爆发，清廷拆东墙补西墙，将部分湖北新军调往四川镇压，武昌要枢防守顿时空虚，而这一时机也很快为革命党人所利用。

1911年10月10日，起义爆发，工程营率先夺取了武昌的官方军火库，继而联合炮兵营向总督衙门进攻，总督与提督闻讯逃跑。新军起义几乎没有遇到抵抗，至中午时分，他们便完全控制了武昌。由于没有真正的革命领袖在场（孙此时在海外，黄兴仍在上海），他们于是强迫清军协统黎元洪担任军政府大都督。同时，长期以来对革命表示支持的湖北前任咨议局局长汤化龙获推举为军政府的民政部部长，负责组建初步的行政机构。

汤电告各省，敦促他们宣布脱离清廷。10月12日，汉口与汉阳亦落入革命军之手。清廷与革命军都在争取列强的干涉或者支持，10月17日，汉口的英、法、日、俄、德五国领事团经过商议正式发布告表示严守中立，在对华政策上形成了一定程度的"大国协调"：金融上不予南北任何一方借款，军事上克制干涉冲动，并促进南北双方在谈判桌上达成协议。

保持中立是英美所力主。辛亥革命对日本利益最大，日本颇思趁机分裂中国，但此前的1902年英日缔结同盟，日本的外交政策需要与英国协调一致，故日本选择跟随。法国、俄国、德国正在欧洲较劲（此时是一战爆发前夜），无暇东顾，所以也赞同中立。

孙中山后来追忆，胜利来得很侥幸。如果清总督没有被吓跑，如果提督仍坚守职位，便可能击溃那仅2000余人的单薄的革命力量。

此后，最令人鼓舞的形势发展是南方其他省份与重要城市相继宣告独立。

当时，清政府在各省都设有"督军"，每省军队数量多则数万，少则几千。武昌首义之后，南方各省督军（北洋系控制北方，思想守旧，南方与北洋系不属同一阵营）先后通电宣告独立，帝国政治秩序开始土崩瓦解，大清帝国由此解体。

2. 两千年帝制的终结

辛亥年的寒冬是清廷的统治者最难熬的一个冬天。紫禁城虽然表面上还保持着帝国的威严，但它的主人已经感到了末日的临近。隆裕太后还不死心，她临朝训政，一方面下诏罪己，并下令释放所有政治犯，作出变革的姿态，另一方面急召袁世凯回京，派袁世凯带兵去武汉镇压起义。

袁世凯出兵武汉，炮轰起义军，但并不赶尽杀绝。他在向南方军事施压的同时，又派代表与武昌革命政府秘密接触、谈判。后达成一致：清帝退位，袁世凯任中华民国大总统。

紫禁城里，可怕的一天到来了。1912年1月16日袁世凯来到养心殿，奏请隆裕太后召开皇族会议讨论帝位去留问题。袁世凯带有逼宫性质的强硬行为，给当时只有6岁的皇帝溥仪留下了深刻的印象。

辞别隆裕太后，袁世凯经东华门出宫，遭到革命党人的袭击。这一次暗杀行为使袁世凯找到了要挟清政府的借口，从此他称病不再上朝。皇宫里关于退位的争执更加激烈，近卫军将领良弼坚决反对退位。隆裕太后多次召集御前会议也没有结果，良弼成了革命党人刺杀的另一个目标。1912年1月26日晚，良弼在家门口遭到炸弹袭击，刺客是青年的革命党人彭家珍，他自己也被当场炸死。同一天，在前线作战的段祺瑞等50名将领通电逼宫，性质等于造反，隆裕太后彻底崩溃了，她代表清廷，最终决定认输，下诏辞位。

1912年2月12日，农历腊月二十五日，再有5天，辛亥年就要过去。但对于清帝国来说，它已经熬不过这个年关了。

这天上午，隆裕太后携 6 岁的皇帝在养心殿举行了最后一次朝见仪式，民政大臣赵秉钧、度支大臣绍英、陆军大臣王士珍等14人，亲历了帝国最后一刻的政务交接。整个交接过程平静、快捷。代表袁世凯出席朝见的外务大臣胡惟德，带领着大臣们向皇太后和皇上行三鞠躬新礼，隆裕太后将三道辞位诏书交给胡惟德，颁行天下。

至此，清朝268年的统治画上了句号。不唯如此，在中国实行了 2132 年的帝制，也就此终结。

图书在版编目（CIP）数据

至简中国史 / 王培霖著. -- 上海：东方出版中心，
2024.4（2025.2重印）
　　ISBN 978-7-5473-2371-7

　　Ⅰ.①至… Ⅱ.①王… Ⅲ.①中国历史－通俗读物
Ⅳ.①K209

　　中国国家版本馆CIP数据核字（2024）第070772号

至简中国史

著　　者　王培霖
责任编辑　钱吉苓　李　娜
装帧设计　余佳佳

出 版 人　陈义望
出版发行　东方出版中心
地　　址　上海市仙霞路345号
邮政编码　200336
电　　话　021-62417400
印 刷 者　山东韵杰文化科技有限公司

开　　本　710mm×1000mm　1/16
印　　张　19.5
字　　数　270千字
版　　次　2024年7月第1版
印　　次　2025年2月第3次印刷
定　　价　68.00元